ES GIBT KEINE PRÜFUNG

Deine Fahrt zu einem glücklicheren Leben

ERIC SALINAS

Second Star Press

INHALT

*Für Silvana, meine Liebe und Kopilotin, die den Weg so sieht, wie ich ihn sehe.
Du hast mir gezeigt, dass Worte Fahrzeuge sein können.*

VORWORT

Seit ich angefangen habe, so zu leben, sind meine Kopfschmerzen weniger geworden. Die meisten davon waren stressbedingt — verbunden mit einer Anspannung, von der ich nicht einmal wusste, dass ich sie in mir trug. Ich habe den Stress nicht geheilt. Ich habe nur aufgehört, Öl ins Feuer zu gießen, das bereits loderte.

Die Veränderung geschah allmählich. Ich begann, Muster zu erkennen, die ich nicht mehr ignorieren konnte. Dinge, die jeder für normal hält, die aber vielleicht gar nicht so in Stein gemeißelt sind, wie wir denken. Fragen, die niemand stellt, weil jeder annimmt, die Antworten lägen auf der Hand.

Wie sich herausstellte, sind sie das nicht.

Seit über einem Jahr lebe ich nun anders. Es ist keine Methode oder Routine — es ist eine Geisteshaltung. Etwas Fundamentales hat sich daran geändert, wie ich Ziele, Wettbewerb und Erfolg sehe, was zählt und was nicht.

Ich begann, mit einem Arbeitskollegen darüber zu sprechen. Er erzählte mir, es habe seine Sicht auf alles verändert. Das ist eine Person. Ich dachte mir, wenn es bei ihm Anklang findet, dann vielleicht auch bei jemand anderem.

Also beschloss ich, dieses Buch zu schreiben.

Nicht, um dir zu sagen, wie du leben sollst. Nicht, um dich zu irgendeiner Philosophie zu bekehren. Nur, um zu teilen, was ich bemerkt habe, was sich für mich verändert hat, und um zu sehen, ob etwas davon bei dir auf Resonanz stößt, das du zwar gespürt, aber nicht benennen konntest.

Ich werde Geschichten aus meinem Leben teilen. Wenn etwas deine eigene Erinnerung weckt, sind wir auf dem richtigen Weg. Wenn nicht, ist das auch in Ordnung. Unterschiedliche Lebenswege bedeuten unterschiedliche Routen.

Dies ist ein Gespräch. Ich bin nicht hier, um Weisheiten zu verpacken oder als Experte aufzutreten. Ich bin hier, um zu teilen, was ich durch mein Leben gelernt habe.

Wenn du das hier liest, bist du bereits neugierig.

Bereit? Dann starten wir den Motor.

EINLEITUNG: ANSCHNALLEN

Lass uns eine Spritztour machen (ja, in einem Auto). Ich möchte dir auf dieser Reise ein paar Dinge zeigen, die du vielleicht wiedererkennst, sobald du sie siehst.

Kennst du das Gefühl, in ein brandneues Auto zu steigen? Der Geruch, die Aufregung, alles zum ersten Mal zu sehen. Du fängst an herauszufinden, wo die Bedienelemente sind. Was dieser Knopf bewirkt. Wozu jene Einstellung da ist. Mit der Zeit entdeckst du Funktionen, von denen du nicht einmal wusstest, dass es sie gibt. Manche funktionieren genau so, wie du es erwartet hast. Andere überraschen dich vollkommen.

Genau so wird sich dieses Buch anfühlen. Wir werden Dinge entdecken — Knöpfe drücken, die wir noch nie zuvor ausprobiert haben, sehen, was sie tatsächlich bewirken, und lernen, dass manches völlig anders funktioniert, als wir dachten. Dinge, die wir für selbstverständlich hielten, könnten aus diesem neuen Blickwinkel anders aussehen.

Wir werden unterwegs anhalten, wenn wir verarbeiten müssen, was wir sehen. Uns die Beine vertreten. Etwas für einen Moment auf uns wirken lassen, bevor wir weiterfahren.

Du pendelst jeden Tag, oder? Zur Arbeit, zur Schule, wohin auch immer du musst. Du kennst diese Fahrt. Die gewohnte Strecke. Den Verkehr. Die anderen Autos um dich herum.

Das hier ist deine Fahrt zu einem glücklicheren Leben.

Du kommst nicht mit leeren Händen. Du hast lange genug gelebt, um einiges herausgefunden zu haben. Du hast genug durchgemacht, um Instinkte entwickelt zu haben. Du hast genug Entscheidungen getroffen, um zu verstehen, was dir wichtig ist. Was auch immer dich dazu bewogen hat, dieses Buch zur Hand zu nehmen — Neugier, Frustration, das richtige Timing, ein Zufall —, du hast dich mit allem, was du bereits gelernt hast, selbst hierhergebracht.

Du weißt, wo dein Bezugspunkt ist, und du hast vielleicht schon mehrere „Hindernisse" überwunden, um hierher zu gelangen. Aber jetzt siehst du einige Fahrer auf der Straße und wirst zu ihnen aufschließen, damit du den Erfolg erzielen kannst, den du brauchst. Du hast bereits erkannt, gegen wen du antrittst. Du weißt bereits, was deine 100 % bedeuten. Du weißt, welche Entscheidungen dich zu diesem Moment geführt haben. Du bist hier. Du weißt, dass nicht jeder die gleiche Strecke zurücklegen wird wie du. Frühere Generationen haben dir gesagt, wie du fahren sollst, aber jetzt weißt du, dass dein Blick nur auf die Straße vor dir gerichtet sein muss. Keine Ablenkungen. Du weißt das alles. Das wusstest du schon immer.

Bereit? Übernimm das Steuer.

Teil Eins

DIE GEWOHNTE UMGEBUNG VERLASSEN

Das vertraute Terrain verlassen, neue Wege entdecken.

Kapitel 1

DU BIST HIER

Es gibt etwas, das dein Gehirn jedes Mal tut, wenn du in einem Auto sitzt, und du hast es wahrscheinlich noch nie bemerkt.

Ist dir jemals aufgefallen, dass jeder Fahrer, der schneller ist als du, ein rücksichtsloser Idiot ist und jeder Fahrer, der langsamer ist, keine Ahnung hat, was er tut? Das ist kein Zufall. Das ist der Ausgangspunkt für alles, was wir gleich erforschen werden.

Fahren auf der mittleren Spur

Wir haben die Nachbarschaft verlassen. Sieh dir das Auto auf der Spur neben dir an. Und jetzt das vor dir. Eines davon ist schneller als du und dein Gehirn stempelt es sofort ab: aggressiver Fahrer, wahrscheinlich in Eile, denkt, ihm gehört die Straße. Das andere fährt langsamer und dein Gehirn tut es schon wieder: Was macht der überhaupt auf dieser Spur? Hat man ihm nicht beigebracht, auf die rechte Spur zu wechseln, wenn man langsam fährt?

Die Sache ist die: Beide Reaktionen entstanden aufgrund DEINER Geschwindigkeit. Du bist der Bezugspunkt. Du bist der Nullpunkt auf dem Tacho deiner Welt.

Das Auto, das 130 km/h fährt? Dessen Fahrer sieht jemanden mit

145 km/h vor sich und denkt genau dasselbe, was du gerade über ihn gedacht hast. Und das Auto, das du gerade als langsam bezeichnet hast? Dessen Fahrer blickt mit derselben Frustration, die du ihm gegenüber empfunden hast, auf jemanden, der noch langsamer fährt.

Jeder ist der Mittelpunkt seiner eigenen Referenzen. Du hast vielleicht gehört, dass du nicht der Mittelpunkt des Universums bist, aber du bist absolut der Mittelpunkt DEINES Universums, DEINES Lebens. Alles, was du als „schnell" oder „langsam", „klug" oder „dumm", „erfolgreich" oder „sich abmühend" wahrnimmst, wird an dir als Maßstab gemessen.

Die unendliche Wettbewerbsschleife

Und das schafft ein Problem. Sobald du dich mit allen anderen misst, bist du in einer Endlosschleife gefangen.

Sagen wir, du fährst gemütlich dahin und siehst jemanden vor dir, der schneller ist. Du beschleunigst, um ihn zu überholen. Fühlt sich gut an, oder? Aber warte — jetzt siehst du ein neues Auto vor dir, das noch schneller fährt als du. Also beschleunigst du erneut. Überholst es auch.

Nur dass da jetzt ein weiteres Auto ist, das du vorher nicht sehen konntest und das noch schneller fährt als dieses.

Und noch eines dahinter.

Und noch eines dahinter. Und noch eines.

Du bist im Wettbewerb kein Stück weitergekommen. Du hast nur die Autos ausgetauscht, mit denen du dich vergleichst. In dem Moment, in dem du die „schnelleren" Autos überholst, deckst du einfach nur eine NEUE Gruppe schnellerer Autos auf, die du vorher nicht sehen konntest. Du denkst, wir brauchen noch eines? Es gibt immer noch ein weiteres Auto vor dir. Es endet nie.

Hier geht es nicht nur ums Autofahren auf der Autobahn. Es geht um alles.

Gehälter: „Ich verdiene 80.000 €" fühlt sich gut an, bis du jemanden triffst, der 120.000 € verdient, dann jemanden, der 200.000 € verdient, dann jemanden, der 2 Mio. € verdient …

Fitness: „Ich schaffe 70 kg beim Bankdrücken" bis du jemanden siehst, der 90 kg schafft, dann 115 kg, dann 180 kg ...

Follower: „Ich habe 1.000 Follower" bis du jemanden mit 10.000 siehst, dann 100.000, dann 1 Million, du hast keinen YouTube Play Button? Pff ...

Die Schleife schließt sich nie, weil du den Vergleichspunkt jedes Mal verschiebst, wenn du denkst, du wärst „angekommen".

Dein Kilometerzähler, nicht deren Geschwindigkeit

Hier ist also die Veränderung: Hör auf, auf die Geschwindigkeit anderer Autos zu schauen. Schau auf deinen eigenen Kilometerzähler. Deine zurückgelegten Kilometer.

Dein Kilometerzähler misst die zurückgelegte Strecke, nicht die Geschwindigkeit. Gestern stand dein Kilometerzähler bei 1.000 Kilometern. Heute steht er bei 1.050. Das ist Fortschritt. Fünfzig weitere Kilometer an Erfahrung, Lernen, Leben. Das ist die einzige Messung, die zählt.

An manchen Tagen wirst du 150 Kilometer zurücklegen, weil die Autobahn frei und das Wetter perfekt ist. An anderen Tagen wirst du 15 Kilometer zurücklegen, weil du auf einer Bergstraße unterwegs bist, die sorgfältige Navigation erfordert. An beiden Tagen kamen Kilometer auf deinen Zähler. An beiden Tagen bist du vorangekommen.

Vielleicht fährst du heute 80 km/h und gestern bist du mit 105 km/h dahingecruist. Das bedeutet nicht, dass du einen Rückschritt machst. Es könnte bedeuten, dass die heutige Straße es erfordert, langsamer zu fahren und die Landschaft zu bewundern — wenn du die Küste entlangfährst mit dem Ozean neben dir — oder vorsichtig durch schwieriges Gelände zu navigieren. Die Geschwindigkeit spielt keine Rolle. Die Kilometer, die du sammelst, schon.

Die Person neben dir, die schneller oder langsamer fährt? Ihr Kilometerzähler zeigt völlig andere Zahlen, weil sie von einem anderen Ort gestartet ist, andere Routen genommen und andere Stopps gemacht hat. Ihre Kilometerleistung hat nichts mit deiner Reise zu tun. Gute Fahrt.

Vergleiche deinen Kilometerstand mit DEINEM Kilometerstand von gestern. Das ist der einzige Vergleich, der etwas bedeutet.

Die Illusion des Spurbesitzes

Und während wir schon falschen Wettbewerb infrage stellen, lass uns eine weitere Illusion ansprechen, die du mit dir herumträgst: den Besitz von öffentlichem Raum.

Du fährst wie gewohnt von der Arbeit nach Hause. Du willst es nur rechtzeitig zu deinem Partner schaffen, der zu Hause auf dich wartet, um mit dir ins Kino zu gehen. Du warst für einen Moment abgelenkt und bemerktest plötzlich nicht, dass ein Auto vor dir die Spur wechselte — du tratst voll auf die Bremse, aber am Ende bist du ihm trotzdem aufgefahren.

Kleiner Unfall. Niemand wurde verletzt. Die Pläne? Geplatzt. Der Film muss warten. Alle vergewissern sich, dass es dem anderen Fahrer gut geht. Die Autoversicherungen treffen ein. Ein Verkehrspolizist auch. Du erzählst dem Beamten deine Geschichte. „Ich bin unter der Geschwindigkeitsbegrenzung gefahren und plötzlich ist dieses Auto auf meine Spur gewechselt. Ich konnte einfach nicht rechtzeitig bremsen …“

Genau da. Lass uns herauszoomen. Die eigentliche Geschichte handelt nicht von dem Unfall — dieses Gedankenspiel sollte nur auf etwas hinweisen. „Deine Spur"?

Wann wurde diese Spur zu deiner? Hast du sie gekauft? Steht dein Name im Grundbuch? Bekommst du eine Besitzurkunde, wenn du auf die Autobahn fährst?

Die Spuren sind öffentlich. Sie gehören allen. Der andere Fahrer hat genauso viel Recht auf diese Spur wie du.

Aber das passiert, wenn du denkst, die Spur würde dir gehören: Aggressionen am Steuer. In dem Moment, in dem du glaubst, dieser Raum sei DEINER, fühlt sich jedes Auto, das hineinfährt, wie eine Verletzung an. Als würde jemand in dein Haus einbrechen. Dein Stresslevel schnellt in die Höhe, weil dir jemand etwas „weggenommen" hat.

Nur, dass er das nicht hat. Weil es dir von Anfang an nie gehört hat.

Ich sage nicht, dass du es lieben musst, wenn jemand ohne zu blinken die Spur wechselt oder dich schneidet. Ich sage, die Intensität deiner Wut ist direkt proportional dazu, wie viel Besitzanspruch du auf öffentlichen Raum erhebst.

Weniger Aggression am Steuer

Schau, ich werde dir nicht sagen, dass du niemals hupen oder niemals frustriert sein sollst. Das ist nicht realistisch und ehrlich gesagt auch nicht das Ziel (und ich wäre ein furchtbares Vorbild, wenn ich etwas anderes behaupten würde).

Manchmal SOLLTEST du hupen. Wenn dich jemand gleich rammen wird, hupe. Wenn jemand nicht merkt, dass die Ampel grün geworden ist und sich der Verkehr staut, ist ein kurzer Hupstoß hilfreich. Wenn jemand in deine Spur driftet, hupe aus Sicherheitsgründen.

Das Ziel sind nicht null Aggressionen am Steuer. Das Ziel sind vielleicht 10 % Aggressionen statt 90 %.

Sei menschlich. Ärgere dich manchmal. Aber sei dabei bewusst. Frag dich: „Ist dieses Hupen für die Sicherheit oder für mein Ego?". Berücksichtige auch andere und hupe gelegentlich für sie — für ihre Sicherheit. Manchmal brauchen sie es.

Wenn ein Auto dich schneidet und du 10 Sekunden lang auf der Hupe bleibst, während du schreist, dann ist das Ego. Du verhinderst in diesem Moment keinen Unfall — das Auto hat dich bereits geschnitten. Du bestrafst es nur dafür, dass es „deine" Spur nicht respektiert hat. Rache ist eine seltsame Sache. Und es schaut immer jemand zu.

Dein Hupen wird sein Verhalten nicht ändern. Entweder ist es ihm egal, oder er wird defensiv, oder er zeigt dir den Mittelfinger. Niemand hatte jemals einen Wutanfall im Straßenverkehr und dachte: „Wissen Sie was, dieses wütende Hupen hat mir wirklich eine wertvolle Lektion über den Spurwechsel beigebracht."

Die einzige Koordinate, die zählt

Lass uns also die Grundregel für diese gesamte Reise festlegen:

Du bist dein eigener Punkt (0,0) in deinem (x,y)-Koordinatensystem.

Alles um dich herum — Geschwindigkeit, Erfolg, Intelligenz, Schönheit, Reichtum — wird relativ zu DEINER Position gemessen. Und das ist keine Arroganz. Das ist einfach nur Physik. Du kannst nichts ohne einen Bezugspunkt messen, und du bist DEIN Bezugspunkt.

Andere Menschen sind DEREN Bezugspunkte. Sie messen dich relativ zu sich, genauso wie du sie relativ zu dir misst.

Niemand liegt falsch. Jeder fährt nur seine eigene Route in seinem eigenen Tempo mit seinem eigenen Kilometerzähler, der andere Zahlen anzeigt.

Das Problem ist nicht, dass du der Mittelpunkt deines eigenen Universums bist. Das Problem ist zu denken, du solltest der Mittelpunkt von JEDERMANNS Universum sein. Oder schlimmer noch, zu glauben, es gäbe eine objektive Punktetafel am Himmel, die die Fahrleistung aller bewertet.

Die gibt es nicht.

Es gibt keine Prüfung.

Also hör auf, deine Geschwindigkeit mit anderen zu vergleichen. Hör auf zu denken, die Spur gehöre dir. Hör auf, bei jeder vermeintlichen Kränkung zu hupen. Konzentriere dich auf DEINE Route, DEINEN Fortschritt, DEINEN Kilometerzähler im Vergleich dazu, wo er gestern war.

Hier fangen wir an. Genau hier. Bei DEINEN Koordinaten.

Bereit, weiterzufahren?

10.000 RÜCKSPIEGEL

Anders als alles andere in deinem Leben offenbart dein Auto verschiedene Versionen deiner Persönlichkeit.

Erinnere dich an all die Male, als du Mitfahrer hattest. Kinder auf dem Rücksitz auf dem Weg zur Schule. Ein Partner auf dem Beifahrersitz während eines Roadtrips. Ältere Eltern auf dem Weg zum Arzttermin. Freunde, die sich für einen Wochenendausflug ins Auto quetschen. Ein Arbeitskollege, den du mitgenommen hast, weil sein Auto in der Werkstatt war.

Jeder von ihnen erlebte einen völlig anderen Fahrer. Eine andere Welt vom Beifahrersitz aus.

Nicht, weil du dich verstellt hast. Nicht, weil du eine Show abgezogen hast. Aber verschiedene Situationen, verschiedene Mitfahrer und verschiedene Straßen bringen verschiedene Versionen von dir zum Vorschein, wenn du hinter dem Steuer sitzt.

Andere Mitfahrer, andere Fahrer

Wenn du Kinder hast, denk an diese Familienausflüge mit dem Auto. Du umklammerst das Lenkrad zu fest und machst dir laut Sorgen um das Benzingeld. Du schnauzt sie an, sie sollen „da hinten aufhören zu streiten", weil der Verkehr dich stresst.

Deine Stimme ist angespannt, wenn du dich verfährst und dich weigerst, dem Navi zu vertrauen. Du denkst, sie konzentrieren sich auf das Ziel — den Strand, den Freizeitpark, die Berge. Aber das tun sie nicht.

Sie konzentrieren sich auf dich. Kinder saugen alles auf. Sie beobachten den Fahrer. Denn der Fahrer kontrolliert ihre Sicherheit, ihren Komfort, ihr gesamtes Erlebnis in diesem Auto.

Sie denken nicht darüber nach, wohin sie fahren. Sie beobachten, wie du sie dorthin bringst.

Denk jetzt an deinen Ehe- oder Lebenspartner auf dem Beifahrersitz.

Er sieht einen völlig anderen Fahrer als deine Kinder. Er sieht, wie du schnell die Route änderst, wenn du spät dran bist — aggressiv die Spur wechselst, Abkürzungen nimmst, bei Gelb noch schnell über die Ampel fährst. Aber er sieht dich auch auf dem Parkplatz, wie du dir extra Zeit nimmst, um perfekt rückwärts einzuparken, weil du das Auto nicht schief stehen lassen willst.

Er sieht dein ungeduldiges und dein penibles Ich auf derselben Fahrt.

Deine Kinder sehen nur den „gestressten Fahrer". Dein Partner sieht die Nuancen — die Kompetenz gemischt mit Ungeduld, die Sorgfalt gemischt mit Frustration. Er weiß, dass du nicht nur ein Fahrer bist; du bist je nach Kontext mehrere.

Wenn deine älteren Eltern im Auto sitzen? Plötzlich bist du ein völlig anderer Fahrer.

Du bremst an gelben Ampeln ab, anstatt hindurchzurasen. Du lässt zusätzlichen Abstand zum vorderen Auto. Du vermeidest Spurwechsel, es sei denn, es ist absolut notwendig. Du kommentierst deine Fahrentscheidungen laut: „Ich fädele mich jetzt ein, ich lasse nur noch das Auto da vorbeifahren."

Das ist nicht gespielt. Das ist angemessen. So passt du dein Fahren an die Bedürfnisse deiner Mitfahrer an.

Aber wenn deine Kinder DIESE Version von dir sehen könnten, würden sie den Fahrer kaum wiedererkennen. Wo ist die Person, die langsame Fahrer anschreit und durch Seitenstraßen abkürzt, um drei Minuten zu sparen?

Und dann gibt es da noch die Wochenendausflüge mit Freunden — Fenster runter, Musik aufgedreht, die Panoramastraße nehmen, weil niemand es eilig hat. Du fährst 10 km/h unter dem Tempolimit, nur um die Aussicht zu genießen. Du hältst an zufälligen Raststätten am Straßenrand an. Du lachst über falsche Abbiegungen, anstatt dich darüber aufzuregen.

Dein Partner wäre schockiert. „Seit wann macht es dir Spaß, dich zu verfahren?"

Aber du bist keine andere Person. Du bist nur ein anderer Fahrer in einem anderen Kontext mit anderen Mitfahrern und unter anderen Voraussetzungen.

Jeden Wochentag um 14 Uhr stehst du in der Schlange, um die Kinder von der Schule abzuholen. Geduldig. Sicherheitsbewusst. Langsam vorrückend. Andere Eltern vorlassen. Sicherstellen, dass keine Kinder hinter dein Auto laufen.

Aber drei Stunden später verlässt du die Arbeit im Berufsverkehr. Jetzt gilt's. Aggressive Spurwechsel, weil du nach Hause kommen, Abendessen machen und die Kinder bis 18 Uhr zum Fußballtraining bringen musst.

Derselbe Fahrer. Derselbe Tag. Völlig unterschiedliche Herangehensweisen.

Welches davon ist also dein „wahres" Ich?

Alle davon.

Jede einzelne Version ist authentisch. Du setzt keine Maske auf — du reagierst auf verschiedene Straßen, verschiedene Mitfahrer, verschiedene Umstände.

Wenn du versuchen würdest, so zu fahren, dass du ALLE deine bisherigen Mitfahrer gleichzeitig zufriedenstellst, wärst du gelähmt. Es ist verrückt, es überhaupt zu versuchen.

Deine Kinder würden dich ruhig und entspannt wollen. Dein Partner würde dich entscheidungsfreudig und effizient wollen. Deine älteren Eltern würden dich vorsichtig und langsam wollen. Deine Freunde würden dich spontan und unterhaltsam wollen.

Du müsstest 10.000 verschiedene Fahrer sein, um jeden zu beeindrucken, der jemals in deinem Auto saß.

Die unmögliche perfekte Version

Wir erschaffen diese idealisierte Version in unseren Köpfen — den „perfekten Fahrer", der alle glücklich machen würde. Ruhig, aber entscheidungsfreudig. Geduldig, aber effizient. Vorsichtig, aber spontan.

Und dann verausgaben wir uns dabei, zu versuchen, diese Version für alle und zu jeder Zeit zu SEIN.

Wir denken, jeder benotet uns danach, wie nahe wir dieser perfekten Version kommen. Wir stellen uns vor, wie unsere Mitfahrer sich austauschen: „Als ich mit ihm gefahren bin, war er total gestresst. Was ist mit der unterhaltsamen, entspannten Version passiert, die er eigentlich sein sollte?"

Diese universelle perfekte Version existiert nicht. Hat sie nie.

Du scheiterst nicht daran, sie zu werden. Du jagst etwas nach, das von vornherein nie möglich war.

Deine Kinder brauchen nicht die lustige Roadtrip-Version, wenn sie bei einem Sturm verängstigt auf dem Rücksitz sitzen — sie brauchen die selbstbewusste „Ich-hab-das-im-Griff"-Version. Deine älteren Eltern brauchen nicht die effiziente Version — sie brauchen die geduldige, vorsichtige Version. Dein Partner braucht nicht die immer-glückliche Version — er braucht die ehrliche, authentische Version.

Es gibt keine Prüfung, die bewertet, ob du die „richtige" Version deiner selbst geworden bist. Es gibt nur verschiedene Straßen, die unterschiedliche Herangehensweisen erfordern, und verschiedene Mitfahrer, die unterschiedliche Dinge von dir brauchen.

Hör auf zu versuchen, ein universelles Ich zu perfektionieren. Fang an zu erkennen, welche Version dem Moment, in dem du dich befindest, wirklich dient.

Deine Mitfahrer wählen

Du kannst nicht alle Versionen auf einmal sein. Aber du kannst wählen, welche Version dir für die Strecke, auf der du gerade unterwegs bist, am besten dient.

Wenn du deine Kinder irgendwohin fährst, verkörpere vielleicht die geduldige, jede-Entscheidung-kommentierende Version anstelle der gestressten, gehetzten Version. Nicht, weil die eine „echt" und die andere falsch ist, sondern weil eine bessere Erinnerungen für die Mitfahrer schafft, die auf dieser speziellen Fahrt am wichtigsten sind.

Wenn du alleine fährst, um den Kopf freizubekommen, verkörpere vielleicht die Panoramastraßen-Version anstelle der aggressiven Effizienz-Version. Nicht, weil du dich „entspannen sollst", sondern weil diese Version in diesem Moment deinen eigenen Bedürfnissen vielleicht besser dient.

Manche Menschen bringen Fahrverhalten in dir zum Vorschein, das du nicht besonders magst.

Vielleicht gibt es einen Mitfahrer, durch den du dich beurteilt fühlst, also fährst du vorsichtiger als nötig — stellst jeden Spurwechsel infrage, rechtfertigst jede Entscheidung übermäßig. Oder vielleicht gibt es einen Mitfahrer, der dich wetteifernd macht, sodass du aggressiver fährst, um etwas zu beweisen.

Die Frage ist nicht: „Welche Version ist mein wahres Ich?" Die Frage ist: „Welche Version möchte ich sein und wen möchte ich bei mir im Auto haben?"

Du entscheidest, wer in dein Auto steigt. Du entscheidest, wer auf dem Beifahrersitz mitfährt. Du entscheidest, wer dein Fahren beeinflusst.

Manche Mitfahrer machen dich zu einem besseren Fahrer. Manche Mitfahrer stressen dich. Manche Mitfahrer hast du gerne um dich. Manchen Mitfahrern gibst du nur aus Pflichtgefühl eine Mitfahrgelegenheit.

Es gibt keine Prüfung, die bewertet, welche Mitfahrer du behalten oder welche Version deiner selbst du sein solltest. Aber es gibt eine Entscheidung darüber, wer Zugang zu deinem Auto bekommt und welche Routen du mit ihnen nimmst.

Lass ihnen ihre Version

Etwas, das dir vielleicht unangenehm sein wird: Die Menschen in deinem Leben haben sich bereits ihre Version von dir gebildet. Und du hast keine Ahnung, wie diese Version aussieht. Es ist, als würdest du dich selbst auf einer Aufnahme hören. Sie passt vielleicht nicht zu der Version, die du zu sein glaubst — oder zu der Version, die du ihnen zu zeigen versuchst.

Nehmen wir an, dein Kind erzählt an Thanksgiving eine Geschichte: „Erinnert ihr euch an den Roadtrip, bei dem Papa sich so verfahren hat und wir in diesem komischen Diner gelandet sind? Das war zum Totlachen!"

Aber du erinnerst dich anders. Du hattest dich nicht verfahren — du hast absichtlich einen Umweg gemacht. Und du warst total gestresst und fandest es gar nicht lustig.

Du hast zwei Möglichkeiten:

Option A: Korrigiere sie. „Eigentlich hatte ich mich nicht verfahren. Ich habe eine Panoramastraße genommen und war ziemlich gestresst deswegen, ich habe nicht gelacht."

Option B: Lass ihnen ihre Version. Denn in DEREN Erinnerung ein glücklicher. Sie erinnern sich daran, wie sie mit ihren Geschwistern gelacht haben. Sie erinnern sich an das schrullige Diner. Sie erinnern sich an dich als Teil eines Abenteuers, nicht eines Fehlers.

Warum solltest du ihnen das nehmen, nur um technisch korrekt zu sein?

Ihre Version erfüllt sie, nicht deine korrigierte Version. Ihre „verdrehte" Erinnerung an dich ist das, was sie lieben. Das ist es, was sie aus diesem Moment brauchen. Deine korrigierte Version dient nicht ihnen — sie dient dem Bedürfnis deines Egos, korrekt verstanden zu werden.

Das gilt für alle. Dein Partner erinnert sich an die Version von dir, die in seiner Geschichte für ihn zählt — oft eine Version, derer du dir nicht einmal bewusst bist, eine Version, von der du nicht wusstest, dass du sie bist. Die fantastische Person, die er geheiratet hat. Diejenige, die ihm das Gefühl gibt, sicher, gesehen oder genau auf die richtige

Weise herausgefordert zu sein. Deine Eltern erinnern sich an die Version, die zu ihrer Erfahrung passt. Deine Freunde erinnern sich an die Version aus der Zeit in ihrem Leben, in der du präsent warst.

Du kannst sie nicht zwingen, ihre Version zu aktualisieren, damit sie mit deiner aktuellen Realität übereinstimmt. Und ehrlich gesagt, warum solltest du das wollen?

Lass den Leuten ihre Version von dir. Solange sie nicht schädlich ist, solange sie ihnen etwas gibt, das sie brauchen, lass sie ihnen.

Du bist nicht ein einziger, feststehender Fahrer, der in jedermanns Gedächtnis perfekt eingefangen ist. Du bist 10.000 Versionen in 10.000 verschiedenen Erinnerungen und jede einzelne dieser Versionen ist real. Sie sind hier, um in diesen Erinnerungen zu bleiben, ob es dir gefällt oder nicht.

Es gibt keine Prüfung, die von dir verlangt, die Erinnerung aller zu korrigieren, damit sie mit deiner offiziellen Geschichte übereinstimmt.

Du bist nicht gefangen

Du bist kein feststehender Fahrer. Du bist eine Sammlung von Fahrstilen, die in unterschiedlichen Kontexten zum Vorschein kommen.

Aber nur weil du gestresst, ungeduldig und besorgt fahren KANNST, heißt das nicht, dass du so weiterfahren MUSST — besonders, wenn es weder für dich noch für die Mitfahrer, die dir wirklich wichtig sind, von Vorteil ist.

Du kannst nicht kontrollieren, wie deine ehemaligen Mitfahrer dich in Erinnerung behalten. Deine Kinder erinnern sich vielleicht an die gestresste Version, obwohl du dein Bestes gegeben hast. Das liegt nicht in deiner Hand.

Aber du kannst kontrollieren, wie du von nun an fährst. Du kannst entscheiden, welche Version häufiger zum Vorschein kommt. Du kannst entscheiden, welche Mitfahrer regelmäßigen Zugang zu deinem Auto bekommen.

Du bist nicht dazu verdammt, der Fahrer zu sein, den alle anderen erlebt haben. Du darfst wählen, welche Version morgen das Steuer übernimmt.

Es gibt am Ende keine Prüfung, die bewertet, ob du „richtig" gewählt hast. Es gibt nur dich, dein Auto, deine Route und die Mitfahrer, die du mitnimmst.

Also, wer willst du hinter diesem Steuer sein?

Teil Zwei

AUTOBAHNAUFFAHRT

Auf die Autobahn auffahren und erkennen, wie man fahren gelernt hat.

Kapitel 3

DIE WEGE, DIE MAN DIR BEIGEBRACHT HAT

Erinnerst du dich daran, wie du alles gelernt hast, was du über das Autofahren weißt? Nicht nur die Mechanik — wie man das Lenkrad dreht, die Pedale tritt, in die Spiegel schaut. Ich rede von den anderen Dingen. Den ungeschriebenen Regeln. Den Instinkten. Dem Bauchgefühl, wenn dich jemand schneidet oder du eine freie Parklücke siehst.

Woher kamen die?

Wie sich Wissen verbreitet

Nehmen wir zum Beispiel einen Bleistift.

Du weißt, dass du damit schreiben kannst, aber woher weißt du das? Dein Lehrer hat es dir gesagt, vielleicht deine Eltern. Aber dieses spezielle Wissen ging schon vor Tausenden von Jahren „viral". Und vor deinem Lehrer hat es jemand ihnen beigebracht. Und davor jemand anderes. Wenn wir Hunderte, vielleicht Tausende von Jahren zurückgehen, ist der „Wissensvirus Bleistift" immer noch lebendig, verbreitet sich immer noch und übermittelt immer noch dieselbe grundlegende Idee: Mit diesem Werkzeug kann man Markierungen auf Papier machen.

Ich meine, wir wissen jetzt buchstäblich, was es heißt, viral zu gehen.

(Ich weiß, dass einige das Jahr 2020 vielleicht verdrängt haben, aber wir haben hautnah erlebt, wie etwas buchstäblich viral ging.)

Wenn du COVID hattest, stell dir vor, wie viele Menschen vor dir den gleichen Virusstamm getragen haben wie du. Wenn du zurückgehst, gibt es einen Ursprung, Patient Null, und dann ging es von mehreren Personen aus „viral", bis es dich erreichte. Technisch gesehen ist dieser Virus durch sehr, sehr viele Menschen gegangen, als wärst du die 73. Generation.

Wissen funktioniert auf die gleiche Weise. Es verbreitet sich von Mensch zu Mensch, von Generation zu Generation, wobei jeder es weitergibt und die meisten dabei nicht hinterfragen, woher es ursprünglich stammt.

So lernen wir im Grunde alles.

Die Fahrgewohnheiten, die du geerbt hast

Du hast in einer Fahrschule fahren gelernt — wo man dir die offiziellen Regeln beigebracht hat (und vielleicht auch die persönlichen Marotten einiger Fahrlehrer). Von deinen Eltern, die es dir jedes Mal vorgelebt haben, wenn du auf dem Rücksitz saßt und ihnen zugesehen hast. Von deiner Kultur, die dir beigebracht hat, dass bestimmte Verhaltensweisen beim Fahren bestimmte Dinge bedeuten. Von den Filmen, die dir gezeigt haben, wie „cooles" Fahren aussieht, wie „aggressives" Fahren aussieht, wie „Erfolg" auf der Straße aussieht.

Nichts davon ist neutral. All das ist Programmierung.

Wettkampfmäßiges Spurwechseln? Das hast du gelernt. Vielleicht, indem du deinem Vater oder deiner Mutter zugesehen hast, wie sie sich durch den Verkehr schlängelten, um „Zeit aufzuholen". Vielleicht aus Filmen, in denen der Held immer wie von der Tarantel gestochen fährt. Vielleicht von der Fahrkultur in deiner Stadt, wo Zögern mit einem Hupkonzert quittiert wird.

Parkplätze als Statussymbol? Auch das hast du gelernt. Als Erster da sein. Nah am Eingang parken. Den „besten" Platz haben. Nichts davon ist objektiv besser — es ist nur eine Hierarchie, die sich jemand ausgedacht hat und bei deren Durchsetzung alle mitmachen.

Straßenhierarchie? Lkw sollten rechts bleiben. Sportwagen dürfen schnell fahren. Minivans sind langweilig. Luxusautos verdienen Respekt. E-Autos sind für Umweltschützer (oder Early Adopter, je nachdem, welchen Virus du dir eingefangen hast).

Alles gelernt. Alles übertragen. Alles ohne Nachfragen akzeptiert.

Jemand hat dir gesagt, du sollst dich überlegen fühlen

Neil deGrasse Tyson — Astrophysiker, Wissenschaftskommunikator und jemand, den ich für seine Offenheit gegenüber Ideen sehr bewundere — schrieb in seinem Buch *Starry Messenger* etwas über Wettbewerb, das hier perfekt passt:

Die Olympischen Spiele verdanken ihre Existenz der Suche nach den Menschen unter uns, die schneller, höher und stärker sind. Standardisierte Prüfungen, Spielshows, Schönheitswettbewerbe, Talentproben und die Forbes 400 lassen Menschen gegeneinander antreten, in einer Rangordnung. Die Gesellschaft bietet Hunderte, wenn nicht Tausende von Möglichkeiten zu zeigen, dass man besser ist als andere.[1]

Und dann sagte er etwas, das uns alle zum Nachdenken anregen sollte:

„Du fühlst dich überlegen, weil dir jemand gesagt hat, dass es in Ordnung ist, dich so zu fühlen."[2]

Lies das noch einmal.

Du bist nicht eines Tages aufgewacht und hattest von Natur aus das Gefühl, besser zu sein als der langsame Fahrer, der die linke Spur blockiert, obwohl er auf der rechten fahren sollte. Jemand hat dir beigebracht, dass langsame Fahrer auf der linken Spur „falsch" sind, obwohl sie sich an das Tempolimit halten, und dass du (der schnellere, „richtige" Fahrer) deshalb überlegen bist.

Du wusstest nicht von Natur aus, dass mehr überholte Autos einen

Sieg bedeuten. Jemand hat dir beigebracht, dass Vorankommen gleich Erfolg ist.

Der Wettbewerb wurde in dir installiert. Wie eine Software. Wie ein Virus.

Die Aufmerksamkeitsökonomie meiner Heimatstadt

Lass mich dir ein persönliches Beispiel aus meiner Geburtsstadt geben.

Ich bin in Monterrey, Mexiko, aufgewachsen, und dort gibt es einen tief verwurzelten kulturellen Virus. Wir bezeichnen uns als wettbewerbsorientiert und fleißig, und wir prahlen damit voller Stolz — aber vielleicht kaschieren wir damit nur das Bedürfnis nach Aufmerksamkeit und Anerkennung, um uns anderen überlegen zu fühlen.

So funktioniert es: Wenn jemand etwas hat, das Aufmerksamkeit erregt, brauchst du etwas Besseres, Größeres (normalerweise Teureres), um das Rampenlicht von ihm zu bekommen — oder zu stehlen.

Dein Freund kauft ein Auto, das auffällt? Wirst du nach einem Truck suchen, der noch mehr auffällt.

Dein Nachbar schmeißt eine Party, über die alle reden? Musst du eine schmeißen, die zum neuen Standard wird.

Das gilt für alles. Hochzeiten. *Quinceañeras*. Berufsbezeichnungen. Hausgrößen. Sportmannschaften.

Und hier kommt der perverse Teil: Deine Freude wird relativ zu dem Gefühl, andere dazu zu bringen, sich minderwertig zu fühlen.

Es reicht nicht, mit deinem Auto glücklich zu sein — du musst wissen, dass dein Auto mehr Aufmerksamkeit bekommt als das deines Freundes. Es reicht nicht, eine wundervolle Party zu schmeißen — du brauchst Leute, die sagen, sie sei besser gewesen als die letzte, damit der vorherige Gastgeber sich ausgestochen fühlt.

Und es geht nicht nur um Ereignisse und Besitztümer. Es wird noch persönlicher:

„Wann heiratest du?" „Wann bekommt ihr Kinder?" „Dein Cousin hat schon zwei Kinder, worauf wartest du noch?" „Dein Bruder wurde gerade befördert, wie läuft es bei dir im Job?"

Dieser ständige Vergleich kommt nicht von irgendeinem objektiven Bewertungssystem. Es ist derselbe kulturelle Virus, der sich durch Familien verbreitet und alle davon überzeugt, dass ihr Wert daran gemessen wird, dieselben Meilensteine zu erreichen — und sie beeindruckender zu erreichen als alle anderen.

Es gibt sogar ein Gedankenexperiment, das dies perfekt aufdeckt:

„Hättest du lieber ein 300.000-Dollar-Haus, wo alle anderen 200.000-Dollar-Häuser haben, oder ein 500.000-Dollar-Haus, wo alle anderen 1.000.000-Dollar-Häuser haben?"

Rational betrachtet ist das Haus für eine halbe Million Dollar objektiv besser. Größer, schöner, wertvoller.

Aber die meisten Leute wählen das 300.000-Dollar-Haus. Denn in dieser Nachbarschaft gewinnen sie. Sie stehen an der Spitze. Überfluss spielt keine Rolle, wenn man nicht relativ überlegen ist. Sie haben das schönste Haus an der Straße — sie bekommen die ganze Aufmerksamkeit.

In der Millionärs-Nachbarschaft stehen sie am unteren Ende. Sie haben das „schlechteste" Haus. Auch wenn es nach jedem objektiven Maßstab immer noch eine Villa ist, schenkt ihnen niemand Beachtung.

Diese Präferenz — lieber relativ überlegen als objektiv besser zu sein — ist gelernt. Es ist ein kultureller Virus. Und er macht die Menschen unglücklich.

Das gilt nicht für jeden, und es ist nicht nur Monterrey. Aber es ist das, was ich aus meiner Kindheit dort kenne.

Statussignale, die uns wichtig sein sollen

Ist dir schon mal aufgefallen, wie manche Leute nur teuren Kaffee aus dem angesagten Laden kaufen, obwohl sie ihn zu Hause für einen Bruchteil des Preises (aber ohne den Becher) zubereiten könnten?

Es geht nicht um den Kaffee. Es geht darum, mit genau diesem Becher ins Büro zu kommen. Es geht darum, als jemand angesehen zu werden, der sich den „guten" Kaffee aus dem Laden leisten kann, über den alle reden. Das ist ein Statussignal.

Genauso bei Markenkleidung, bei der das Logo riesig und sichtbar ist. Du kaufst nicht die Qualität (ein schlichtes T-Shirt ist genauso funktional) — du kaufst das Signal. Du sagst damit: „Ich kann mir diese Marke leisten, was bedeutet, dass ich über Leuten stehe, die das nicht können."

Und man kann immer erkennen, wenn jemand über Nacht reich geworden ist, denn plötzlich trägt er überall an seinem Outfit große Logos und Markenmuster. Er muss der Menge zeigen, dass er es sich leisten kann. Er wirkt wie eine wandelnde Werbesäule für Luxusmarken.

Niemand wird geboren und kümmert sich um Logos. Das ist gelernt. Das ist ein Virus, den jemand verbreitet hat und den du dir eingefangen hast.

Während meiner Schulzeit hing ich einmal mit ein paar Freunden in meiner Heimatstadt ab. Wir wollten gerade den Abend ausklingen lassen, nachdem wir den ganzen Tag auf dem Skateboard verbracht hatten (damals gab es noch kein Internet, also trafen wir uns draußen — verrückte Zeiten, was?). Wir saßen in der Garage des Hauses meines Freundes, und beim Nachbarn parkte ein Auto.

Ich erinnere mich nicht an die genauen Details, aber das Gespräch führte dazu, dass wir es nur als ein normal geformtes Auto wahrnahmen. Grau. Langweilig. Wir dachten uns: „Na ja, ist nur eine Limousine."

Aber dann ging ein Freund vorbei, um seine Zigarette wegzuwerfen, und bemerkte, dass es ein BMW war, und plötzlich fing er an zu sagen: „Wow, schaut es euch an, das ist ein Wahnsinnsauto!"

Die Marke ließ ihn so denken. Nicht das Auto selbst. Nicht irgendetwas, das sich objektiv von seinem Aussehen oder seiner Funktion unterschied. Nur das Logo. Nur das Wissen, dass es „beeindruckend sein sollte".

Das ist der Virus in Aktion. Das Auto war uns egal, bis wir wussten, dass es teuer war. Dann war es uns wichtig, weil es uns wichtig sein sollte.

Wenn du dich dabei ertappst, wie es dir wichtig wird

Kulturelle Programmierung ist effektiv, weil sie im Verborgenen abläuft. Du bemerkst nicht, wie sie installiert wird. Du spürst nur die Reaktion und nimmst an, sie sei deine eigene.

Aber du kannst lernen, sie im richtigen Moment zu erkennen.

Du stehst an einer Ampel und ein Luxusauto fährt neben dich. Etwas passiert in deinem Gehirn — ein automatisches Urteil über den Fahrer, vielleicht ein Anflug von Neid oder ein Gefühl der Überlegenheit, je nachdem, was du fährst. Diese Reaktion war nicht deine. Sie wurde in dich einprogrammiert.

Du siehst die Urlaubsfotos von jemandem in den sozialen Medien. Bevor du auch nur darüber nachdenkst, vergleichst du ihre Reise mit deiner, besonders wenn du selbst schon vor einer Weile dort warst, und hast das Gefühl, ins Hintertreffen geraten zu sein, während du gedanklich schon den nächsten, noch beeindruckenderen Urlaub planst, um darüber zu posten. Dieser Vergleichsreflex war nicht deiner. Er wurde installiert.

Die Programmierung zeigt sich in dem Bruchteil einer Sekunde zwischen dem Sehen von etwas und dem Fühlen von etwas darüber. In dieser Lücke — da leben die installierten Überzeugungen.

Du kannst die kulturelle Programmierung nicht vollständig löschen. Sie sitzt zu tief. Ist zu automatisch. Wird zu sehr von allem um dich herum verstärkt.

Aber du kannst lernen, sie zu erkennen. Und Erkennen verändert alles.

Wenn du dich dabei ertappst, wie du das Auto, das Haus, die Kleidung, den Job von jemandem beurteilst, kannst du innehalten und fragen: „Wo habe ich gelernt, dass das wichtig ist?" Beginne, dem Ursprung deiner eigenen Überzeugungen nachzuforschen.

Wenn du den Drang verspürst, die Geschichte von jemandem zu übertrumpfen, kannst du bemerken: „Will ich das wirklich erzählen, oder versuche ich nur, eine Hierarchie herzustellen?"

Wenn du anfängst, dein Leben mit dem Zusammenschnitt der Höhepunkte eines anderen zu vergleichen, kannst du dich selbst ertappen: „Wer hat mir beigebracht, meinen Wert auf diese Weise zu messen?"

Du wirst nicht immer anders wählen. Manchmal wirst du die Programmierung erkennen und trotzdem ihren Anweisungen folgen, weil es einfacher ist, oder weil alle anderen es auch tun, oder weil du zu müde bist, um Widerstand zu leisten.

Aber das Erkennen schaltet den Autopiloten aus. Es schafft einen Moment der Wahl, wo es früher nur eine automatische Reaktion gab. Und dieser Moment — da fängt die Freiheit an.

Du kannst verlernen

Hier ist die gute Nachricht: Wenn diese Ideen gelernt wurden, können sie auch verlernt werden.

Du bist nicht an die Fahrgewohnheiten gebunden, die du geerbt hast. Du bist nicht verpflichtet, am Wettbewerb teilzunehmen, nur weil alle um dich herum wetteifern. Du bist nicht verpflichtet, dich überlegen zu fühlen, nur weil deine Kultur dir gesagt hat, dass es in Ordnung ist.

Du kannst die Programmierung als das erkennen, was sie ist — eine Idee, die dir ohne deine Erlaubnis übermittelt wurde — und entscheiden, ob du sie behalten willst.

Einige kulturelle Programmierungen sind nützlich. Verkehrsregeln existieren aus gutem Grund. Soziale Normen zu grundlegender Höflichkeit lassen die Gesellschaft funktionieren.

Aber wettbewerbsorientiertes Spurwechseln? Parken als Statussymbol? Sich überlegen fühlen, weil man auf eine bestimmte Weise fährt oder ein Schiebedach hat?

Die sind optional. Und sie machen dich unglücklich.

Wie fängt man also tatsächlich an zu verlernen?

Beginne mit Bewusstsein. Das hast du gerade im letzten Abschnitt geübt. Bemerke, wenn das Programm läuft. Urteile nicht darüber. Bekämpfe es nicht sofort. Sieh es einfach. „Oh, da ist wieder dieser automatische Statusvergleich."

Dann hinterfrage es. Wenn du die Programmierung am Laufen erwischst, frage dich: „Was wäre, wenn mir das egal wäre?" Nicht als Verpflichtung, sich für immer keine Gedanken mehr zu machen — nur als Experiment. Was wäre, wenn das Auto dieser Person keine Rolle spielen würde? Was wäre, wenn du den beeindruckenden Urlaub nicht bräuchtest? Was wäre, wenn du es einfach ... sein lässt? Die Welt geht nicht unter. Normalerweise passiert gar nichts.

Dann versuche, einmal anders zu wählen. Nicht als neue Regel.

Nicht als dauerhafte Veränderung. Nur ein einziges Mal. Jemand spricht über etwas, worauf er stolz ist. Anstatt deine eigene Errungenschaft zu erwähnen, sag einfach: „Das ist großartig." Das ist alles. Nicht: „Du hast mir den Tag gerettet", mach es nicht zu deiner Sache. Nur schlichte Anerkennung. Sieh, was passiert. Normalerweise? Er oder sie redet weiter. Es fällt ihm nicht auf, dass du nicht in den Wettbewerb eingestiegen bist. Die Hierarchie, von der du dachtest, du müsstest sie herstellen, war gar nicht notwendig.

Achte darauf, wie es sich anfühlt. Wenn du an einem Vergleich, an dem du dich normalerweise beteiligt hättest, nicht teilnimmst, wenn du den Statusartikel, den du normalerweise gekauft hättest, nicht kaufst, wenn du jemanden, den du normalerweise verurteilt hättest, nicht verurteilst — achte auf das Gefühl. Manchmal ist es eine Erleichterung. Manchmal ist es Freiheit. Manchmal ist es unangenehm, weil die Programmierung immer noch da ist und darauf besteht, dass dies wichtig ist. All diese Gefühle sind Informationen.

Das ist Verlernen. Nicht den Code löschen. Nicht ihn durch einen anderen Code ersetzen. Nur erkennen, dass es Code ist, und zu entscheiden, ob du ihn ausführen willst.

Du kannst dich dafür entscheiden, nicht mehr an Wettbewerben teilzunehmen, denen du nie zugestimmt hast. Du kannst dich dafür entscheiden, dein Glück nicht mehr am Leben anderer Leute zu messen. Du kannst dich dafür entscheiden, deine eigene Route zu fahren, ohne dir Sorgen zu machen, ob du „vorne" oder „hinten" liegst.

Es gibt keine Prüfung, die bewertet, ob du mit den richtigen Leuten mithältst oder dem richtigen kulturellen Skript folgst.

Aber du hast die Wahl: die Software weiterlaufen zu lassen, die jemand anderes installiert hat, oder damit anzufangen, deinen eigenen Code zu schreiben.

DIE GESCHWINDIGKEITSFALLE

Früher brauchten wir echtes Feedback, um zu wissen, was andere über uns dachten. Heute bekommen wir sofortige Messwerte: Likes, Views, Shares. Und wir sind süchtig geworden nach der Anzeigetafel eines Rennens, bei dem wir nie mitmachen wollten.

Warum rasen wir überhaupt? Wer hat uns gesagt, dass wir das schnellste Auto auf der Autobahn sein müssen? Wann wurde es wichtiger, unser Leben zu dokumentieren, anstatt es zu leben?

Die Konzert-Evolution

Es gibt ein perfektes Beispiel dafür, wie diese Veränderung stattgefunden hat, und man kann sie anhand von Konzerten der letzten 40 Jahre nachverfolgen:

- 1980er: Die Leute gingen mit erhobenen Händen auf Konzerte, Feuerzeuge flackerten in der Dunkelheit. Sie erlebten die Musik. Sie waren im Moment. Das Ziel war, die Musik zu fühlen, Teil der Energie der Menge zu sein, eine Verbindung zum Auftritt aufzubauen.

- 1990er: Kameras kamen auf. Die Leute fingen an, Fotos von den Bandmitgliedern zu machen. Meistens war es verboten, Kameras mit zu einem Konzert zu nehmen. Aber wenn man es konnte, waren die Bilder dazu da, sich später an den Abend zu erinnern. Um zurückzublicken und zu sagen: „Ich habe sie live gesehen." Das Erlebnis war immer noch vorrangig. Die Dokumentation war zweitrangig.
- 2000er: Handys bekamen Kameras. Jetzt nahmen die Leute ganze Songs auf — verpixelt, mit furchtbarem Ton, verwackelte Aufnahmen, die sie sich sowieso nie wieder ansehen würden. Aber sie sahen sich die Show trotzdem noch größtenteils an, während sie aufnahmen. Das Handy war eine Ergänzung zum Erlebnis.
- 2010er: Smartphones wurden besser. Jetzt machten die Leute Selfies mit der Band im Hintergrund. Bemerkst du die Veränderung? Die Band wurde zur Kulisse. Bei dem Konzert ging es nicht mehr um den Auftritt — es ging darum, zu beweisen, dass DU bei dem Auftritt warst. Die Dokumentation wurde dem Erlebnis gleichwertig.
- 2020er: Und jetzt? Jetzt filmen sich die Leute während des gesamten Konzerts selbst. Die Kamera ist auf sie gerichtet, die Band verschwimmt am Horizont hinter ihrem Handy. Die Künstler sind egal — wir sind die Protagonisten unseres eigenen Events namens „Konzertbesuch". Sie schauen sich nicht die Show an. Sie schauen auf ihren Bildschirm, der sie selbst bei der Show aufnimmt.

Wir sind zur Geschichte geworden. Die Band ist irrelevant.

Das Konzert ist nicht mehr das Ziel. Das Konzert ist nur noch die Kulisse für deinen Content. Für deine Story. Für deinen Beweis, dass du ein interessantes Leben führst, das andere Leute beeindrucken sollte.

Alle spielen eine Rolle, niemand schaut zu

Vor ein paar Jahren ging ein Video viral. Das Traurigste daran ist, dass es sich jedes Jahr wiederholt. Silvester in Paris. Tausende von Menschen versammelten sich um den *Arc de Triomphe* für die Mitternachtsfeier.

Die Kamera schwenkt über die Menge. Jede einzelne Person hält ihr Handy hoch und filmt. Jeder.

Sie schauen nicht zu. Sie filmen.

Niemand erlebt den Moment, für den er Tausende von Kilometern gereist ist. Sie alle schauen ihn durch einen 6-Zoll-Bildschirm an und stellen sicher, dass sie ihn für die Leute festhalten, die nicht da sind.

Wenn also jeder aufnimmt und niemand zusieht, was ist dann der Sinn, dort zu sein?

Für wen nehmen sie das auf? Für die Leute, die nicht da waren? Warum sollten sich diese Leute für eine verwackelte Handyaufnahme von etwas interessieren, das sie nicht erlebt haben?

Die Antwort: Sie nehmen es auf, um zu beweisen, dass sie da waren. Um zu beweisen, dass ihr Leben interessant ist. Um Beweise dafür zu sammeln, dass sie das Rennen gewinnen.

Geh jetzt in irgendein Fitnessstudio. Beobachte, was passiert.

Jemand stellt sein Handy auf, um sein Training aufzunehmen. Nicht, um seine Haltung zu überprüfen. Nicht, um seinen Fortschritt zu verfolgen. Sondern um es zu posten. Um allen zu zeigen, dass er trainiert. Dass er engagiert ist. Dass er besser ist als die Leute, die nicht im Fitnessstudio sind.

Und hier wird es wirklich aufschlussreich: Sie scheuchen Leute aus ihrer Kameraeinstellung. Sie sind genervt, wenn jemand durch ihr Bild läuft. Sie beginnen ihren Satz neu, weil jemand ihr Video „ruiniert" hat.

Und dann — hier wird es noch schlimmer — posten sie das Video, in dem sie die Person bloßstellen, die es gewagt hat, ihre Aufnahme zu unterbrechen. Wie kann man es wagen, das öffentliche Fitnessstudio zu benutzen, während jemand Content filmt? Sie stellen Fremde online an den Pranger für das Verbrechen, ... in einem gemeinschaftlich genutzten Raum zu existieren. (Ein Gruß geht raus an Joey Swoll — einen Bodybuilder und Fitness-Influencer —, der die „Mind Your Own

Business"-Bewegung ins Leben gerufen hat, um dieses Verhalten anzuprangern.)

Das Training wird zweitrangig gegenüber der Dokumentation des Trainings.

Sie sind nicht da, um stärker zu werden. Sie sind da, um dabei gesehen zu werden, wie sie stärker werden. Sie treten nicht gegen ihre vorherige Leistung an — sie wetteifern um Aufmerksamkeit, um Bestätigung, um den Beweis, dass sie im Rennen vorn liegen.

Wo ist die Reality-Show?

Soziale Medien haben die Dynamik verändert, wie wir uns selbst sehen. Sie haben uns gelehrt, dass wir alle die Hauptfigur in unserem eigenen Film sind und alle anderen zuschauen sollten.

Wir leben unser Leben nicht einfach nur. Wir führen unser Leben auf. Wir kuratieren unser Leben. Wir bearbeiten unser Leben für ein Publikum, das sich möglicherweise gar nicht wirklich für uns interessiert.

Wir verhalten uns, als würden wir in einem Spiel mitspielen, für das wir uns nie angemeldet haben — wie Kandidaten einer Reality-Show, die sich ständig der Kamera bewusst sind, ihr Verhalten ständig für die Zuschauer anpassen und ihren Wert ständig an den Einschaltquoten messen.

Aber die unbequeme Wahrheit ist: Niemand schaut so genau hin, wie du denkst.

Deine Follower studieren deine Posts nicht. Sie scrollen. Sie passen nur mit halbem Ohr auf, während sie in der Schlange für ihren Kaffee warten. Sie konsumieren deinen Content auf die gleiche Weise, wie du ihren konsumierst — schnell, gedankenlos und vergessen ihn bereits wieder, bevor sie zum nächsten Post übergehen.

Psychologen nennen das den Spotlight-Effekt. Du gehst davon aus, dass du auf einer Bühne stehst, dass jeder dein Aussehen, deine Fehler, deine Lebensentscheidungen bemerkt. Die Wahrheit? Jeder ist zu sehr mit sich selbst beschäftigt, um sich über dich Sorgen zu machen. Sie sind nicht das Publikum, das deinen Film schaut — sie sind die Stars in ihrem eigenen Film und nehmen dich kaum als mehr als nur eine Hintergrundkulisse wahr.

Du kämpfst um die Aufmerksamkeit von Leuten, die dem Rennen gar nicht zusehen.

Zum Aktualisieren wischen

Warum können wir also nicht aufhören? Warum schauen wir ständig nach? Warum fühlt es sich so schwer an, das Handy einfach wegzulegen?

Weil das System darauf ausgelegt ist, dich süchtig zu machen.

Social-Media-Plattformen sind nicht nur Apps — sie sind Spielautomaten in deiner Tasche. Und sie nutzen genau den gleichen psychologischen Mechanismus, der Glücksspiel süchtig macht: intermittierende Verstärkung.

So funktioniert es: Du postest etwas. Du weißt nicht, wie es ankommen wird. Vielleicht bekommt es 10 Likes. Vielleicht 100. Vielleicht 1.000. Diese Unsicherheit erzeugt Erwartung. Und Erwartung löst Dopamin aus.

Jedes Mal, wenn du auf dein Handy schaust, ziehst du den Hebel eines Spielautomaten. Manchmal gewinnst du (Benachrichtigungen! Likes! Kommentare!). Manchmal nicht. Aber die Möglichkeit, dass DIESES Mal der große Gewinn dabei sein könnte, lässt dich immer wieder nachsehen.

Der Dopamin-Kick kommt nicht einmal von den Likes selbst — er kommt von der Erwartung, vielleicht Likes zu bekommen. Deshalb aktualisierst du ständig. Deshalb schaust du fünf Minuten nach dem Posten nach. Deshalb fühlst du dich unruhig, wenn ein Post nicht so gut ankommt, wie du es erwartet hast.

Du bist nicht schwach. Du bist nicht süchtig, weil es dir an Willenskraft mangelt. Du trittst gegen eine milliardenschwere Industrie an, die diese Plattformen speziell so konstruiert hat, dass sie so süchtig wie möglich machen. Sie beschäftigen Neurowissenschaftler und Verhaltenspsychologen, deren ganzer Job darin besteht, herauszufinden, wie sie dich am Scrollen halten können.

Das rote Benachrichtigungs-Badge? Entwickelt, um Dringlichkeit auszulösen. Das unendliche Scrollen? Entwickelt, um Haltepunkte zu eliminieren. Die „Gelesen"-Anzeige? Entwickelt, um sozialen Druck zu erzeugen, sofort zu antworten. Der Algorithmus, der dir Inhalte zeigt, die dich aufregen? Entwickelt, um dich bei der Stange zu halten, auch wenn es dich unglücklich macht.

Jede Funktion ist auf eine Sache optimiert: dich so lange wie möglich auf der Plattform zu halten, damit sie mehr Werbung verkaufen können. Der Algorithmus bestimmt, was du siehst, was du fühlst, was du als Nächstes tust.

Und es funktioniert, weil sich Dopamin nicht um dein Wohlbefinden schert. Dopamin kümmert sich um die Vorhersage von Belohnungen. Dein Verstand unterscheidet nicht zwischen echten oder vorgestellten Belohnungen — Dopamin wird in beiden Fällen ausgeschüttet. Und diese Plattformen haben genau herausgefunden, wie man dieses System hacken kann.

Deshalb kannst du zwei Stunden scrollen und dich schlechter fühlen als zu Beginn. Deshalb kannst du intellektuell wissen, dass soziale Medien dich unruhig machen, aber trotzdem nicht aufhören, nachzuschauen. Deshalb fühlt sich das Löschen der App wie ein Entzug an.

Du versagst nicht bei der Selbstbeherrschung. Du kämpfst gegen ein System, das speziell dafür entwickelt wurde, deine Selbstbeherrschung außer Kraft zu setzen.

Der Jagd nach Bestätigung von Geistern

Warum tun wir das also? Warum füttern wir die Maschine weiter, obwohl wir wissen, dass sie darauf ausgelegt ist, uns auszunutzen?

Weil wir in unserem Kopf nach der Bestätigung suchen, dass wir cooler sind als andere. Dass wir interessanter sind. Dass wir das Rennen gewinnen.

Jeder Post ist ein Vergleich. Jede Story ist ein Beweis. Jedes Like ist eine Stimme, die bestätigt, dass du ja, vorn liegst, dass du es besser machst, dass du es wert bist, beachtet zu werden.

Beim Konzert geht es nicht um die Musik — es geht darum, zu beweisen, dass du Zugang zu Konzerten hast, den andere nicht haben.

Beim Fitnessvideo geht es nicht um Fitness — es geht darum, zu beweisen, dass du disziplinierter bist als Leute, die nicht im Fitnessstudio sind. Bei den Urlaubsfotos geht es nicht um den Urlaub — sie sollen beweisen, dass dein Leben aufregender ist als das der Leute, die an deinen Posts vorbeiscrollen.

Soziale Medien haben das Leben in eine Leistungsbeurteilung verwandelt. Und seitdem jagen wir einer guten Note hinterher.

Es gibt keinen Richter. Es gibt kein Endergebnis. Es gibt keine Jury, die am Ende deines Lebens deinen Instagram-Feed überprüft und entscheidet, ob du richtig gelebt hast.

Du nimmst an einem Wettbewerb teil, der nicht existiert, versuchst, Leute zu beeindrucken, die nicht aufpassen, und sammelst Punkte, die nichts bedeuten.

Dokumentation vs. Inszenierung

Wenn du aufhörst, dich zu inszenieren, kannst du tatsächlich leben. Du kannst präsent sein. Du kannst Momente erleben, anstatt nur Beweise dafür zu sammeln, dass sie passiert sind. Du bekommst deine Aufmerksamkeit zurück. Du bekommst dein Leben zurück.

Die Leute wachen auf und erkennen das. Sie erkennen, dass sie Jahre damit verbracht haben, ihr Leben zu filmen, anstatt es zu leben. Und sie nehmen eine Veränderung vor: weniger teilen, mehr erleben.

Aber lass mich eines klarstellen: Momente zu dokumentieren ist nicht das Problem. Fotos zu machen, um dich an das erste Konzert deines Kindes zu erinnern? Wunderschön. Eine Videobotschaft für jemanden aufzunehmen, der nicht dabei sein konnte? Aufmerksam. Einen Moment festzuhalten, weil du ihn später wirklich noch einmal erleben möchtest? Völlig in Ordnung.

Das Problem ist, wenn Dokumentation zur Inszenierung wird.

Also frag dich:

Hast du etwas geteilt, weil du dich an den Moment erinnern wolltest? Oder hast du es geteilt, weil du wolltest, dass andere sehen, wie du den Moment erlebst?

Hast du dein Leben dokumentiert? Oder hast du dein Leben inszeniert?

Hast du das Konzert erlebt? Oder hast du bewiesen, dass du auf dem Konzert warst?

Mit der ersten Option in jeder Frage ist nichts falsch. Erinnerungen sind wichtig. Verbindung ist wichtig. Bedeutende Momente mit Menschen zu teilen, die dir am Herzen liegen — das ist menschlich.

Aber wenn jeder Moment zu Content wird, wenn jedes Erlebnis zu einem Beweisstück in einem Wettbewerb wird, an dem du nie teilnehmen wolltest, wenn dein Leben für ein Publikum kuratiert wird, anstatt für dich selbst gelebt zu werden — dann bist du vom Weg abgekommen.

Es gibt keine Prüfung, die bewertet, ob dein Leben für Fremde im Internet beeindruckend aussieht.

Aber es gibt eine Wahl: weiter um die Bestätigung von Leuten zu rennen, die nicht zusehen, oder das Handy wegzulegen und tatsächlich zu erleben, was du gerade tust.

Die Autobahn ist lang. Die Landschaft ist es wert, gesehen zu werden. Aber du kannst sie nicht sehen, wenn du auf einen Bildschirm starrst, der dir zeigt, was andere Leute von dir denken.

Hör auf, um Aufmerksamkeit zu wetteifern. Hör auf zu rasen, um zu beweisen, dass du vorn liegst. Hör auf, die Fahrt zu filmen und ... fahr einfach.

Kapitel 5

WER ZÄHLT DIE PUNKTE?

Stell dir vor, du riskierst alles, wofür du gearbeitet hast, wegen eines Streits mit einem Fremden.

Und ich meine wirklich alles.

Die Ausbildung — all die Jahre, in denen du zur Schule gegangen bist, in der Pause gespielt, dein Sportidol bewundert und die Texte deines Lieblingssängers gelernt hast. Die Ausflüge mit deinen Freunden. Die Zeit mit deinen Eltern, als sie dich in den Urlaub mitgenommen haben. All die harte Arbeit, die sie investiert haben, um dich aufs College zu bringen. Die Schichten, die du gearbeitet hast, um deine Ausbildung zu bezahlen. Die unzähligen Nächte, in denen du nicht geschlafen hast, um für diese brutalen Kurse zu lernen, und dich durchgebissen hast, weil du auf etwas hingearbeitet hast.

Das Zuhause, das du dir mit deinem Partner aufgebaut hast. Die Menschen, die zu Hause auf dich warten. Deine Brüder oder Geschwister, die dich dein ganzes Leben lang kennen. Deine Kinder, die nie auf die Idee kommen würden, dass ihrem Helden etwas zustoßen könnte. Sie sind vollkommen von dir abhängig — für ihre Ausbildung, für ihr Dach über dem Kopf, für ihre Sicherheit, für ihre Zukunft.

All das. Alles, was du aufgebaut hast. Alles, wofür du Opfer gebracht hast. Alles, worauf du hingearbeitet hast. Alles, wofür du etwas hinterlassen wirst.

Wegen eines Streits mit einem Fremden über ein Spiel. Oder einen Spurwechsel. Oder wer Recht hatte. Wegen jemandem, der nicht zu meinen Leuten gehört.

Klingt verrückt, oder?

Menschen tun es jeden Tag.

Der Streit im Stadion

Du bist bei einem Spiel. Deine Mannschaft schießt ein Tor. Du feierst. Der Typ, der hinter dir sitzt — im Trikot der gegnerischen Mannschaft — sagt etwas. Nicht einmal zu dir, er murmelt es nur seinem Freund zu. Aber du hast es gehört.

Jetzt hast du die Wahl.

Du könntest es ignorieren. Das Spiel genießen. Zu deiner Familie nach Hause gehen. Morgen mit deinem Job, deiner Gesundheit und deinem Leben unversehrt aufwachen.

Oder du könntest dich umdrehen und etwas erwidern. Die Situation eskalieren lassen. Es zu einer Sache werden lassen. Dein Ego dich überzeugen lassen, dass du diesen Fremden in seine Schranken weisen musst, weil er deine Mannschaft nicht respektiert hat, was bedeutet, dass er dich nicht respektiert hat, was bedeutet, dass du deine Ehre verteidigen musst.

Und was passiert dann?

Vielleicht nichts. Vielleicht macht er einen Rückzieher. Vielleicht schreit ihr euch beide an, dann trennt euch der Sicherheitsdienst und ihr geht beide nach Hause mit dem Gefühl, „gewonnen" zu haben.

Oder vielleicht wird es handgreiflich. Vielleicht schlägst du zu. Vielleicht schlägt er zurück. Vielleicht fällst du hin. Vielleicht schlägst du mit dem Kopf auf eine Betonstufe. Vielleicht verlierst du ein Auge. Vielleicht landest du gelähmt im Rollstuhl. Vielleicht landest du im Gefängnis.

Wofür?

Für deine Mannschaft? Ich meine, die wissen in der Regel nicht einmal, dass du als Person existierst. Sie werden dich nicht im Krankenhaus besuchen. Sie werden nicht deine Anwaltskosten bezahlen. Sie werden sich nicht um deine Kinder kümmern, während du mit einer Hirnverletzung zu kämpfen hast.

Für deinen Stolz? Wie viel ist dein Stolz wert? Ist er es wert, dass du nicht mehr gehen kannst? Ist er es wert, dass deine Kinder einen guten Vater oder eine gute Mutter wegen der Beleidigung eines Fremden verlieren? Ist er es wert, dass deine Kinder zusehen müssen, wie ihre Eltern verhaftet werden? Ist er es wert, deinen Job zu verlieren, weil du jetzt vorbestraft bist?

Nun, die Sache ist die: Es gibt keinen Punktrichter, der dafür Punkte vergibt, dass man recht hat.

Am Ende der Konfrontation bekommst du keine Note. Es gibt keine Jury, die das Filmmaterial überprüft und erklärt: „Ja, Sie hatten Recht, diese Situation eskalieren zu lassen. Hier ist Ihre Trophäe für die Verteidigung Ihrer Ehre." Fanfaren. Feuerwerk. Du hast es geschafft!

Du bekommst nur die Konsequenzen. Und der andere Typ bekommt seine Konsequenzen. Und ihr beide habt alles riskiert für ... nichts.

Die Konfrontation im Straßenverkehr

Gleiches Muster, anderer Ort.

Jemand schneidet dich im Verkehr. Vielleicht hat er dich nicht gesehen. Vielleicht eilt er ins Krankenhaus. Vielleicht ist er einfach nur ein rücksichtsloser Fahrer. Spielt keine Rolle — du bist wütend.

Du hast die gleiche Wahl wie der Typ im Stadion. Ob Opfer oder nicht, triff eine Entscheidung.

Ignoriere es und fahr weiter. Oder mach eine große Sache daraus.

Du gibst Gas. Du fährst neben ihn. Du schreist. Du gestikulierst. Du hupst ununterbrochen. Du verfolgst ihn. Du willst, dass er weiß, dass er im Unrecht war. Du willst, dass er sich schlecht fühlt. Du willst diese Konfrontation gewinnen.

Der wirklich dumme Teil? „Recht haben" wird sein Auto nicht davon abhalten, dich zu rammen.

Nehmen wir an, er hat dich übel geschnitten. Nehmen wir an, du bist zu 100 % im Recht und er zu 100 % im Unrecht, und wenn das vor ein Verkehrsgericht käme, würde der Richter dir vollkommen zustimmen.

Herzlichen Glückwunsch. Du hast Recht.

Aber wenn sein Auto deines rammt, weil du beschlossen hast, ein Exempel zu statuieren, indem du ihn nicht einscheren lässt, spielt es keine Rolle, ob du Recht hast. Dein Auto wird beschädigt. Du könntest verletzt werden. Du könntest im Krankenhaus landen.

Die Gesetze der Physik scheren sich nicht um die Straßenverkehrsordnung. Die Versicherung des anderen Fahrers schert es nicht, dass du technisch gesehen im Recht warst. Bei deiner Beerdigung wird kein Banner hängen mit der Aufschrift: „ABER ER HATTE VORFAHRT.“

Es gibt keine Prüfung, die bewertet, ob deine Wut am Steuer gerechtfertigt war.

Es gibt nur das Ergebnis. Und das Ergebnis könnte sein, dass du Recht hast UND verletzt bist. Oder du hast Recht UND liegst im Krankenhaus. Oder du hast Recht UND musst dich mit einer Klage auseinandersetzen, weil du einen Unfall verursacht hast.

Pass auf dich auf. Niemand sonst passt auf der Straße auf dich auf.

Die unsichtbaren Punktrichter

Also, wer, glaubst du, bewertet dich?

Wenn du diesen Drang verspürst, deine Ehre zu verteidigen, jemandem das Gegenteil zu beweisen, sicherzustellen, dass sie wissen, dass du Recht hast — wer schaut zu? Wer zählt die Punkte?

Die meisten Menschen stellen sich, wenn sie ehrlich sind, eine Art Jury vor. Ein unsichtbares Publikum, das Siege und Niederlagen zusammenzählt. Einen kosmischen Buchhalter, der festhält, ob du dich von Leuten respektlos behandeln lässt oder ob du die Stellung gehalten hast.

Vielleicht sind es die Stimmen deiner Eltern in deinem Kopf: „Lass dich von niemandem herumschubsen.“ Vielleicht ist es die Programmierung deiner Kultur: „Echte Männer machen keinen Rückzieher.“

Vielleicht ist es dein eigener verinnerlichter Glaube, dass Nachgeben Schwäche bedeutet und Schwäche Versagen.

Aber diese Punktrichter existieren nicht.

Deine Eltern beobachten nicht jede deiner Konfrontationen und bewerten, ob du dich richtig verteidigt hast. Deine Kultur führt keine Strichliste darüber, wie oft du die Stellung gehalten hast und wie oft du etwas hast auf sich beruhen lassen. Dein zukünftiges Ich wird nicht auf dein Leben zurückblicken und denken: „Ich wünschte, ich hätte mich mehr mit Fremden gestritten."

Die imaginäre Jury ist nicht real.

Wenn dich jemand im Verkehr schneidet und du den Anflug von „Das lasse ich ihm nicht durchgehen" verspürst — wer genau würde es ihm „durchgehen lassen"? Es gibt keine Verkehrspolizei, die deine Reaktion bewertet. Es gibt keinen Männlichkeitsrat, der überprüft, ob du deine Spur richtig verteidigt hast. Es gibt kein kosmisches Rechtssystem, das Punkte für das Aufbegehren gegen rücksichtslose Fahrer vergibt.

Der Punktrichter, den du dir vorstellst — derjenige, der beurteilt, ob du zu passiv, zu aggressiv, zu schwach, zu konfrontativ bist — existiert nur in deinem Kopf.

Und das Verrückte ist, obwohl du intellektuell weißt, dass dich niemand wirklich bewertet, spürst du trotzdem diesen Drang. Du hast immer noch das Gefühl, dass etwas auf dem Spiel steht. Als ob du ein unsichtbares Spiel verlierst, wenn du das auf sich beruhen lässt.

Dieses Gefühl ist real. Das Spiel ist es nicht.

Die Frage lautet nicht: „Wie gewinne ich?" Die Frage ist: „Will ich ein Spiel spielen, das nur in meiner Vorstellung existiert, während ich Dinge riskiere, die in der Realität tatsächlich existieren?"

Du musst nicht alles gewinnen

Du kannst die Disney-Parks besuchen, ohne mit ALLEN Fahrgeschäften fahren zu müssen.

Ernsthaft. Du kannst nach Disney fahren, drei Fahrgeschäfte mitnehmen, etwas essen, eine Parade ansehen und nach Hause gehen.

Du musst nicht jede Minute maximieren. Du musst nicht jede Attraktion abklappern. Du musst Disney nicht „gewinnen".

Aber die Leute versuchen es. Sie planen minutiös getaktete Abläufe. Sie stehen im Morgengrauen auf. Sie gehen im Eiltempo von einer Attraktion zur nächsten. Sie lassen Mahlzeiten ausfallen, um mehr Fahrgeschäfte unterzubringen. Sie stressen ihre Familien, um den maximalen Wert aus ihrem Ticketpreis herauszuholen.

Und dann kommen sie erschöpft, mit Sonnenbrand, pleite und kaum in der Lage, sich daran zu erinnern, was ihnen eigentlich gefallen hat, weil sie so damit beschäftigt waren, alles zu optimieren.

Das Leben ist genauso.

Du musst dich nicht mit jedem Idioten anlegen. Du musst nicht jeden Kampf führen. Du musst deine Ehre nicht in jeder Konfrontation verteidigen. Du musst nicht jede Person korrigieren, die im Internet falsch liegt.

Du kannst es einfach … loslassen (Anspielung beabsichtigt).

Lass sie im Unrecht sein. Lass ihnen die Spur. Lass sie dumme Sprüche beim Spiel klopfen. Lass sie dich schneiden. Lass sie denken, sie hätten „gewonnen".

Es gibt keine Anzeigetafel.

Niemand zählt, wie viele Streitereien du gewonnen hast. Niemand bewertet dich danach, wie effektiv du die Ehre deiner Mannschaft verteidigt hast. Niemand gibt dir Punkte dafür, dass du Recht hast.

Du nimmst an einem Wettbewerb teil, der gar nicht existiert.

Die ETA schlagen

Wann hast du das letzte Mal versucht, die voraussichtliche Ankunftszeit (ETA) der Navi-App zu unterbieten?

Selbst wenn es nur eine Minute früher ist, haben wir gewonnen! Richtig? Wir haben das System ausgetrickst!

Nur, dass du das nicht hast. Du hast dich aggressiv vor andere Fahrer gedrängelt. Du hast vielleicht ihren Weg zur Arbeit noch ärgerlicher gemacht. Du hast vielleicht einen Unfall riskiert. Und wofür? Um 60 Sekunden früher anzukommen.

Niemand bewertet, wie oft du deine voraussichtliche Ankunftszeit unterboten hast.

Ich habe mir diesbezüglich 2018, als ich mein Auto kaufte, sogar unterbewusst selbst Leitplanken gesetzt. Es ist ein Prius C. Es ist nicht einmal möglich, in diesem Auto rücksichtslos zu fahren. Nach einem Mini Cooper fühlte sich das an wie: Hey, du kannst (und du kannst einfach) friedlich fahren.

Nicht, dass ich jetzt mit 30 km/h fahre. Aber ich bin auch nicht mehr bei 100 km/h. Und die ETA vom Navi kann gleich bleiben oder sogar steigen. Es interessiert niemanden. Es gibt keine Prüfung, die meine Ankunftszeit bewertet.

So sieht imaginärer Wettbewerb auf der Autobahn aus: ein Rennen gegen eine willkürliche Zahl, die eigentlich keine Rolle spielt, was Stress und Risiko für dich und andere schafft, alles nur, um etwas zu „gewinnen", das nie ein Wettbewerb war.

Die imaginäre Rangliste

Hast du jemals ein Spiel wie *Candy Crush* gespielt?

Es ist darauf ausgelegt, süchtig zu machen. Du schaffst ein Level. Du fühlst dich gut. Du siehst die Punktzahlen deiner Freunde. Einige von ihnen sind vor dir. Also spielst du noch ein Level. Und noch eins. Und noch eins.

Und dann merkst du, dass du Geld für ein kostenloses Spiel ausgibst. Du verlierst Schlaf. Du ignorierst deine Familie. Du bist gestresst wegen ... *Candy Crush*.

Wofür? Um auf Platz 1 einer Rangliste zu stehen, die buchstäblich keine Rolle spielt?

Deine beste Freundin oder deine Kinder werden sich nicht an dich als „die Person, die wirklich gut in *Candy Crush* war" erinnern. Niemand wird „Top 10 in *Candy Crush*" auf deinen Grabstein meißeln.

Aber wir behandeln Konfrontationen im echten Leben auf die gleiche Weise.

Wir riskieren unsere Jobs, unsere Beziehungen, unsere Freiheit, unsere Gesundheit — alles, um eine imaginäre Rangliste zu erklimmen. Alles, um zu beweisen, dass wir besser, klüger, mehr im Recht sind als irgendein Fremder, den wir nie wieder sehen werden.

Wir tun so, als gäbe es eine kosmische Anzeigetafel, die jeden Streit, den wir gewonnen haben, jede Person, die wir in ihre Schranken gewiesen haben, jedes Mal, wenn wir unsere Ehre verteidigt haben, aufzeichnet.

Die gibt es nicht.

Hör auf, imaginäre Kämpfe zu führen

Es gibt keinen Lehrer, der deine Lebensentscheidungen überprüft und zusammenzählt, wie oft du die Stellung gehalten und wie oft du Dinge auf sich hast beruhen lassen.

Es gibt am Ende kein kosmisches Zeugnis, das misst, ob du deine Ehre richtig verteidigt hast, ob du dich von Leuten respektlos behandeln ließt oder ob du oft genug bewiesen hast, dass du recht hattest.

Es gibt nur das Leben, das du tatsächlich lebst. Die Sicherheit, die du aufrechterhältst. Die Beziehungen, die du bewahrst.

Wenn du in einem Krankenhausbett liegst, weil ein Streit im Stadion schiefgegangen ist, wird dir der Arzt nicht die „Du-hattest-Recht"-Urkunde überreichen. Wenn du dich mit den rechtlichen Folgen eines Wutausbruchs im Straßenverkehr auseinandersetzt, wird dir der Richter keine Bonuspunkte dafür geben, dass du bezüglich des Verkehrsverstoßes technisch im Recht warst.

Die einzigen Messgrößen, die wirklich zählen, sind:

Bist du in Sicherheit?

Sind die Menschen, die du liebst, in Sicherheit?

Ist diese Konfrontation es wert, was du verlieren könntest?

Das ist alles. Das ist die ganze Frage. Und du kennst die Antworten bereits.

Der Fremde im Stadion ist nicht wichtig. Der Fahrer, der dich geschnitten hat, ist nicht wichtig. Die Person im Internet, die im Unrecht ist, ist nicht wichtig.

Wichtig ist, nach Hause zu deiner Familie zu kommen. Wichtig ist, morgen ohne Vorstrafe aufzuwachen. Wichtig ist, nicht alles wegzuwerfen, was du aufgebaut hast, für die vorübergehende Befriedigung, jemandem etwas zu beweisen, der sich in fünf Minuten nicht mehr an dich erinnern wird.

Also hör auf, Kämpfe zu führen, die keine Rolle spielen. Hör auf, alles für nichts zu riskieren.

Es gibt keine Prüfung. Es hat nie eine gegeben.

Die einzige Note, die zählt, ist, ob du das geschützt hast, was wirklich wichtig ist, während du das hast gehen lassen, was es nicht ist.

Und das ist ein Test, den du einfach bestehen kannst, indem du weggehst.

ERSTER BOXENSTOPP

Wir sind jetzt schon eine Weile gefahren. Fünf Kapitel, um genau zu sein.

Du bist auf die Autobahn aufgefahren. Hast erkannt, dass du dein eigener Bezugspunkt bist. Hast all die verschiedenen Versionen von dir getroffen, die die Mitfahrer sehen. Hast die kulturellen Viren erkannt, die du mit dir herumgetragen hast. Hast zugesehen, wie alle ihr Leben inszenieren, anstatt es zu leben. Hast dich einem Benotungssystem gestellt, das es nie wirklich gegeben hat.

Also lass uns einen Moment anhalten. Einen Rastplatz suchen. Den Motor abstellen. Aussteigen und uns die Beine vertreten.

Schau mal, wie weit wir von deiner Nachbarschaft schon weg sind. Als wir anfingen, warst du auf vertrauten Nebenstraßen unterwegs, wo alles einen Sinn ergab, weil du diese Strecken schon tausendmal gefahren bist. Jetzt sind wir auf der Autobahn, und von hier aus sehen die Dinge anders aus.

Die Autos um dich herum sind keine Bedrohungen mehr, die es zu schlagen gilt — sie fahren einfach in ihrem eigenen Tempo. Die Spur gehört dir nicht allein. Und all die Regeln, von denen du dachtest, du müsstest sie befolgen? Die meisten davon waren nur übernommene Vorstellungen, keine tatsächlichen Vorschriften.

Du hast gesehen, wie viel von dem, was du für wahr hieltest, nur Programmierung war. Der Glaube, der Erste sein zu müssen. Die Vorstellung, die eigene Spur besitzen zu müssen. Die Annahme, dass jemand deine Leistung benotet. Der Druck, mit allen um dich herum mithalten zu müssen.

Nichts davon war echt. Es war nur angelernt.

Wir fahren gleich wieder weiter, aber der nächste Abschnitt ist anders. Wir nehmen jetzt die landschaftlich reizvolle Route — die, die dir zeigt, wie sich alles verändert, je nachdem, wo du stehst.

Bereit, zu sehen, wie von diesem Standpunkt aus alles anders aussieht?

Los geht's.

DER MALERISCHE WEG

Den malerischen Weg nehmen und erkennen, dass alles relativ ist.

Kapitel 6

GESCHWINDIGKEIT IST RELATIV

Ich nehme dich jetzt mit auf die Panoramastraße — nicht auf die Autobahn, wo du dich auf Geschwindigkeit und Vorankommen konzentrierst. Die Panoramastraße ist der Ort, an dem du langsamer fährst und dich tatsächlich umsiehst. Du nimmst die Landschaft wahr. Die Bäume, die Berge, die anderen Autos mit Menschen, die ihr eigenes Leben leben.

Darum geht es in diesem Teil der Reise. Langsamer zu werden, um deine Umgebung wirklich wahrzunehmen — die Menschen um dich herum, die Art, wie du alles siehst. Nicht, um zu ändern, wo du bist, sondern um zu verstehen, was du von deinem Standpunkt aus tatsächlich betrachtest. Du hast einen einzigartigen Blick auf die Landschaft, weil niemand sonst an genau derselben Stelle steht wie du.

Und das schließt ein, wie du die anderen Fahrer siehst — und seien wir ehrlich, nicht alle von ihnen wirken da draußen wie Genies.

Es gibt Menschen, die dümmer sind als du, und Menschen, die klüger sind als du.

Dummheit ist relativ zu DIR. Menschen sind entweder klüger oder dümmer als du. So funktioniert unsere Wahrnehmung nun mal.

Kehren wir zum Autobahnbeispiel zurück. Wenn du mit 65 mph dahingleitest, wirkt das Auto, das 80 mph fährt, rücksichtslos. Das

Auto, das 50 mph fährt, wirkt inkompetent. Aber keine dieser Beobachtungen ist objektiv — beide sind relativ zu DEINER Geschwindigkeit. Du bist der Nullpunkt. Alles andere wird als „schneller als ich" oder „langsamer als ich" gemessen.

Ist dir bei einer langen Fahrt jemals ein Auto im Rückspiegel aufgefallen, das meilenweit den gleichen Abstand zu dir hält? Du spürst sofort eine Verbindung zu diesem Fahrer — er hält dein Tempo, er fährt wie du. Diese Empathie entsteht automatisch, weil er deiner Geschwindigkeit entspricht. Er fühlt sich für dich „richtig" an.

Mit der Intelligenz verhält es sich genauso. Du bist die Ausgangsbasis. Menschen, die Dinge schneller verstehen als du, die Muster erkennen, die du übersiehst, die Konzepte begreifen, die dich verwirren — sie sind im Verhältnis zu dir „klug". Menschen, die länger brauchen, um etwas zu verstehen, die offensichtliche Muster übersehen, die mit Konzepten kämpfen, die dir einfach erscheinen — sie sind im Verhältnis zu dir „dumm".

Die mentale Rangliste

Dein Gehirn tut dies automatisch. Ohne dass du es überhaupt merkst, hast du sie unbewusst in deinem Kopf eingestuft — eine imaginäre Reihe von Personen, die sich bis zum Horizont erstreckt und alle nach ihrer Intelligenz im Verhältnis zu dir geordnet sind.

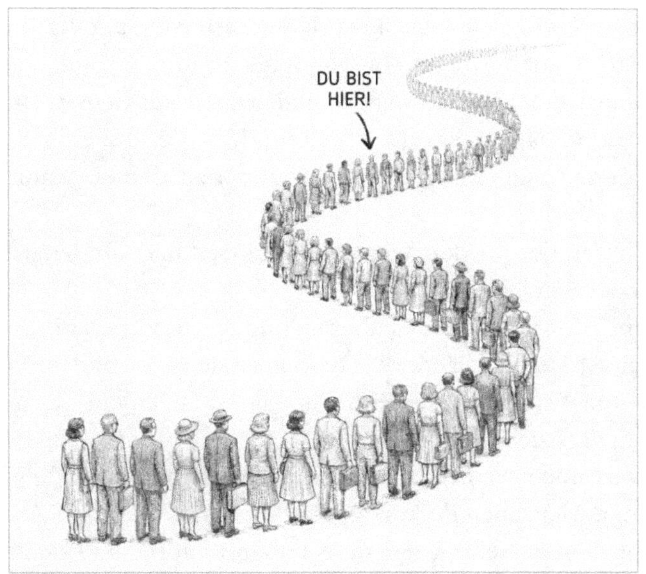

Du stehst an deiner Position auf dieser Linie. Jeder, den du je getroffen hast, ist irgendwo darauf einsortiert. Leute vor dir sind „klüger". Leute hinter dir sind „dümmer". Nicht allgemeingültig — nur im Verhältnis zu deiner Interaktion mit ihnen.

Und hier ist, was wir nur schwer begreifen: Du kannst Menschen auf DEINER Linie nicht nach vorne bewegen. Diese Person, die dir dumm erscheint? Du kannst sie nicht so bilden, dass sie klüger wird als du. Du kannst sie nicht reparieren. Du kannst die Dinge nicht besser erklären, bis sie plötzlich auf deiner Linie weiter oben stehen. Ihre Position ergibt sich daraus, wie dein Gehirn mit ihrem interagiert.

Die Linie ist im Verhältnis zu dir fest.

Aber — und das ist entscheidend — dieselbe Person existiert auch auf der Linie von allen anderen. Und auf der Linie ihres besten Freundes? Da ist sie vielleicht weit vorne. Die Person, die du als „dumm" eingestuft hast, ist vielleicht der brillanteste Mensch in der Welt eines anderen.

Wenn du also versucht bist, jemanden zu „reparieren" oder zu „belehren", den du auf deiner Linie hinter dir eingeordnet hast, denk daran: Du misst keine universelle Intelligenz. Du misst seine Position relativ zu DEINEM Bezugspunkt. Und diese Messung hat nichts mit seiner Position auf der Linie eines anderen zu tun.

Du kannst die Menschen nicht ändern, die auf deiner Linie hinter dir stehen. Und das musst du auch nicht, denn sie sind nicht allgemeingültig hinten — sie sind nur im Verhältnis zu deiner Wahrnehmung hinten.

Der Fahrer, der dir den Weg abgeschnitten hat? Du wirst ihn nicht ändern, indem du lauter hupst.

Dumme Menschen gibt es überall, und das wird sich nie ändern.

Du kannst sie nicht ändern. Du kannst sie nicht bilden. Du kannst sie nicht zur Vernunft zwingen. Du kannst sie nicht dazu bringen, zuzugeben, dass sie falschliegen.

Und was noch wichtiger ist: Du wirst nicht danach benotet, wie viele dumme Menschen du korrigierst.

Es gibt keinen Lehrer, der dein Leben benotet und denkt: „Wow, schau mal, wie effektiv sie Idioten in ihre Schranken weisen. Eine 1+ für sie!"

Lass sie sich irren. Lass sie dir die Vorfahrt nehmen. Lass sie beim Spiel dummes Zeug reden. Lass sie Spaß haben. Lass sie im Internet dumm sein. Lass sie in ihrem Irrtum existieren, ohne es zu deinem Problem zu machen.

Du bist auch auf der Linie von jemand anderem

Während du damit beschäftigt bist, jeden auf DEINER Linie einzuordnen, hat jeder in deinem Leben seine eigene Linie. Deine Eltern hatten ihre. Wenn du Kinder hast, haben sie ihre. Wenn du einen Partner hast, hat er seine.

Und du bist auf all diesen Linien.

Denk mal darüber nach. Wenn du Kinder hast, vergleichen sie dich nicht mit anderen Eltern. Du BIST ihr Bezugspunkt für „Eltern". Du bist ihr Nullpunkt. Du bist der Standard, an dem alle anderen Eltern auf ihrer Linie gemessen werden — nicht, weil du mit ihnen im Wettbewerb stehst, sondern weil du buchstäblich ihre Ausgangsbasis bist.

Wenn du einen Partner hast, stuft er dich nicht im Vergleich zu anderen Partnern ein. Du bist der Bezugspunkt für „Partner" in seiner

Welt. Wenn er den Ehepartner eines anderen trifft, bemerkt er vielleicht Unterschiede — „oh, der ist geduldiger" oder „der ist weniger organisiert" —, aber diese Beobachtungen sind Messungen im Verhältnis zu DIR. Du bist der Nullpunkt. Du stehst nicht im Wettbewerb mit diesen anderen Ehepartnern. Du bist der Standard.

Deshalb ist es unmöglich, als „beste" Eltern oder „bester" Partner ausgezeichnet zu werden. Du nimmst nicht an einem Rennen teil. Du versuchst nicht, einen höheren Rang als andere Eltern oder Partner zu erreichen. Du bist bereits ihr Bezugspunkt. Du bist bereits die Null auf ihrer Linie.

Die Erleichterung? Du fällst nicht in die Bezugslinie eines anderen. Der Freund deines Kindes denkt überhaupt nicht an dich. Der Vater seines Freundes ist SEIN Bezugspunkt. Du existierst irgendwo auf seiner Linie, vielleicht davor, vielleicht dahinter, aber du bist nicht sein Nullpunkt. Du bist nicht sein Standard.

Hör auf zu versuchen, mit anderen Eltern oder Partnern zu konkurrieren. Du nimmst an diesem Rennen nicht teil. Du bist bereits jemandes Bezugspunkt. Und sie benoten dich nicht im Vergleich zu allen anderen — sie messen alle anderen an dir.

Das ist kein Druck. Das ist Befreiung.

Wir sagen, jemand hat „recht", wenn er uns zustimmt

Ist dir jemals aufgefallen, wie die Leute, die so denken wie du, „rational" und „logisch" sind, aber Leute, die dir widersprechen, „verblendet" oder „naiv"? Das liegt nicht daran, dass du Zugang zur objektiven Wahrheit hast. Das liegt daran, dass du ihre Meinung an deiner misst.

Wenn dir jemand zustimmt, sagt dein Gehirn: „Ja, diese Person ist korrekt auf die Wahrheit ausgerichtet (die zufällig meine Position ist)." Wenn jemand widerspricht, sagt dein Gehirn: „Diese Person ist nicht korrekt auf die Wahrheit ausgerichtet (die immer noch meine Position ist)."

Du bewertest sein Argument nicht nach seinem Inhalt. Du bewertest, wie sehr es mit deinen bestehenden Überzeugungen übereinstimmt. Und er tut bei dir genau dasselbe.

Nehmen wir zum Beispiel politische Ansichten. Auf welcher Seite du auch stehst, die andere Seite liegt nicht nur falsch — sie liegt gefährlich falsch. Verblendet. Zerstört das Land. Wie können sie nicht sehen, was für dich so offensichtlich ist?

Und hier ist die Ironie: Ich habe nicht einmal erwähnt, von welchem Land, welchen Flaggen oder welcher politischen Partei ich spreche. Aber du hast das bereits auf deine eigene politische Landschaft übertragen, nicht wahr? Denn dieses Muster existiert überall. Jedes Land denkt, seine politische Spaltung sei einzigartig toxisch, einzigartig frustrierend, einzigartig unüberbrückbar. „Unsere Politik ist kaputt", sagen wir alle, als hätten wir die Polarisierung erfunden.

Wir alle denken, unsere Situation sei besonders. Aber der Mechanismus ist über Grenzen hinweg identisch: Du misst die politische Position jedes anderen an deiner. Die Leute, die mit deiner Position übereinstimmen, sind „informiert". Die Leute, die das nicht tun, sind „gehirngewaschen". Und sie nehmen von ihrem Bezugspunkt aus genau dieselbe Messung vor.

Erinnerst du dich an das Auto in deinem Spiegel, das dein Tempo gehalten hat? Du hast diese Verbindung gespürt, weil es fuhr wie du. Bei Leuten, die denken wie du, fühlt es sich genauso an — „richtig", weil sie deiner Geschwindigkeit, deinem Rhythmus, deinem Bezugspunkt entsprechen. Ihr beide denkt, ihr hättet recht. Ihr beide denkt, der andere liege falsch. Ihr beide messt von eurem eigenen Bezugspunkt aus und tut so, als sei er universell.

Ist er nicht. Er ist nur deiner.

Alles Messbare ist relativ

Wenn also alles relativ zu deiner Position ist — Intelligenz, Übereinstimmung, Wahrnehmung — was ist mit den Dingen, die wir für objektiv halten? Wie Reichtum? Wie Schönheit?

Testen wir das Relativitätsprinzip:

Wer ist reicher — ein Obdachloser mit einem Cent in der Tasche und null Schulden oder eine Person aus der Mittelschicht mit 50.000 $ Schulden?

Objektiv gesehen hat der Obdachlose ein höheres Nettovermögen.

Ein Cent ist mehr als minus fünfzigtausend Dollar. Auf dem Papier ist er „reicher".

Aber so sehen wir das nicht, oder? Weil wir Reichtum nicht objektiv messen. Wir messen ihn relativ zur sozialen Stellung, zum Zugang zu Ressourcen, zur Lebensqualität, zur Sicherheit. Die Person aus der Mittelschicht hat zwar Schulden, aber sie hat auch ein Zuhause, Nahrung, Zugang zur Gesundheitsversorgung, Jobaussichten. Der Obdachlose hat einen Cent und keinen Schlafplatz für die Nacht.

Wenn wir also sagen, jemand sei „reich" oder „arm", sprechen wir nicht wirklich über Zahlen. Wir sprechen darüber, wie seine Situation im Vergleich zu unserer Grunderwartung von Normalität ist.

Wenn du in Armut aufgewachsen bist, fühlt es sich reich an, 50.000 $ im Jahr zu verdienen. Wenn du in Wohlstand aufgewachsen bist, fühlen sich 50.000 $ wie ein Versagen an. Dieselbe Zahl, ein völlig anderes Gefühl, das ausschließlich davon abhängt, wo DU angefangen hast.

Reich sein ist relativ. War es schon immer.

Schönheit und Anziehung

Dasselbe Prinzip gilt für Schönheit. Du weißt, was du attraktiv findest — aber woher kam dieser Maßstab? Zum Teil ist er biologisch (wir sind darauf programmiert, bestimmte Dinge attraktiv zu finden — weiche Haut, Symmetrie, Zeichen von Gesundheit), zum Teil ist er kulturell (was deine Gesellschaft wertschätzt) und zum Teil ist er persönlich (was sich vertraut anfühlt, was dich an positive Erfahrungen erinnert).

Aber was die meisten Leute nicht erkennen, ist Folgendes: Dein Schönheitsideal basiert auf DIR, auf deinem Gesicht, auf deinem Körper.

Du bist dein eigener Bezugspunkt für Attraktivität. Die Merkmale, die du hast, werden zur Ausgangsbasis für das, was sich für dich „richtig" und attraktiv anfühlt.

Deshalb gehen Menschen oft Partnerschaften mit Leuten ein, die ihnen ähnlich sehen. Nicht identisch, aber ähnlich. Ähnliche Gesichtsstrukturen, ähnliche Färbung, ähnliche Proportionen.

Das ist kein Zufall. Du fühlst dich unbewusst zu Menschen hingezogen, die dir ähneln, weil sie deinem inneren Schönheitsideal entsprechen — das um deine eigenen Merkmale herum aufgebaut wurde. Du siehst dich jeden Tag im Spiegel. Diese Merkmale werden vertraut, angenehm, „korrekt". Und wenn du diese Merkmale in jemand anderem widergespiegelt siehst? Dein Gehirn registriert sie als attraktiv.

Es gibt ein Phänomen namens assortative Paarung, bei dem Paare oft so aussehen, als könnten sie miteinander verwandt sein. Derselbe allgemeine Körperbau. Ähnliche Gesichtszüge. Ähnliche Farbgebung. Das liegt nicht daran, dass sie so lange zusammen sind, dass sie sich aneinander angeglichen haben. Es liegt daran, dass sie sich von vornherein aufgrund körperlicher Vertrautheit ausgewählt haben.

Dein eigenes Spiegelbild zieht dich mehr an, als du denkst.

Wenn du jemanden siehst, dessen Züge deine widerspiegeln — eine ähnliche Augenform, eine ähnliche Nase, eine ähnliche Kieferpartie —, fühlt er oder sie sich für dich ‚richtig' an. Diese Person entspricht dem Standard, den du dein ganzes Leben lang aufgebaut hast, indem du in dein eigenes Gesicht geschaut hast.

Das ist kein Narzissmus. So funktionieren Referenzpunkte nun einmal. Du bist dein eigener Nullpunkt für Schönheit, genauso wie du dein Nullpunkt für Intelligenz, Geschwindigkeit und alles andere bist.

Dasselbe Prinzip gilt auch für Haustiere. Menschen suchen sich Hunde aus, die ihnen ähnlich sehen. Oder sich so verhalten wie sie. Oder beides.

Es ist nicht immer offensichtlich — du suchst nicht bewusst nach einem Hund, der zu deinem Gesicht passt. Aber unterbewusst fühlst du dich zu dem Hund hingezogen, dessen Aussehen oder Temperament sich vertraut anfühlt. Sich anfühlt wie ... du.

Du siehst einen Hund mit deinem Energieniveau, deiner Gesichtsstruktur (proportional gesehen), deiner Farbgebung — und irgendetwas macht klick. Dieser Hund fühlt sich ‚richtig' an. Dieser Hund entspricht deinen inneren Maßstäben.

Wieder die Relativität. Du bist der Standard, und du fühlst dich zu dem hingezogen, was diesem Standard entspricht.

Wenn du mit deinem eigenen Standard nicht zufrieden bist

Was passiert also, wenn du deinen Referenzpunkt nicht magst? Wenn du in den Spiegel schaust und dir wünschst, du würdest anders aussehen?

Da kommt die Körpermodifikation ins Spiel. Schönheitsoperationen, Haartransplantationen, Implantate, Straffungen, Fettabsaugungen, Injektionen — all die Methoden, mit denen Menschen versuchen, ihre Ausgangsbasis zu verändern.

Und das ist völlig in Ordnung. Dein Körper, deine Entscheidung.

Aber es gibt eine entscheidende Frage, die du dir beantworten musst, bevor du dich modifizierst: Tust du das für dich oder für jemand anderen?

Denn wenn du es für jemand anderen tust, veränderst du nicht wirklich deinen Körper. Du veränderst dich, um dem Standard eines anderen zu entsprechen. Und das nimmt nie ein gutes Ende.

Die Fallen der Modifikation

Du siehst eine berühmte Person mit einem bestimmten Look. Sie ist erfolgreich, sie ist attraktiv, sie ist überall. Und du denkst: Wenn ich so aussehen würde, wäre mein Leben besser.

Aber Moment mal.

Diese Berühmtheit BRAUCHT diesen Look. Ihre Karriere hängt buchstäblich davon ab, dieses Aussehen zu bewahren. Sie wird dafür bezahlt, so auszusehen. Sie hat Teams von Leuten, die ihr dabei helfen, es zu erhalten. Stylisten, Trainer, Ernährungsberater, Chirurgen. Ihr Job ist es, so auszusehen.

Deiner nicht.

Du wirst nicht dafür bezahlt, so auszusehen wie sie. Du hast nicht ihr Team. Du hast nicht ihr Einkommen, um dieses Aussehen zu erhalten. Und was noch wichtiger ist: Du hast nicht ihre spezifische Karriere, die diesen spezifischen Look erfordert.

Wenn du also deinen Körper modifizierst, um so auszusehen wie sie, übernimmst du all die Kosten und den Aufwand für ihr professionelles Erscheinungsbild ... ohne einen der professionellen Vorteile.

Du spielst die beruflichen Anforderungen eines anderen in deinem normalen Leben nach.

Und was ist, wenn es darum geht, den Standard von jemand anderem zu erfüllen?

Vielleicht denkst du: „Aber wenn ich diese eine Sache an meinem Aussehen ändere, werde ich endlich die Art von Person anziehen, die ich will."

Stopp.

Wenn sich jemand vor der Modifikation nicht zu dir hingezogen fühlt, aber danach schon ... wovon fühlt er sich dann wirklich angezogen?

Von der Modifikation. Nicht von dir.

Sie fühlen sich zu dem hingezogen, was du für sie geworden bist. Sie fühlen sich zu der Tatsache hingezogen, dass du dich verbogen hast, um ihrem Standard zu entsprechen.

Und jetzt steckst du in einer Beziehung fest, deren Grundlage lautet: Du hast dich selbst modifiziert, um für sie akzeptabel zu sein.

Denk darüber nach, was das auf lange Sicht bedeutet. Wenn sich dein Körper auf natürliche Weise verändert — durch Altern, Gewichtsschwankungen, das Leben —, werden sie sich dann immer noch hingezogen fühlen? Oder werden sie wollen, dass du dich erneut modifizierst, um mit ihrem Standard Schritt zu halten? Oder werden sie sich nach jemand anderem mit diesen Eigenschaften umsehen?

Du hast sie darauf trainiert, etwas anderes zu lieben als die Person, die du wirklich bist.

Denk darüber nach, was das bedeutet: Wenn dich jemand ERST NACH der Modifikation liebt, liebt er dich nicht. Er liebt das, was du geworden bist, um ihm zu gefallen.

Er liebt das künstliche Ergebnis. Die veränderte Version. Das Du, das sich verbogen hat, um seinem Standard zu entsprechen.

Und jetzt sitzt du in der Falle. Denn wenn du jemals aufhörst, diese Modifikation aufrechtzuerhalten — wenn sich dein Körper verändert, wenn du alterst, wenn du das Aussehen nicht mehr wahren kannst — werden sie dich dann immer noch lieben? Oder wird ihre Anziehung verblassen, weil das, wovon sie sich eigentlich angezogen fühlten, verschwunden ist?

Du hast eine Beziehung auf dem Fundament einer körperlichen Modifikation aufgebaut, um dem Standard eines anderen zu entsprechen. Das ist keine Liebe. Das ist eine Transaktion.

Tu es für dich selbst oder tu es gar nicht

Modifiziere deinen Körper dann und nur dann, wenn DU es willst. Aus DEINEN Gründen. Weil DU wirklich anders aussehen oder dich anders fühlen willst, auf eine Weise, die deinem eigenen Leben dient.

Nicht, um wie jemand Berühmtes auszusehen, der dieses Aussehen für seine Karriere braucht.

Nicht, um endlich jemanden anzuziehen, der sich nicht zu deinem wahren Ich hingezogen fühlte.

Nicht, um dem Standard eines anderen zu entsprechen, wie du „aussehen solltest".

Denn wenn du es für sie tust, veränderst du nicht deinen Körper — du veränderst, wer du bist, für externe Bestätigung. Und diese Bestätigung wird niemals ausreichen, weil es nicht wirklich um dich geht.

Dein Körper. Deine Wahl. Deine Gründe.

Nicht ihre.

Schau, ich bin ein starker Befürworter davon, weil ich es selbst getan habe. Ich hatte vor ein paar Monaten eine Haartransplantation (oder ‚Haar-Umsiedlung', wie ich es scherzhaft nenne — sie verschieben nur dein eigenes Haar von einem Teil deines Kopfes auf einen anderen). Ich habe es getan, um meinen zurückweichenden Haaransatz zu korrigieren, und es ist großartig geworden. Ich fühle mich fantastisch.

Aber hier ist der springende Punkt: Ich habe es für mich getan. Nicht, weil jemand gesagt hat, ich sollte es tun. Nicht, um wie jemand anderes auszusehen. Ich habe es getan, weil ich es wollte.

Das ist der einzige Grund, der zählt.

Was wäre, wenn alle verschwinden würden?

Hier ist ein Gedankenexperiment, das aufdeckt, wie absurd externer Vergleich ist:

Stell dir vor, alle anderen auf der Erde würden über Nacht verschwinden. Pandemie, Apokalypse, die Entrückung — ganz egal. Du bist der einzige Mensch, der übrig ist.

Plötzlich bist du der klügste Mensch der Welt. Und der dümmste. Du bist der reichste und der ärmste. Der attraktivste und der unattraktivste. Der schnellste und der langsamste.

Alle Ranglisten verschwinden, weil niemand mehr da ist, mit dem du dich vergleichen könntest.

Würde es dich noch interessieren, ‚der Beste‘ zu sein?

Wenn du der einzige Mensch bist, der noch lebt, spielt es dann eine Rolle, dass du nicht so schnell laufen kannst wie jemand, der nicht mehr existiert? Spielt es eine Rolle, dass du nicht so klug bist wie die Menschen, die weg sind? Spielt es eine Rolle, dass du nicht so viel Geld hast wie die Menschen, die nicht mehr da sind, um Geld zu haben?

Natürlich nicht.

Warum spielt es dann jetzt eine Rolle?

Die anderen Menschen sind für deinen tatsächlichen täglichen Fortschritt im Grunde unsichtbar. Ihre Existenz ändert nichts an deinen Fähigkeiten. Ihre Erfolge schmälern nicht dein Wachstum.

Du nimmst an einem Rennen teil, bei dem die anderen Läufer nicht einmal wissen, dass du auf der Bahn bist. Und dieses Rennen zu gewinnen, verändert nicht deinen Kilometerzähler — es füttert nur dein Ego.

Vergleiche dich mit dir selbst. Dein gestriges Ich ist die einzige Person, die genau deine Umstände, genau deine Ressourcen und genau deine Herausforderungen hatte. Dein gestriges Ich ist die einzige Person, mit deren Fortschritt du dich wirklich messen kannst, weil du die vollständigen Daten hast.

Hast du dich von deinem Stand von gestern weiterentwickelt? Ja? Dann machst du Fortschritte. Bist du gleich geblieben oder hast dich zurückentwickelt? Dann hast du Informationen darüber, was du anpassen musst.

Das ist alles. Das ist das ganze Messsystem.

Der Fortschritt aller anderen ist für deinen irrelevant. Du kennst ihren Ausgangspunkt nicht. Du kennst ihre Vor- oder Nachteile nicht.

Du weißt nicht einmal, was ,vorwärts' für ihre einzigartige Route bedeutet.

Aber du kennst deine. Du weißt, wo du gestern warst. Du weißt, wo du heute bist. Du weißt, ob du dich in die Richtung bewegst, in die du wirklich gehen willst. Das ist das einzige Maß, das zählt.

Einstein fand heraus, dass Raum und Zeit relativ sind — sie verändern sich je nach deiner Position und Geschwindigkeit. Es gibt kein absolutes Bezugssystem. Alles wird relativ zum Beobachter gemessen. Zwei Menschen, die sich mit unterschiedlichen Geschwindigkeiten bewegen, erleben die Zeit unterschiedlich. Keiner von beiden liegt ,falsch'. Beide haben in ihren Bezugssystemen recht.

Es gibt keinen absoluten Standard für Erfolg, Intelligenz, Schönheit oder Fortschritt. Es gibt nur dein Bezugssystem und die Bezugssysteme aller anderen.

Hör auf zu versuchen, in das Bezugssystem eines anderen zu springen und dich an dessen Koordinaten zu messen. Das kannst du nicht. Du misst immer von dort aus, wo DU bist.

Miss also deinen Fortschritt im Verhältnis zu deiner eigenen Position. Die Koordinaten von gestern im Vergleich zu den Koordinaten von heute.

Dein Kilometerzähler gehört dir allein

Denk daran: Dein Kilometerzähler misst die zurückgelegte Strecke, nicht die erreichte Geschwindigkeit. Er misst die gesammelte Erfahrung, nicht eine Platzierung im Wettbewerb.

Die Kilometerzähler mancher Leute zeigen höhere Zahlen an, weil sie schon länger fahren. Manche zeigen niedrigere Zahlen an, weil sie später angefangen haben. Manche haben die gleiche Strecke zurückgelegt, aber auf völlig anderen Straßen.

Nichts davon ändert DEINEN Kilometerstand.

Du könntest bei 10.000 Kilometern oder 100.000 Kilometern stehen — das Einzige, was zählt, ist, ob die heutige Zahl höher ist als die von gestern.

Bewegst du dich auf deiner eigenen Route vorwärts? Das ist Erfolg.

Fährst du in einem Tempo, das für die Straße, auf der du unterwegs bist, passt? Das ist Fortschritt.

Vergleichst du deinen Kilometerzählerstand mit deinem eigenen vorherigen Stand anstatt mit dem von jemand anderem? Das ist Weisheit.

Es gibt keine Prüfung, die bewertet, ob dein Kilometerstand dem erwarteten Zeitplan eines anderen entspricht.

Es gibt nur deinen Kilometerzähler, deine Route und die Entscheidung, weiterzumachen.

Kapitel 7

IHRE FAHRT, DEINE ERINNERUNG

Schau in den Spiegel, schau auf die Straße hinter dir. All die Kilometer, die du zurückgelegt hast — die Ausfahrten, die du genommen hast, Raststätten, Autobahnabschnitte, Städte, die du durchquert hast.

Woran erinnerst DU dich wirklich?

Vielleicht an einen bestimmten Sonnenuntergang. Vielleicht an das eine Mal, als du in einen Regensturm geraten bist. Vielleicht an die Playlist, die du dreihundert Kilometer lang in Dauerschleife gehört hast.

Jetzt frag die Person, die auf dem Beifahrersitz saß, woran sie sich von derselben Reise erinnert.

Völlig andere Details. Andere Momente. Andere Höhepunkte.

Dieselbe Straße. Dasselbe Auto. Dieselben gefahrenen Kilometer. Völlig andere Erinnerungen.

Du willst Erinnerungen schaffen

Ständig planen wir Erlebnisse, nur um Erinnerungen zu schaffen.

Die perfekte Urlaubsroute. Der malerische Umweg. Der Halt in einem besonderen Restaurant. Das Überraschungsziel. Wir inszenieren jedes Detail sorgfältig, weil wir wollen, dass die Menschen bei uns diese Reise für immer in Erinnerung behalten. Wir holen ständig Ratschläge für einen Roadtrip ein — die perfekte Reiseroute, die wichtigsten Stopps, das optimale Timing.

Warum? Weil wir denken, es gäbe eine Prüfung. Wir denken, wir werden dafür benotet, wie gut wir als Gastgeber sind, wie gut wir das Erlebnis ermöglicht haben, ob wir die „perfekte" Erinnerung für sie geschaffen haben.

Und wir denken, wenn wir es nur gut genug planen, wenn wir all die richtigen Stopps einlegen, wenn wir alles perfekt timen — dann können wir die Erinnerung schaffen, die sie haben sollen.

Die Realität? Kontrolle kann manchmal eine Illusion sein. Du kontrollierst die Route. Du kontrollierst die Stopps. Du kontrollierst das Timing.

Aber ... du kontrollierst nicht, wie die andere Person es erleben wird.

Du planst sogar danach, wie du denkst, du würdest es erleben — du versetzt dich in ihre Lage. Aber das funktioniert nur für dich, bezogen auf deine Erfahrungen, deinen Bezugspunkt. Sie haben ihren eigenen. Was dich begeistern würde, könnte sie langweilen. Was du als bedeutungsvoll empfinden würdest, fällt ihnen vielleicht gar nicht auf.

Dein Kind erinnert sich vielleicht an den malerischen Aussichtspunkt, für den ihr zwei Stunden Umweg gefahren seid. Oder es erinnert sich an den Streit um ein Eis, der vor dem Aussichtspunkt stattfand.

Dein Partner erinnert sich vielleicht an das Überraschungsziel. Oder er erinnert sich daran, dass du auf dem ganzen Weg dorthin wegen der Wegbeschreibung gestresst warst.

Dein Freund erinnert sich vielleicht an das perfekte Timing, mit dem ihr bei Sonnenuntergang angekommen seid. Oder er erinnert sich daran, dass er die letzte Stunde auf die Toilette musste und sich zu unwohl fühlte, um die Aussicht zu genießen.

Woran erinnern sie sich wirklich? Sie erinnern sich an das, was ihre Aufmerksamkeit erregt hat, was ihnen in diesem Moment wichtig war, was ihr Gehirn als erinnerungswürdig eingestuft hat. Oft etwas, das du nicht einmal bemerkt hast — eine seltsame Werbetafel, ein Lied im

Radio, die Art, wie das Licht auf das Armaturenbrett fiel. Manchmal etwas, von dem du wünschst, sie würden es vergessen — die falsche Abbiegung, das geschlossene Restaurant, der Streit über das Navi.

Du hast das Erlebnis geplant. Sie haben die Erinnerung geformt. Und was sie geformt haben, hat möglicherweise nichts mit dem zu tun, was du geplant hast.

Geschwister erinnern sich immer an unterschiedliche Reisen

Frag Geschwister nach einem Familienausflug mit dem Auto, den sie alle zusammen gemacht haben.

Ich habe es selbst ausprobiert. Meine Schwester erinnert sich auf eine Weise daran. Ich erinnere mich völlig anders daran. Dasselbe Auto. Dieselben Eltern. Dieselbe Route. Dieselben Stopps. Alle waren da.

Frag sie und hör dir ihre Geschichten an.

Das eine erinnert sich daran als die beste Reise aller Zeiten — mit Lachen auf dem Rücksitz, Autospielen, Snacks und Vorfreude auf das Ziel. Ein anderes erinnert sich daran, gelangweilt und unruhig gewesen zu sein, auf dem mittleren Sitz eingeklemmt, ständig fragend: „Sind wir bald da?" und ermahnt zu werden, leise zu sein. Ein weiteres erinnert sich kaum an die Reise — es hatte ein Buch und las die ganze Fahrt über, blendete alles andere aus.

Wer hat recht?

Sie alle. Und keiner von ihnen.

Das Gedächtnis ist keine Videokamera, die die objektive Wahrheit aufzeichnet. Das Gedächtnis ist eine Rekonstruktion. Dein Gehirn nimmt Fragmente — Bilder, Emotionen, Empfindungen — und baut jedes Mal, wenn du dich erinnerst, eine Geschichte daraus. Und die Geschichte ändert sich, je nachdem, welche Bedeutung sie gerade für dich haben soll.

Das Geschwisterkind, das die Reise als großartig in Erinnerung hat, war an diesem Tag vielleicht in einer super Stimmung, oder vielleicht brauchte es dringend eine gute Familienerinnerung und sein Gehirn gab ihm eine. Das gelangweilte Geschwisterkind machte in dieser Woche vielleicht etwas Schwieriges durch, und die Autofahrt wurde zu einer weiteren Sache, die es ertragen musste. Das lesende Geschwisterkind fand seine eigene Flucht, und das war es, was es brauchte.

Dasselbe Erlebnis. Drei völlig verschiedene Erinnerungen. Alle real. Alle wahr für die Person, die sie hat.

Wie wir dazu neigen, für die Zukunft zu planen

Planung hat eine eingebaute Einschränkung: Wir planen immer mit dem, was wir gerade im Kopf haben. Unsere Erfahrungen. Unser Bezugspunkt. Unser aktuelles Verständnis.

Wir denken, wir entwerfen ein Zukunftsszenario — stellen uns vor, was in Jahren wichtig sein wird, was funktionieren wird, was bedeutungsvoll sein wird. Aber wenn man dieses Konzept aus der Ferne betrachtet, erkennt man: Wir benutzen nur unsere aktuelle Denkweise und unser Verständnis dessen, was gerade machbar ist.

Wir können uns die Zukunft nicht wirklich vorstellen. Wir können uns nur eine verbesserte Version der Gegenwart vorstellen.

Bleib kurz dran — ich werde das jetzt mal aus einer ganz anderen Perspektive betrachten.

Reden wir darüber, wie wir Autos entwerfen. Im Moment entwickeln wir Technologien, damit unsere aktuellen Autos von selbst fahren. *Waymo*-Fahrzeuge — das sind „normale Autos" mit Lenkrädern, nur werden sie von Computern statt von Menschenhand gesteuert. *Waymo* gehört zu Google und das sind Autos, die automatisch mit Kameras gefahren werden.

Das ist unsere „Zukunftsvision", die auf der heutigen Grundlage basiert. Wir haben Autos mit Lenkrädern, also fügen wir Kameras hinzu, die jede Umgebung überwachen, Risiken und Routen in ihre intelligenten Systeme einkalkulieren, damit sie diese Lenkräder benutzen können, um von selbst zu fahren, ohne dass eine Person am Steuer sitzen muss.

Aber die tatsächliche Zukunft? Die hat vielleicht überhaupt keine Lenkräder mehr. Das Auto wird von Grund auf so konzipiert sein, dass es sich autonom bewegt. Kein Lenkrad. Keine Pedale. Keine Bedienelemente für einen menschlichen Fahrer, der nicht gebraucht wird.

Wir können uns dieses Auto noch nicht vorstellen, weil wir immer noch in den Kategorien „Auto mit einem Roboterfahrer" statt „Auto als Roboter" denken.

Unsere „futuristische" Idee ist nur unsere gegenwärtige Realität, leicht verbessert. Die tatsächliche Zukunft wird eine völlig andere Grundlage haben, die wir uns noch nicht vorstellen können, weil wir sie jetzt nicht haben.

Wenn wir heute humanoide Roboter bauen, stellen wir uns vor, dass die Zukunft in zwanzig Jahren ... bessere humanoide Roboter haben wird. Sie sind das, was wir uns im Moment vorstellen können.

Die tatsächliche Zukunft in zwanzig Jahren? Vielleicht sind es Roboter in Haustiergröße oder Taschen-*Minions* für deinen Schreibtisch. Dinge, die wir uns noch nicht vorstellen können, weil wir heute nicht in diesen Begriffen denken. Wir werden uns auf das freuen, was als Nächstes kommt, und nicht auf „diese humanoiden Roboter von vor zwanzig Jahren" zurückblicken.

Was wir also „sich die Zukunft vorstellen" nennen, ist in Wirklichkeit nur die Vorstellung, wie unsere gegenwärtige Gegenwart besser sein könnte. Es ist philosophisch, aber denk mal darüber nach: Wenn du bereits eine „futuristische Idee" hast, existiert diese Idee heute. Du hast sie. Du kannst sie jetzt mit der heutigen Technologie und Denkweise umsetzen.

Es ist unmöglich, sich eine Idee aus der Zukunft in zehn Jahren auszudenken, weil wir nicht wissen, was wir bis dahin haben werden.

Im Jahr 2005 wäre es unmöglich gewesen, sich eine Touch-basierte App für Mobiltelefone vorzustellen. Nicht, weil die Leute nicht kreativ genug waren — sondern weil das iPhone noch nicht existierte. Unsere Gedanken konnten „Touch-Interface" nicht als Grundlage einbeziehen. Das war nicht Teil unseres gegenwärtigen Kontexts.

Versuch mal, dir 2015 KI-generierte Bilder und Videos vorzustellen. Du konntest es nicht, weil generative KI noch nicht die Art und Weise verändert hatte, wie wir über die Erstellung von Inhalten denken. Das war nicht Teil der Gegenwart, auf der wir aufbauten.

Dasselbe gilt für Autos. Im Moment bauen wir Roboter, um unsere existierenden Autos zu fahren. Das ist unsere „Zukunftsvision": Nimm das, was wir haben (Autos mit Lenkrädern) und mach es besser (lass Computer diese Bedienelemente benutzen).

Die tatsächliche Zukunft ist nicht unsere verbesserte Gegenwart. Sie ist etwas, das auf einem völlig anderen Fundament gebaut ist, zu dem wir noch keinen Zugang haben. Deshalb lachen wir heute sogar, wenn wir futuristische Videos von Menschen aus den 50er und 60er Jahren sehen.

Was das für die Schaffung von Erinnerungen bedeutet

Wenn du dich also stresst, die richtigen Erinnerungen für deine Kinder zu schaffen, oder die perfekte Jubiläumsreise für deinen Partner planst oder versuchst, deinen älteren Eltern einen letzten großartigen Urlaub zu schenken — verstehe Folgendes:

Du stellst dir vor, woran sie sich erinnern werden, und zwar im heutigen Kontext. Was du jetzt für wichtig hältst. Was deiner Meinung nach auf der Grundlage deines aktuellen Verständnisses bedeutsam sein wird.

Aber wenn sie sich in zehn Jahren an diese Reise erinnern? Dann werden sie andere Kontexte haben. Andere Prioritäten. Andere Bedürfnisse, die diese Erinnerung erfüllen soll.

Du kannst nicht vorhersagen, was ihnen wichtig sein wird, weil du nicht weißt, wer sie sein werden, wenn sie sich erinnern.

Vielleicht wird die sorgfältig geplante Panoramaroute zu ihrer Lieblingserinnerung. Vielleicht ist es die zufällige Tankstelle, an der du ihnen einen Schokoriegel gekauft hast, um den sie den ganzen Tag gebettelt hatten. Vielleicht ist es nur die Art, wie du „Hallo, Freund" sagtest, als sie ins Auto stiegen. Vielleicht ist es etwas, von dem du nicht einmal mehr weißt, dass es passiert ist.

Du planst mit der heutigen Landkarte und versuchst vorherzusagen, was ihr zukünftiges Ich schätzen wird. Aber du hast ihre zukünftige Landkarte noch nicht.

Und das gilt für alles, was du planst — nicht nur für Roadtrips. Wenn du eine Hochzeit, eine Geburtstagsparty, eine Jubiläumsfeier planst — erschaffst du nicht dasselbe perfekte Ereignis für jeden. Du schaffst die Rahmenbedingungen für ein Ereignis, das bei allen Anwesenden (einschließlich dir!) Emotionen und hoffentlich Erinnerungen auslösen wird.

Betrachte dich als „Emotionsvermittler". Du schaffst die Umgebung, in der Menschen ihre eigenen Gefühle, ihre eigenen Momente, ihre eigenen potenziellen Erinnerungen erleben können. Wenn du etwas ändern willst, solltest du vielleicht bei dir anfangen — die Umgebung ändern, die du kontrollierst, nicht die Erinnerungen, die sie formen werden.

Du sorgst für die Stimmung, wählst das Essen aus, arrangierst die Beleuchtung, suchst die Musik aus, schaffst das gesamte Ambiente. Das ist dein Ziel. Das ist es, was du kontrollieren kannst.

Jeder wird eine andere Party erleben. Was eine Person bewegt, wird eine andere langweilen. Woran sich ein Gast als Höhepunkt des Abends erinnert, wird ein anderer nicht einmal bemerken. Und das sollte man auch erwarten.

Alles, was du tun kannst, ist zu fahren. Auf der Reise präsent zu sein. Die Umgebung zu schaffen. Das funktioniert nur, wenn auch du loslässt. Vertrau darauf, dass sie aus dem Erlebnis das mitnehmen werden, was sie brauchen.

Deine Erinnerung, ihre Erinnerung, jedermanns Erinnerung

Erinnerungen sind persönlich, und sie existieren aus einem bestimmten Grund für diese Person. Sie haben einen Zweck, so wie sie im Kopf dieser Person geformt sind, nicht unbedingt auf die sachliche Weise. Sie sind keine objektiven Aufzeichnungen dessen, was passiert ist. Sie sind subjektive Rekonstruktionen, die jedes Mal aus Fragmenten neu aufgebaut werden, wenn jemand auf sie zugreift.

Du kannst nicht kontrollieren, woran sich andere Menschen bei gemeinsamen Erlebnissen erinnern. Du kannst sie nicht zwingen, sich an deine Version zu erinnern. Du kannst ihre Erinnerungen nicht für sie erschaffen, egal wie perfekt du die Route planst.

Ihr seid alle zusammen sicher in diesem Auto. Alles, was du tun kannst, ist zu fahren. Sei so präsent, wie dein Gehirn es zulässt (das, wie du dich erinnerst, ohnehin immer ein Stück weit in der Zukunft ist). Mach die Reise. Vertrau darauf, dass jeder Passagier das mitnehmen wird, was er davon braucht.

Und wenn ihre Erinnerung deiner widerspricht? Lass es zu. Ihre

Version ist für sie real, genauso wie deine Version für dich real ist. Keine von beiden ist „richtiger".

Hör auf zu versuchen, perfekte Erinnerungen zu inszenieren. Hör auf, dir darüber Stress zu machen, ob du den Leuten die Erlebnisse schenkst, die sie später wertschätzen werden. Hör auf, die Erinnerungen, die du bereits hast, auf Fakten zu überprüfen.

Fahr einfach.

Du wirst nicht dafür benotet, ob sich jeder auf die gleiche Weise an die gleiche Reise erinnert. Du wirst nicht dafür benotet, ob die Erinnerungen, die du zu schaffen versucht hast, mit den Erinnerungen übereinstimmen, die sich tatsächlich gebildet haben.

Es gibt keine Prüfung, die misst, ob du die „richtigen" Erinnerungen geschaffen hast.

Es gibt nur die Reise. Und was auch immer jeder Passagier daraus macht.

Das ist ihre Erinnerung, die sie konstruieren. Nicht deine, die du kontrollierst.

Kapitel 8

DEIN KILOMETERZÄHLER, DEINE KILOMETER

Auf diesem Autobahnabschnitt wird dir etwas Interessantes auffallen: Es gibt mehrere Routen, um in dieselbe Gegend zu gelangen. Manche Fahrer nehmen die Autobahn — gerade, schnell, effizient. Andere nehmen die Panoramastraße — kurvenreich, langsamer, interessanter. Einige nehmen Landstraßen durch kleine Städte. Wieder andere bleiben auf mautpflichtigen Straßen, um den Verkehr zu umgehen.

Sie alle funktionieren.

Es gibt keine objektiv „richtige" Route. Es gibt nur die Route, die für deine Prioritäten, dein Fahrzeug, deinen Zeitplan und deine Vorlieben sinnvoll ist.

Aber uns wurde beigebracht, „Erfolg" so zu messen, als gäbe es nur eine gültige Route — die schnellste. Die direkteste. Die, die dich ankommen lässt, bevor alle anderen dort sind.

Nur ... wo ist dieser „Erfolg"? Und warum ist es wichtig, als Erster anzukommen, wenn du die ganze Fahrt gehasst hast?

Persönlicher Erfolg bedeutet, die Unsicherheit zu besiegen

Was versuchst du eigentlich zu erreichen, wenn du deinen persönlichen „Erfolg" verfolgst? Du versuchst, die Unsicherheit zu besiegen.

Denk mal darüber nach. Warum willst du Geld? Um die Unsicherheit zu verringern, ob du die Miete zahlen, Essen kaufen und Notfälle bewältigen kannst. Warum willst du einen sicheren Job? Um die Unsicherheit zu verringern, woher dein nächstes Gehalt kommt. Warum willst du gute Beziehungen? Um die Unsicherheit zu verringern, allein, ungeliebt und ohne Unterstützung zu sein.

Bei persönlichem Erfolg geht es nicht darum, mehr zu haben als andere Menschen. Es geht darum, genug zu haben, um sich im eigenen Leben sicher zu fühlen.

Jeder will sich wohlfühlen. Jeder will die Angst verringern, die aus der Ungewissheit entsteht, ob die eigenen Grundbedürfnisse erfüllt werden. Aber das Maß an Komfort, das du brauchst, um dich sicher zu fühlen, ist relativ zu DEINER Ausgangslage, nicht zu der eines anderen.

Jemand, der mit Ernährungsunsicherheit aufgewachsen ist, fühlt sich vielleicht in dem Moment erfolgreich, in dem er eine volle Speisekammer und drei Monatsmieten auf der hohen Kante hat. Jemand, der wohlhabend aufgewachsen ist, fühlt sich vielleicht erst dann erfolgreich, wenn er ein Ferienhaus besitzt und die Altersvorsorge vollständig gesichert ist.

Dasselbe Wort — Erfolg —, aber völlig unterschiedliche Ziele. Keines davon ist falsch. Sie agieren nur von unterschiedlichen Ausgangspunkten mit unterschiedlichen Unsicherheitsschwellen aus.

Du versuchst nicht, andere Fahrer zu schlagen. Du versuchst, deine eigene Unsicherheit darüber zu besiegen, ob es dir gut gehen wird.

Die Panoramastraße vs. die Autobahn

Sagen wir, du fährst von der Stadt zum Strand. Du hast mehrere Möglichkeiten:

Route 1: Autobahn

Direkt, schnell, langweilig. Du bist in etwa sechs Stunden da.

Außer Ackerland und Raststätten gibt es nichts zu sehen. Effizient, praktisch, auf Geschwindigkeit optimiert.

Route 2: Pacific Coast Highway

Kurvenreich, langsamer, atemberaubend. Du bist in über zehn Stunden da (mehr, wenn du anhältst). Meerblick, Aussicht auf Buchten, Klippen, kleine Küstenstädte, Fotomöglichkeiten. Malerisch, unvergesslich, episch, auf das Erlebnis optimiert.

Welche Route ist „erfolgreich"?

Wenn du Erfolg als „am schnellsten ankommen" definierst, ist die Autobahn der Express-Pass. Wenn du Erfolg als „die Reise genießen" definierst, gewinnt die Küstenstraße. Wenn du Erfolg als „auf kurvigen Straßen nicht reisekrank werden" definierst, meidest du die Küste vielleicht ganz.

Es gibt keine universelle Messgröße, die besagt, dass eine Route objektiv besser ist. Es gibt nur das, was DIR auf DIESER Reise wichtig ist.

Stattdessen schaust du auf die anderen Fahrer auf der Autobahn, siehst, wie sie vor dir ankommen, und nimmst an, du hättest versagt, weil du eine andere Route genommen hast. Du misst deine Reise an ihrem Ziel, ihrem Zeitplan, ihren Prioritäten.

Das ist doch Wahnsinn.

Deine Route war anders, weil deine Ziele anders waren. Du hast nicht versucht, am schnellsten anzukommen — du wolltest das Meer sehen. Du hast nicht versucht, die Fahrzeit zu minimieren — du wolltest das Erlebnis maximieren.

Beide Routen enden am Strand. Beide Fahrer sind „erfolgreich" angekommen. Aber wenn du die ganze Küstenfahrt damit verbracht hast, dich darüber zu stressen, nicht auf der Autobahn zu sein, hast du dir deine eigene Route ruiniert, indem du sie mit der eines anderen verglichen hast.

Qualität vor Quantität

Du fährst, bekommst Hunger. Jemand bei dir sucht auf dem Handy nach Restaurants in der Nähe und findet zwei Optionen:

Restaurant A: 4,7 Sterne bei 4.937 Bewertungen

Restaurant B: 5,0 Sterne bei 54 Bewertungen

Welches ist besser?

Die meisten Leute würden sagen, Restaurant A. Fast 5.000 Menschen fanden das Erlebnis bewertungswürdig. Sie haben exponentiell mehr Kunden bedient. Sie sind gewachsen. Sie haben mehr Menschen erreicht. Genauso wie du ein Produkt auf Amazon auswählst.

Aber Restaurant B hat eine perfekte Bewertung. Jede einzelne Person, die es bewertet hat, fand es makellos. Vielleicht ist es ein winziger Laden, der nur 20 Personen pro Abend bedienen kann. Vielleicht überwacht der Koch persönlich jedes Gericht. Vielleicht konzentrieren sie sich darauf, ein perfektes Erlebnis nach dem anderen zu schaffen, anstatt das Volumen zu maximieren.

Ist Restaurant B schlechter, weil weniger Leute davon wissen? Oder besser, weil jeder, der es erlebt, es für perfekt hält?

Es gibt keine objektive Antwort. Es gibt keine „richtige" Antwort. Es hängt ganz davon ab, was du misst.

Wenn du nach Reichweite und Größe misst, gewinnt Restaurant A. Wenn du nach Beständigkeit und Qualität misst, gewinnt Restaurant B. Wenn du nach Umsatz misst, gewinnt wahrscheinlich Restaurant A. Wenn du nach Kundenzufriedenheit misst, gewinnt wahrscheinlich Restaurant B.

Der Punkt ist: Die Kennzahl, die du wählst, bestimmt, was „besser" bedeutet. Und jede Kennzahl ist relativ (und seien wir ehrlich, willkürlich). Es gibt keine kosmische Anzeigetafel, die sagt: „Restaurant A ist objektiv besser." Es gibt nur verschiedene Arten, den Spielstand zu messen, und du darfst wählen, welche für dich wichtig ist.

Aber was passiert? Du triffst keine Wahl. Du lässt andere Leute für dich wählen. Du lässt dir von der Kultur sagen, dass Größe gleich Erfolg ist, oder Geld gleich Erfolg, oder Ruhm gleich Erfolg. Und dann verbringst du dein ganzes Leben damit, für eine Kennzahl zu optimieren, die du eigentlich nie wolltest.

Die Falle des elterlichen Wettbewerbs

Scrolle zur Zeit der Zeugnisvergabe durch die sozialen Medien. Schau, wie viele Eltern über Belobigungen, Auszeichnungen und Erfolge posten.

„Meine Tochter hat wieder eine Belobigung bekommen!", „So stolz auf meinen Sohn!", „Lauter Einser!", „Die Leistungskurse können kommen!"

Jeder Post klingt, als ginge es um das Kind. Aber schau genauer hin — es geht um die Eltern. Die Eltern konkurrieren durch die Leistungen ihres Kindes. Die Eltern benutzen die Noten, Aktivitäten und Errungenschaften ihres Kindes als Beweis dafür, dass sie „erfolgreiche" Eltern sind.

Und es geht nicht nur um Noten. Es geht um die Schuhe, die sie in der Schule tragen. Du kaufst kleine Lacoste-Schuhe, weil du weißt, dass sie edel sind und signalisieren, dass du dir Qualität leisten kannst — aber vielleicht will dein Kind einfach nur ein paar Spider-Man-Schuhe von einer No-Name-Marke. Für wen sind diese Lacoste-Schuhe also wirklich?

Was das Kind daraus lernt: „Mein Wert basiert auf dem, was ich erreiche und wie ich aussehe. Mein Wert wird daran gemessen, wie ich im Vergleich zu anderen Kindern abschneide und mich präsentiere."

Das ist keine Erziehung. Das ist, als würdest du dein Kind in einen Wettbewerb schicken, für den es sich nicht angemeldet hat, damit du die Trophäe beanspruchen kannst, wenn es gewinnt.

Und jetzt kommt der wirklich verrückte Teil: Die Noten des Kindes machen dich nicht zu einem besseren oder schlechteren Elternteil. Seine Testergebnisse haben nichts damit zu tun, ob du einen freundlichen, widerstandsfähigen, glücklichen Menschen großziehst.

Weißt du, was dich zu einem guten Elternteil macht? Präsent sein. Zuhören. Ihnen zeigen, wie man mit Misserfolg umgeht. Mit ihnen spazieren gehen, wenn sie reden müssen. Ihnen beibringen, dass ihr Wert nicht an ihre Leistung gebunden ist. Ihnen helfen, ihre eigene Route zu finden, anstatt sie auf deine zu zwingen.

Aber so messen wir Erziehung nicht, oder? Wir messen sie, indem wir Kinder vergleichen. „Mein Kind liest auf einem höheren Niveau als deines" wird zum Code für „Ich bin ein besserer Elternteil als du."

Es ist dieselbe Wettbewerbsfalle, nur mit höheren Einsätzen. Und das Kind badet es aus.

Mach nicht ihre Hausaufgaben

Für diejenigen, die sich über die Leistungen ihrer Kinder messen, wird es jetzt absurd: Es gibt Eltern, die die Hausaufgaben für ihre Kinder machen.

Ich rede nicht vom Helfen. Ich rede davon, sie zu erledigen. Ihre Aufsätze schreiben. Ihre Wissenschaftsprojekte bauen. Ihre Matheaufgaben lösen.

Warum? Damit das Kind eine bessere Note bekommt. Damit der Lehrer denkt, das Kind sei klüger. Damit das Kind in die Leistungskurse kommt. Damit die Eltern darüber in den sozialen Medien posten können.

Aber wer hat tatsächlich etwas gelernt? Nicht das Kind. Das Kind hat gelernt, dass jemand anderes die Arbeit macht, wenn der Einsatz hoch genug ist. Das Kind hat gelernt, dass Leistung wichtiger ist als Lernen. Das Kind hat gelernt, dass es nicht fähig genug ist, es selbst zu tun.

Du hast gerade die Bildung deines eigenen Kindes sabotiert, um einen Wettbewerb zu gewinnen, den es gar nicht gibt.

Es gibt keine Prüfung, die bewertet, ob dein Kind klüger ist als das eines anderen. Es gibt nur die tatsächliche Bildung deines Kindes, die du gerade untergraben hast, indem du ihm beigebracht hast, Kompetenz vorzutäuschen, anstatt echte Fähigkeiten aufzubauen.

Wenn dein Kind mit den Hausaufgaben zu kämpfen hat und bei der Aufgabe durchfällt, lernt es etwas Wertvolles: Dieses Fach fällt mir schwer und ich muss um Hilfe bitten. Ich muss mich mehr anstrengen und herausfinden, wo ich etwas nicht verstehe.

Wenn du die Hausaufgaben für sie machst und sie eine Eins bekommen, lernen sie nichts, außer dass Leistung wichtiger ist als Wachstum.

Welches Ergebnis dient ihnen im Leben tatsächlich besser?

Dein Ziel ist nicht allgemeingültig

(Nein, ich rede nicht von dem Park. Die Universal Studios sind tatsächlich eines unserer Lieblingsziele.)

Es läuft darauf hinaus: Es gibt kein allgemeingültiges Ziel, auf das jeder zusteuern sollte.

Manche Leute wollen das Eckbüro. Manche wollen im Schlafanzug von zu Hause aus arbeiten. Manche wollen ein Unternehmen aufbauen. Manche wollen Stabilität und Vorhersehbarkeit. Manche wollen Abenteuer und Risiko. Deine Route ist dein eigenes Abenteuer.

Keines dieser Ziele ist objektiv „erfolgreicher" als die anderen. Es sind nur verschiedene Routen mit unterschiedlichen Endpunkten, die unterschiedliche Fahrer ansprechen.

Aber uns wurde beigebracht, Erfolg so zu messen, als ob alle zum selben Ort fahren sollten. Als gäbe es ein korrektes Ziel — meist definiert durch Geld, Status oder Sichtbarkeit — und jeder, der woanders landet, hat es nicht geschafft, dorthin zu gelangen.

So funktionieren Routen nicht.

Du fährst DEINE Route zu DEINEM Ziel, basierend auf DEINEN Prioritäten. Dass jemand anderes eine völlig andere Autobahn nimmt, ist kein Beweis dafür, dass du dich verfahren hast. Die Person fährt einfach woanders hin.

Der Typ, der früh in Rente gegangen ist, um die Welt zu bereisen, ist nicht erfolgreicher als die Frau, die ein Unternehmen aufgebaut hat und 60-Stunden-Wochen arbeitet. Eine Frau, die zu Hause bei den Kindern bleibt, ist genauso erfolgreich wie eine Frau, die ein Unternehmen gegründet hat. Die Person, die 50.000 € mit einer Arbeit verdient, die sie liebt, ist nicht weniger erfolgreich als die Person, die 200.000 € mit einer Arbeit verdient, die sie kaum toleriert.

Sie sind nur auf unterschiedlichen Routen mit unterschiedlichen Zielen und unterschiedlichen Vorstellungen davon, was wichtig ist.

Erfolg hat keine allgemeingültige Messgröße, weil es kein allgemeingültiges Ziel gibt.

Der Leistungsdruck

Das ist schwer zu verinnerlichen, denn wo man auch hinschaut, versucht jemand, dir seine Definition von Erfolg zu verkaufen.

Die Universität sagt dir, dass Erfolg ein Abschluss von einer renommierten Schule bedeutet. Das Unternehmen sagt dir, dass Erfolg bedeutet, die Karriereleiter hochzuklettern. Die sozialen Medien sagen dir, Erfolg bedeute Follower, Likes, Interaktionen. Deine Kommilitonen sagen dir, Erfolg bedeute, mit ihrem Lebensstil mitzuhalten.

In welche Richtung du dich auch wendest, jemand hält eine Anzeigetafel hoch und sagt dir, dass DIESE Kennzahl diejenige ist, die zählt. DIESES Ziel ist das, wohin du steuern solltest. DIESE Route ist die richtige.

Und wenn du nicht für ihre Kennzahl optimierst, fällst du zurück.

Nur fällst du nicht zurück. Du nimmst nur nicht an ihrem Rennen teil.

Du bist auf einer anderen Autobahn, auf dem Weg zu einem anderen Ziel und misst den Fortschritt an anderen Orientierungspunkten. Und genau das solltest du tun — solange DU die Route gewählt hast, anstatt sie dir von allen anderen aussuchen zu lassen.

Was willst DU?

Die eigentliche Frage ist: Was willst du wirklich?

Nicht, was deine Eltern für dich wollen. Nicht, was die Gesellschaft sagt, dass du dir wünschen solltest. Nicht, was in den sozialen Medien beeindruckend aussieht. Nicht das, was deine Kommilitonen jagen.

DU. Was willst DU?

Wenn Geld kein Maß für Erfolg wäre, was wäre es dann? Wenn niemand zuschauen oder urteilen würde, welche Route würdest du nehmen? Wenn du deine Reise mit niemand anderem vergleichen könntest, welches Ziel wäre dir wichtig?

Diese Fragen sind schwer zu beantworten, weil du darauf trainiert wurdest, Erfolg nach außen hin zu messen. Du schaust dir an, was andere Leute haben, was andere Leute erreicht haben, was andere Leute tun — und du benutzt das als Definition von Erfolg.

Aber ihre Route ist nicht deine Route. Ihr Ziel ist nicht dein Ziel. Ihre Messgrößen sind nicht deine Messgrößen.

Du musst herausfinden, was Erfolg für DICH bedeutet. Nicht für deine Eltern, nicht für deine Kultur, nicht für Instagram. Für dich.

Und dann musst du auf dieses Ziel zusteuern, ohne ständig in den Rückspiegel zu schauen, um zu sehen, ob du mit den Autos um dich herum mithalten kannst.

Was bedeutet, dass du wahrscheinlich verlernen musst, was dir gesagt wurde.

Der Kilometerzähler, nicht die Anzeigetafel

Denk daran: Dein Kilometerzähler misst DEINE gefahrenen Kilometer auf DEINER Route. Er vergleicht dich nicht mit anderen Fahrern. Er stuft dich nicht im Vergleich zu allen anderen ein. Er zeigt nur, wie weit du von deinem Ausgangspunkt gekommen bist.

Also sind 10.000 Kilometer zu einem Ziel, das du tatsächlich gewählt hast, erfüllender als 50.000 Kilometer zu einem Ziel, das alle anderen für dich gewählt haben.

Du kannst nicht an der Definition von Erfolg eines anderen scheitern. Du kannst nur daran scheitern, deine eigene zu verfolgen.

Also hör auf, deine Reise an ihrer Anzeigetafel zu messen. Hör auf, deine Panoramastraße mit ihrer Autobahn zu vergleichen. Hör auf zu denken, du wärst im Rückstand, nur weil sie irgendwo vor dir angekommen sind.

Sie sind an ihrem Ziel angekommen. Du bist immer noch auf dem Weg zu deinem. Und genau so sollte es sein.

Es gibt keine Prüfung, die bewertet, ob du die „richtige" Route oder das „korrekte" Ziel gewählt hast.

Es gibt nur deine Reise, deine Entscheidungen und ob du tatsächlich auf etwas zusteuerst, das dir wichtig ist.

Teil Vier

RASTPLATZ

Sich aus dem Verkehr ziehen, um alte Fahrgewohnheiten zu verlernen.

Kapitel 9

HÖR AUF, AUF DIE ANDEREN SPUREN ZU SCHAUEN

Ganz am Anfang der Reise sagte dir jemand: „Du musst schneller sein. Du musst schneller, besser, der Erste sein." Und du glaubtest es ihnen, weil es alle anderen auch taten.

Jetzt bist du an einem Rastplatz. Teil vier der Reise. Die Stationen des Verlernens.

Hier kannst du anhalten, den Kofferraum öffnen und dich fragen: „Was habe ich die ganze Zeit mit mir herumgeschleppt? Brauche ich das alles noch?"

Beginnen wir mit etwas, das du schon kilometerweit mit dir trägst: dem Glauben, dass du dich im Wettbewerb messen musst.

Wettbewerb wird überall gelehrt

Denk mal darüber nach. Alles im Leben hat dich darauf trainiert, dich im Wettbewerb zu messen.

Die Schule benotete dich im Vergleich zu deinen Mitschülern. Im Sport wird dein Team gegen andere eingestuft. Bei der Arbeit wurde deine Leistung nach einer Kurve bewertet. Sogar die Unterhaltung — die Dinge, die du zur Entspannung tust — wurde zum Wettbewerb.

Videospiele zeigen Bestenlisten. Soziale Medien zählen Likes. Fitness-Apps vergleichen deine Schritte mit denen aller anderen.

Du kannst nicht einmal Candy Crush spielen, ohne zu sehen, dass Susan auf Level 389 ist, während du auf 307 bist. Jetzt genießt du die Spiele nicht mehr. Du holst auf.

Wozu? Wofür?

Wenn du Susan auf Level 401 schlägst, was gewinnst du? Nichts. Kein Geld, keinen Status, nicht einmal Susans Respekt, weil sie wahrscheinlich überhaupt nicht an dich denkt. Du gewinnst die Erkenntnis, dass du auf einer Anzeigetafel vorne liegst, die nur in deinem Kopf existiert.

Dieses Muster hat nicht erst mit Videospielen begonnen. Du hast es schon vor langer Zeit in deiner Heimatstadt gelernt, wahrscheinlich bevor du überhaupt Auto fahren konntest. Du hast gelernt, dass es wichtig ist, Erster zu sein. Gewinnen ist alles. Zurückzufallen bedeutet, dass du verlierst.

Und diesen Glauben trägst du seitdem mit dir herum — hunderte von Kilometern über die Autobahn, durch Dutzende von Städten, in völlig unbekanntes Gebiet.

Vielleicht ist es an der Zeit, anzuhalten und zu fragen: Brauchst du ihn noch?

Willkommen am Rastplatz

Du fährst nun schon eine Weile. Du hast deine Heimatstadt verlassen. Du bist auf die Autobahn aufgefahren. Du hast gesehen, wie alles relativ ist, wie Erinnerungen anderen gehören, wie Erfolg keinen allgemeingültigen Maßstab hat.

Du hast viel darüber gelernt, was dich belastet hat.

Jetzt kommt der Teil, in dem du einiges davon ablegen darfst.

Nicht, weil es falsch war, es zu tragen. Nicht, weil du es hättest besser wissen sollen. Sondern weil es dir erlaubt ist, mit leichterem Gepäck zu reisen. Es ist dir erlaubt, auf das zu schauen, was du in deiner Heimatstadt eingepackt hast, und zu sagen: „Das brauche ich nicht mehr."

Wettbewerb ist eines dieser Dinge.

Dir wurde gesagt, dass Wettbewerb notwendig sei. Dass du so überlebst, so erfolgreich bist, so beweist, dass du zählst. Jeder in deiner Heimatstadt glaubte das. Deine Eltern glaubten es. Deine Lehrer glaubten es. Deine Freunde glaubten es. Also glaubtest du es auch.

Und dort ergab es Sinn. In diesem Kontext. In dieser Stadt, in der sich jeder mit jedem verglich, in der jede Leistung eine Rangliste war, in der jeder Erfolg im Verhältnis zum Misserfolg eines anderen stand.

Aber du bist nicht mehr in dieser Stadt.

Schau in deinen Rückspiegel. Diese Stadt liegt kilometerweit hinter dir. Und doch fährst du immer noch, als ob du durch diese alten Straßen navigieren würdest, konkurrierst immer noch, als wärst du zurück in diesem alten Rennen, und trägst immer noch diesen schweren Glauben mit dir, dass du jeden um dich herum schlagen musst, um von Bedeutung zu sein.

Das musst du nicht.

Das kannst du jetzt loslassen.

Der Koffer, den du getragen hast

Stell dir den Wettbewerb wie einen Koffer vor, den dir jemand in die Hand gedrückt hat, als du von zu Hause weggingst. „Das wirst du für die Reise brauchen", sagten sie. Und du hast ihnen geglaubt, weil alle anderen auch einen hatten.

Aber jetzt bist du an einem Rastplatz. Du kannst diesen Koffer öffnen. Schau dir an, was wirklich drin ist.

Vielleicht findest du: den Glauben, dass du würdig bist, wenn du der Erste bist. Die Angst, zurückzufallen. Die Erschöpfung, mit allen um dich herum um die Wette zu fahren. Die Gewohnheit, deine Freude an der Enttäuschung eines anderen zu messen. Die Furcht, dass du aufgibst, wenn du nicht im Wettbewerb stehst.

Nun, da haben wir es. Nichts davon verbessert deine Fahrt. Nichts davon hilft dir, die Strecke zu genießen. Nichts davon ist notwendig für das, wohin du fährst.

Warum also weitertragen?

Nicht, weil du schlecht bist, weil du es hast. Nicht, weil du es früher hättest fallen lassen sollen. Aber du kannst wählen, was dich in die nächste Stadt begleitet. Und der Wettbewerb? Der kann am Rastplatz bleiben.

Aber was ist mit dem Ehrgeiz?

Also, was denkst du? „Wenn ich aufhöre, mich zu messen, verliere ich dann nicht meinen Antrieb? Falle ich dann nicht zurück? Höre ich dann auf, mich um Verbesserung zu kümmern?"

Nein.

Wettbewerb zu verlernen bedeutet nicht, dass du aufhörst, es zu versuchen. Es bedeutet nicht, dass du aufhörst zu wachsen. Es bedeutet nicht, dass du aufhörst, Ziele zu haben.

Es bedeutet, dass du aufhörst, dein Wachstum daran zu messen, wie viele Leute du überholt hast. Es bedeutet, dass du aufhörst, Erfolg dadurch zu definieren, ob du vorne oder hinten liegst. Es bedeutet, dass du aufhörst, den Wert deiner Reise von den Reisen anderer Leute bestimmen zu lassen.

Du wirst dich immer noch verbessern wollen. Aber du wirst dich verbessern, weil du sehen willst, wie weit du kommen kannst, nicht weil du beweisen musst, dass du besser bist als jemand anderes.

Du wirst dir immer noch Ziele setzen. Aber es werden deine Ziele sein, basierend auf deinem Zielort, nicht auf der Vorstellung eines anderen, wo du inzwischen sein solltest.

Du wirst immer noch hart arbeiten. Aber du wirst auf etwas hinarbeiten, das dir wirklich wichtig ist, und nicht darauf, in einem Rennen vorne zu bleiben, für das du dich nie angemeldet hast.

Der Unterschied: Du wirst die Fahrt genießen.

Wie Verlernen aussieht

Es ist nicht dramatisch. Es ist kein einzelner Moment, in dem alles Klick macht und du plötzlich frei bist.

Es bedeutet, an Rastplätzen wie diesem anzuhalten und zu fragen: „Was trage ich noch aus meiner Heimatstadt mit mir? Brauche ich es für den Weg, der vor mir liegt?"

Es bedeutet, zu bemerken, wenn du ein Rennen fährst, und dich stattdessen dafür zu entscheiden, einfach nur zu fahren.

Es bedeutet, dich dabei zu ertappen, wie du vergleichst, und umzulenken: „Das ist ihre Strecke, nicht meine."

Es bedeutet, zu sehen, wie dein Kind Schwierigkeiten hat — mit den Hausaufgaben, mit Freundschaften, mit Rückschlägen — und es damit umgehen zu lassen. Nicht, weil es dir egal ist, sondern weil es dir wichtig genug ist, es seine eigenen Fähigkeiten aufbauen zu lassen. Es geht nicht um Kontrolle. Es ist eine Beziehung, die auf Respekt beruht.

Lass sie ihre eigene Reise machen. Lass sie zu ihren eigenen Bedingungen erfolgreich sein. Lass sie scheitern und entdecken, dass sie sich davon erholen können. Das ist das Leben. So funktioniert die Reise.

Ihre Noten machen dich nicht zu einem besseren Elternteil. Ihre Leistungen bestätigen nicht deine Entscheidungen. Ihre Leistung bestimmt nicht deinen Wert.

Du bist ihr Elternteil, nicht ihr Punkterichter. Und das Schöne daran? Wenn du aufhörst, durch sie zu konkurrieren, können sie aufhören, für dich zu konkurrieren. Sie dürfen einfach nur Kinder sein, die ihren eigenen Weg finden.

Das bedeutet nicht, sie aufzugeben. Das bedeutet, ihnen den Freiraum zu geben, selbst zu fahren.

Der Weg, auf dem du jetzt bist

Die Autobahn, auf der du jetzt fährst, funktioniert nicht wie deine Heimatstadt. Die Regeln sind hier anders. Die Prioritäten sind hier anders. Was dort zählte, muss hier nicht zählen.

Dort sind alle um die Wette gefahren. Alle haben verglichen. Alle haben ihren Wert an ihrem Rang gemessen. Das hat man einfach so gemacht.

Aber du bist jetzt in neuem Gebiet. Du bist durch verschiedene Städte gefahren. Du hast verschiedene Fahrweisen gesehen. Du hast gelernt, dass nicht jeder Erfolg auf die gleiche Weise definiert, dass nicht jeder zum selben Ziel fährt, dass nicht jeder ein Rennen fährt.

Manche Leute fahren einfach. Genießen die Strecke. Halten an, wann sie wollen. Fahren in ihrem eigenen Tempo.

Und sie wirken ... leichter. Weniger gestresst. Präsenter.

Vielleicht liegt das daran, dass sie den Wettbewerb irgendwo auf dem Weg ausgepackt haben. Vielleicht hielten sie an einem Rastplatz wie diesem an und sagten: „Das muss ich nicht mehr mit mir herumtragen."

Das kannst du auch. Und wenn du dir Sorgen machst, dass du ohne das Rennen nicht klarkommen wirst — sei unbesorgt. Dein Weg findet sich.

Du gibst nicht auf

Das Schwierigste am Verlernen von Konkurrenzdenken ist, dass es sich wie Aufgeben anfühlt.

Wenn du aufhörst, mit allen um dich herum um die Wette zu fahren, gibst du dann auf? Wenn du aufhörst, deine Strecke mit der von allen anderen zu vergleichen, gibst du dich dann zufrieden? Wenn du aufhörst, deinen Wert an deiner Platzierung zu messen, verlierst du dann deinen Ehrgeiz?

Nein.

Du entscheidest dich nur dafür, Fortschritt anders zu definieren. Du entscheidest dich dafür, Wachstum nach deinen eigenen Maßstäben zu messen, anstatt nach der Punktetafel eines anderen. Du entscheidest dich dafür, die Städte, durch die du fährst, zu genießen, anstatt an ihnen vorbeizurasen, um vorne zu sein.

Das ist kein Aufgeben. Das ist ein Aufwachen.

Du hast kilometerlang — vielleicht jahrelang — Rennen gegen Leute gefahren, die nicht einmal zu deinem Ziel unterwegs sind. Dich mit Fahrern auf völlig anderen Strecken verglichen. Dich gestresst, ob du in einem Wettbewerb, der nur in deinem Kopf existiert, vorne oder hinten liegst.

Was wäre, wenn du einfach ... aufhörst?

Was wäre, wenn du in einem Tempo fährst, das sich für dich richtig anfühlt? Was wäre, wenn du die Landschaft genießt, anstatt auf die Autos um dich herum zu starren? Was wäre, wenn du deinen Tag danach bemisst, ob du vorangekommen bist, nicht danach, ob du jemand anderen überholt hast?

Du würdest immer noch dorthin gelangen, wohin du willst. Du würdest die Fahrt nur viel mehr genießen.

Die nächste Stadt erfordert keinen Wettbewerb

Schau nach vorne. Siehst du die nächste Stadt am Horizont?

Du brauchst keinen Wettbewerb, um dorthin zu gelangen. Das hast du nie gebraucht.

Wettbewerb war etwas, was dir deine Heimatstadt beigebracht hat. Es ist kein Gesetz der Autobahn. Er ist auf der Reise nicht erforderlich. Es ist nur eine Gewohnheit, die du dort angenommen und beibehalten hast, weil alle anderen es auch taten.

Aber die Autobahn ist lang. Die Strecke ist deine. Und du darfst entscheiden, was du mitnimmst.

Manche Dinge aus deiner Heimatstadt sind es wert, behalten zu werden. Manche Lektionen, manche Werte, manche Gewohnheiten — sie tun dir gut, sie machen die Fahrt besser und helfen dir zu navigieren. Die Vergangenheit ist eine Lektion, keine Blaupause.

Aber Wettbewerb? Das ist Ballast. Das ist das, was dich ängstlich macht, wenn du die Aussicht genießen solltest. Das ist das, was jeden Autobahnabschnitt in ein Rennen verwandelt, das du nicht gewinnen kannst.

Du kannst es hier lassen.

Nicht mit Scham. Nicht mit Bedauern. Nur mit der einfachen Erkenntnis: „Das brauche ich nicht für den Weg, der vor mir liegt."

Vorwärts fahren

Wenn du diesen Rastplatz verlässt, wirst du immer noch andere Autos sehen. Du wirst immer noch bemerken, dass manche schneller fahren, manche langsamer. Das wird sich nicht ändern.

Was sich ändert, ist, was du mit dieser Beobachtung machst.

Anstatt zu beschleunigen, um sie zu überholen, denkst du vielleicht einfach: „Sie fahren irgendwohin. Ich fahre irgendwohin. Wir sind beide unterwegs."

Anstatt dich im Rückstand zu fühlen, denkst du vielleicht einfach: „Ich bin genau da, wo ich auf meiner Strecke sein muss."

Anstatt deine Reise mit ihrer zu vergleichen, denkst du vielleicht einfach: „Ich frage mich, wohin sie fahren."

So sieht es aus, Wettbewerb zu verlernen. Nicht dramatisch. Nicht perfekt. Nur schrittweise den Glauben loslassen, dass du jeden um dich herum schlagen musst, um von Bedeutung zu sein.

Du bist von Bedeutung, weil du auf deiner Reise bist. Weil du deine Strecke fährst. Weil du hier bist, dich vorwärts bewegst, Entscheidungen triffst, durch dein Leben navigierst.

Nicht, weil du jemandem voraus bist. Nicht, weil du gewinnst. Einfach, weil du du bist und deine Reise deine ist.

Es gibt keine Prüfung, die bewertet, ob du im Verkehr mitgehalten hast.

Es gibt nur deine Strecke, deine Entscheidungen und die Freiheit, zu fahren, ohne mit allen um dich herum um die Wette zu fahren.

Willkommen an diesem Rastplatz. Bleib, so lange du brauchst. Und wenn du bereit bist, fahr weiter — leichter als zuvor.

Kapitel 10

DIE AUTOBAHN GEHÖRT ALLEN

Jede erdenkliche Art und Farbe von Fahrzeug teilt sich diese Autobahn mit dir.

Limousinen und SUVs. Hybrid- und Elektroautos. Autos, die mit Benzin fahren, Autos, die mit Diesel fahren. Motorräder, die sich durch die Spuren schlängeln. 40-Tonner, die Fracht transportieren. Wohnmobile, die in ihrem eigenen Tempo unterwegs sind. Schaltgetriebe, Automatikgetriebe, manche Fahrzeuge kann man nicht einmal einordnen.

Unterschiedliche Motoren. Unterschiedliche Größen. Unterschiedliche Fähigkeiten. Unterschiedliche Zwecke.

Und sie alle teilen sich dieselbe Autobahn.

Die Straße fragt nicht, was für einen Motor du hast, bevor sie dich auffahren lässt. Sie verlangt keinen bestimmten Getriebetyp. Sie misst nicht deine Kraftstoffeffizienz oder urteilt über deine Fahrzeugwahl. Die Autobahn bietet allen Platz, denn die Autobahn versteht etwas Grundlegendes: Wir alle versuchen nur, irgendwo anzukommen.

Unterschiedliche Fahrzeuge. Derselbe Weg. Dasselbe Recht, sicher zu reisen.

Der Koffer, den du nicht selbst gepackt hast

An deinem letzten Rastplatz hast du den Wettbewerb ausgepackt. Du hast dir diese schwere Überzeugung angesehen und gesagt: „Das brauche ich nicht mehr."

Aber in deinem Kofferraum liegt noch ein anderer Koffer. Einer, den du nicht einmal selbst gepackt hast. Einer, der eingeladen wurde, bevor du losgefahren bist, damals in deiner Heimatstadt, bevor du alt genug warst, um zu hinterfragen, ob du ihn überhaupt haben wolltest.

Auf ihm steht „Trennung".

Darin wirst du Folgendes finden: die Überzeugung, dass einige Fahrzeuge mehr auf die Autobahn gehören als andere. Die Gewohnheit, Fahrer in „wir" und „die anderen" einzuteilen. Die Annahme, dass anders sein getrennt sein bedeutet. Die Vorstellung, dass Vielfalt etwas ist, das man tolerieren muss, anstatt etwas, das einfach … ist.

Nichts davon war deine Idee. Du hast es geerbt. Deine Heimatstadt hat es dir beigebracht. Die Kultur um dich herum hat es verstärkt. Du trägst es schon so lange mit dir herum, dass du vielleicht nicht einmal bemerkst, dass es da ist.

Aber du bist jetzt an einem weiteren Rastplatz. Du kannst auch diesen Koffer öffnen.

Die Realität der einen Rasse

Schau dir an, was die Beweise tatsächlich über den Menschen zeigen: Wir sind nur eine Rasse. Wir sind die menschliche Rasse.

Nicht metaphorisch. Nicht philosophisch. Wörtlich.

Wir sind alle dieselbe Spezies. Verschiedene Ausprägungen desselben Bauplans. Verschiedene Lackierungen für dasselbe Grundfahrzeug.

Neil deGrasse stellte einmal eine Version dieser kosmischen Frage: Warum stellen wir uns Aliens immer mit zwei Armen, zwei Beinen und einem Kopf obenauf vor — also im Grunde humanoid? Schau dir die Erde an. Wir haben Fische, Weichtiere, Insekten, Spinnen, Pflanzen, Pilze, Säugetiere in allen erdenklichen Formen. Abermillionen Lebensformen, die überhaupt keine menschliche Gestalt besitzen.

Warum also sollten Aliens aussehen wie wir?

Wir stellen sie uns so vor, weil wir der Bezugspunkt sind. Wir sind so auf unsere eigene Gestalt fixiert, dass wir annehmen, Intelligenz, Bewusstsein, fortschrittliches Leben müsse so aussehen wie wir.

Aber das offenbart Folgendes: Wir wissen bereits, dass Vielfalt die Norm ist. Wir sehen sie überall auf der Erde. Und doch, wenn es um Menschen geht? Wir tun überrascht, dass wir alle im Grunde gleich aussehen. Wir schaffen Trennungen aufgrund geringfügiger Abweichungen — Hautton, Augenform, Haarstruktur —, obwohl die Realität ist, dass wir uns bemerkenswert ähnlich sind. Nur unterschiedliche Schattierungen desselben Grunddesigns.

Unterschiedliche Hauttöne sind keine unterschiedlichen Rassen. Sie sind nur unterschiedliche Farben desselben Fahrzeugs. Wie Autos, die in verschiedenen Lackierungen vom selben Fließband rollen. Blau, Rot, Weiß, Schwarz — dasselbe Auto, eine andere Lackierung.

Das wissen wir bereits. Tatsächlich akzeptieren wir das bereits bei anderen Spezies.

Schau dir Hunde an. Milliarden von Hunden. Millionen innerhalb jeder Rasse. Es gibt sie in jeder erdenklichen Farbkombination — schwarz, braun, weiß, gefleckt, gestreift. Ist es Hunden wichtig, welche Farbe das Fell eines anderen Hundes hat? Urteilen sie übereinander aufgrund der Fellfarbe? Teilen sie sich in „wir" und „die anderen" auf, je nachdem, ob sie golden oder dunkelbraun sind?

Nein, sie sind einfach Hunde. Verschiedene Farben derselben Spezies. Und sie wissen es.

Wir sind genauso. Verschiedene Farben derselben Spezies. Wir haben nur vergessen, uns so zu verhalten, als wüssten wir es.

Das Grenzübertritts-Paradoxon

Damals in meiner Heimatstadt lebte ich zwei Stunden von der Grenze entfernt. Ich fuhr regelmäßig nach Norden, nach Texas.

Dieselbe Person. Dasselbe Auto. Dieselbe Reise. Aber plötzlich hatte ich ein neues Etikett, als ich die Grenze überquerte.

In Monterrey war ich einfach ein Mensch. In Texas war ich ein PoC — eine „Person of Color", ein in den Vereinigten Staaten verwendeter Begriff, um jeden zu kategorisieren, der nicht weiß ist. Ich bin Teil einer Minderheit. Latino. Hispanoamerikaner. Etiketten, die zwei Stunden weiter südlich für mich nicht existierten.

Nichts an mir hat sich geändert. Ich bin immer noch ich, im selben Auto, auf derselben Autobahn. Aber die Etiketten änderten sich ständig, je nachdem, wo ich war und wer die Etikettierung vornahm.

Aber die Trennungen sind nicht real. Sie sind nur Linien, die wir auf Karten gezeichnet und dann so getan haben, als würden sie definieren, wer die Menschen sind.

Ich habe keine Grenze überquert und wurde zu einer anderen Spezies. Ich habe mich nicht plötzlich in eine andere Art von Mensch verwandelt. Ich war dieselbe Person wie vor zwei Stunden, fuhr dieselbe Strecke, mit demselben Ziel.

Die Trennung wurde erfunden. Und wenn sie erfunden wurde, kann sie auch wieder abgeschafft werden.

Die Doppelgänger-Wahrheit

Wir sind eine Spezies. Verschiedene Ausprägungen desselben Bauplans, ja. Aber hier ist etwas Interessantes: Bei einer begrenzten Anzahl von Merkmalen und 120 Milliarden Menschen, die je existiert haben, sind Doppelgänger nicht nur möglich — sie sind gewissermaßen zu erwarten.

Denk mal darüber nach. Augenabstand, Nasenform, Wangenknochenstruktur, Kieferlinie, Haarstruktur — es gibt viele mögliche Kombinationen, aber es ist immer noch eine endliche Zahl. Wenn man 120 Milliarden Versionen der Spezies hat, die diese Kombinationen durchlaufen, ist die Wahrscheinlichkeit hoch, dass sich bestimmte Merkmalskombinationen wiederholen.

Wir zeigen auf sie, weil sie so seltsam aussehen — als wäre eine Person von vor 200 Jahren einfach wiedergeboren worden —, aber mathematisch gesehen ist es fast unvermeidlich.

Vielleicht hast du diese Fotos gesehen: Berühmtheiten, die identisch aussehen wie historische Persönlichkeiten von vor Jahrzehnten oder Jahrhunderten. Enzo Ferrari und Mesut Özil, durch Jahrzehnte getrennt, praktisch Zwillinge. Schauspieler, die genauso aussehen wie

Menschen auf alten Fotografien. Fremde im Internet, die Geschwister sein könnten, sich aber nie getroffen haben.

Wir tun überrascht darüber. „Wow, die sehen sich so ähnlich!"

Aber warum sind wir überrascht? Wir sind alle mit den gleichen grundlegenden Merkmalen geschaffen, nur in unterschiedlichen Anteilen gemischt.

Hunde sehen identisch aus, ohne verwandt zu sein. Dasselbe bei Katzen. Dasselbe wie bei jeder Spezies mit einer großen Population. Begrenzte Kombinationen mit endlichen Merkmalen bedeuten, dass es Wiederholungen geben wird.

Wir sind nicht so verschieden voneinander. Das waren wir nie. Wir sind alle Variationen desselben Themas, nach demselben Bauplan gebaut, fahren die gleichen Arten von Fahrzeugen auf derselben Autobahn.

Die Trennungen, die wir sehen? Uns wurde beigebracht, sie zu sehen. Sie sind nicht in der Realität verankert. Sie sind in der Art und Weise verankert, wie wir gelernt haben, die Realität zu betrachten.

Unterschiedliche Zustände, dieselbe Spezies

Manche Menschen sind extrovertiert. Manche sind introvertiert. Manche sind hetero. Manche sind schwul. Manche sind Linkshänder. Manche sind autistisch. Manche sind groß. Manche sind klein. Manche sind laut. Manche sind leise.

Unterschiedliche Zustände. Unterschiedliche Vorlieben. Unterschiedliche Seinsweisen.

Dieselben Spezies. Dieselbe Autobahn. Dasselbe Recht, ihre eigene Route zu fahren.

Menschen dabei zu unterstützen, ihr Leben mit Freude und Authentizität zu leben, sollte nicht politisch oder umstritten sein: Es ist einfach menschlich. Wir sind hier, um anderen den gleichen Raum zu geben, den wir für uns selbst wollen.

Wenn jemand, der tausend Kilometer entfernt ist, an eine andere Religion glaubt als du und das ihn glücklich macht, wie beeinflusst das dein Leben? Warum solltest du ihn zwingen wollen, an dieselbe Religion zu glauben wie du? Wenn jemand sein Geschlecht anders ausdrückt, als du deines ausdrückst, wie verändert das deine Route? Wenn das Gehirn von jemandem anders funktioniert als deines, die Welt anders verarbeitet, Freude an anderen Dingen findet — wie beeinflusst das, wohin du fährst?

Gar nicht.

Sie fahren ihr Fahrzeug. Du fährst deines. Ihr seid beide auf derselben Autobahn, auf dem Weg zu verschiedenen Zielen, lebt unterschiedliche Leben, die sich eigentlich nicht überschneiden, außer auf der gemeinsamen Straße unter euch.

Und wenn du dir Sorgen machst, dass dein Kind etwas von einem anderen Auto lernen könnte — etwas, das du nicht willst, dass es lernt — dann fang in deinem eigenen Auto an. Sei du das Vorbild. Sei der Fahrer, dem es zusieht. Dein Kind sitzt in deinem Fahrzeug und sieht, wie du navigierst, wie du andere Fahrer behandelst, wie du auf Unterschiede auf der Autobahn reagierst.

Es lernt von deiner Fahrweise, nicht von den vorbeifahrenden Autos.

Die Trennung — der Glaube, dass ihre andere Route deine irgendwie bedroht oder schmälert — das ist etwas, das dir deine Heimatstadt beigebracht hat. Das ist etwas, das du in deinem Kofferraum mit dir herumgetragen hast, das Platz wegnimmt, Gewicht hinzufügt und deine Fahrt schwerer macht, als sie sein müsste.

Das kannst du jetzt auspacken.

Die Autobahn diskriminiert nicht

Die Autobahn bietet allen Fahrzeugen Platz, weil sie sich nicht für eure Unterschiede interessiert. Sie ist nur eine Straße. Sie trägt das Gewicht von Limousinen und Sattelschleppern auf die gleiche Weise. Sie lässt Motorräder schnell und Wohnmobile langsam fahren, ohne eines von beiden zu verurteilen.

Die Autobahn funktioniert, weil sie für Vielfalt ausgelegt ist, nicht für Einheitlichkeit.

Stell dir vor, die Autobahn würde nur einen Fahrzeugtyp zulassen. Nur Limousinen erlaubt. Wenn du einen LKW fährst? Pech gehabt, such dir eine andere Route. Motorrad? Hier nicht willkommen. Elektroauto? Wir unterstützen nur Benzinmotoren.

Das wäre absurd. Die Autobahn wäre leer. Die Hälfte der Fahrzeuge würde auf Nebenstraßen stehen, unfähig, dorthin zu gelangen, wohin sie müssen, weil die Straße entschieden hat, dass ihre Unterschiede sie disqualifizieren.

Das ist es, was Trennung bewirkt. Sie nimmt eine Autobahn, die für jedermann ausgelegt ist, und verwandelt sie in eine eingeschränkte Strecke, auf der nur bestimmte Fahrzeuge „erlaubt" sind. Nicht, weil diese Fahrzeuge von Natur aus besser sind. Sondern nur, weil jemand beschlossen hat, willkürliche Linien zu ziehen, wer dazugehört.

Der Autobahn ist es egal, was du fährst. Ihr ist nur wichtig, dass du sicher unterwegs bist, die Straße teilst und nicht versuchst, andere Fahrzeuge von der Bahn zu drängen, nur weil sie anders aussehen als deines.

Vielleicht ist das Auto, über das du gerade urteilst, weil es anders aussieht, genau das, das anhalten würde, um dir meilenweit voraus zu helfen, wenn du einen Platten hast. Vielleicht steckst du gerade im Stau, umgeben von Fahrzeugen, aber dieses Auto wäre das einzige in deiner Nähe auf einem Autobahnabschnitt weit weg von der Stadt. Dann wird es dich entdecken, und du wirst derjenige sein, der um Hilfe ruft.

Wenn dein Auto also eine Panne hat und eine Benzin-„Transfusion" braucht, wirst du keine Hilfe ablehnen, nur weil das Fahrgestell des anderen Fahrers nicht zu deinem passt oder weil in seinem Radio Lady Gaga läuft. Du brauchst einfach nur das, was dich auf der Straße am Leben hält.

Die Nähe-Perspektive

Simon Sinek, einer meiner Lieblingsautoren, berühmt für sein Buch *Start With Why*, und ein Verfechter der *Infinite Game*-Denkweise — auf der dieses Buch gedeiht und aufbaut —, erzählt eine Geschichte darüber, wie Nähe Verbundenheit beeinflusst. Lass es mich so formulieren:

Dein Nachbar. Der, der auf der anderen Straßenseite wohnt.

Wenn du ihn in deiner Straße siehst, winkst du ihm vielleicht zu. Vielleicht auch nicht. Kommt auf den Tag an. Er ist nur eine weitere Person in deiner Nachbarschaft.

Wenn du denselben Nachbarn in einer anderen Stadt siehst — völlig unerwartet —, bleibst du stehen. „Hey! Was machst du denn hier?" Ihr unterhaltet euch ein paar Minuten. Tauscht Nettigkeiten aus. Dann geht ihr beide wieder eurer Wege.

Wenn du ihn in einem anderen Land siehst, heilige Scheiße! An einem Ort, an dem eine andere Sprache gesprochen wird? Wo sich alles fremd anfühlt? Du WIRST auf ihn zugehen. Ihr werdet lange reden. Ihr macht Pläne. Du hast ein bekanntes Gesicht gefunden (bekannt im Sinne von jetzt ist er wie Familie, was?), jemanden, der deine Sprache spricht.

Stell dir jetzt vor, du bist Astronaut. Du wirst zur Internationalen Raumstation geschickt. Als du ankommst, siehst du dort deinen Nachbarn. Nicht dein Ernst!

Plötzlich wird er zum wichtigsten Menschen in deinem Leben.

Derselbe Typ, dem du auf der anderen Straßenseite nicht einmal zuwinken würdest? Dort oben, Millionen von Kilometern von der Erde entfernt, ist er der wichtigste Mensch in deinem Leben. Ihr schwebt beide zusammen im Weltraum. Der Kontext macht ihn zu deinem Bruder.

Jetzt geh noch einen Schritt weiter: Stell dir die Person vor, die du hasst. Die, die für die gegnerische Mannschaft jubelt. Die mit den komplett entgegengesetzten politischen Ansichten. Die, der du bei Familienfeiern aus dem Weg gehst.

Wenn ihr beide für eine Mission auf der ISS eingeteilt würdet, würdet ihr dann nicht eure Differenzen beiseitelegen?

Dort oben seid ihr keine Gegner. Ihr seid die ähnlichsten Spezies weit und breit. Nicht die unterschiedlichsten — die ähnlichsten. Denn alle anderen sind Millionen von Kilometern entfernt auf der Erde.

Je weiter du entfernt bist, desto mehr zählt die Gemeinsamkeit. Je näher du deiner Heimat bist, desto leichter ist es, sich auf die Unterschiede zu konzentrieren.

Wenn du in deiner Nachbarschaft bist, umgeben von Vertrautem, fühlen sich Spaltungen wichtig an. Aber versetz dich weit weg — in ein anderes Land, auf eine Raumstation, Millionen von Kilometern von der Erde entfernt — und plötzlich verschwinden diese Spaltungen. Du siehst nur noch Menschen. Mitmenschen. Fahrer auf derselben Autobahn.

Wann Etiketten von Bedeutung sind

Im 19. Jahrhundert galt Linkshändigkeit als Hexerei. Zauberei. Als etwas, das mit einem nicht stimmte. Manche Eltern banden die linke Hand ihrer Kinder auf den Rücken, um sie zu zwingen, die rechte Hand zu benutzen. Schulen bestraften Kinder dafür, dass sie mit der „falschen" Hand schrieben.

Heute? Es ist niemandem wichtig, ob du Links- oder Rechtshänder bist.

Das Etikett ist nur in bestimmten Kontexten von Bedeutung. Wenn du ein Football-Trainer bist, der versucht, die ungedeckte Seite deines Quarterbacks zu schützen, ist es wichtig zu wissen, ob er Links- oder Rechtshänder ist. In diesem Kontext ergibt dieses Etikett Sinn.

Aber im Alltag? Ist es irrelevant. Man sieht keine Prominenten, die verkünden: „Hallo zusammen, ich habe die Medien heute für diese besondere Ankündigung versammelt, ich möchte euch wissen lassen — ich bin Linkshänder!" Man sieht keine Nachrichten darüber, dass sich jemand als Linkshänder „outet".

Dasselbe Prinzip gilt für alles, was wir als Spaltung behandeln: sexuelle Orientierung, Geschlechtsidentität, Religion, Neurodivergenz, kultureller Hintergrund. Die Etiketten mögen in bestimmten Kontexten von Bedeutung sein — medizinischen, sozialen, rechtlichen —, in denen sie anerkannt und geschützt werden müssen.

Aber für den alltäglichen Umgang? Dafür, ob jemand Respekt, Würde und Raum verdient, um seine eigene Route zu fahren? Da sind die Etiketten so irrelevant wie Linkshänder zu sein.

Die drei Schritte

Ich denke, der Weg zu wahrer Nicht-Spaltung (alias Inklusion) folgt diesen Schritten:

1. Bewusstsein: Erkennen, dass Unterschiede existieren und normal sind. Das hat bei Linkshändern seit dem 19. Jahrhundert funktioniert. Verstehen, dass Neurodiversität existiert. Dass Menschen unterschiedliche Orientierungen haben. Dass über 8 Milliarden Menschen über 8 Milliarden verschiedene Ausdrucksformen des Menschseins bedeuten.
2. Akzeptanz: Verstehen, warum jemand anders sein könnte — warum er andere Geschmäcker hat, warum er Ruhe braucht, warum er stark auf Veränderungen reagiert, warum er sich anders ausdrückt — und sich anpassen, um inklusiver zu sein. Nicht nur tolerieren, sondern tatsächlich Raum schaffen.
3. Gleichgültigkeit (die positive Art): Einen Punkt erreichen, an dem diese Unterschiede nur eine weitere natürliche menschliche Variation sind. So wie Linkshänder zu sein es heute ist. Nichts, was man kommentieren, feiern oder kritisieren muss. Einfach ... ein Teil dessen, wie Menschen sind.

Wir können Schritt 2 nicht erzwingen. Wir können Menschen nicht dazu bringen, das zu akzeptieren, wofür sie nicht bereit sind. Aber wir können absolut für Schritt 1 eintreten — das Bewusstsein. Wir können darauf hinweisen, dass wir alle auf derselben Autobahn unterwegs sind, unterschiedliche Fahrzeuge fahren und dass Autobahnen eben so funktionieren.

Und wenn genug Menschen ein Bewusstsein entwickeln? Folgt die Akzeptanz. Und Gleichgültigkeit — die Art, bei der es niemanden interessiert, wen du liebst oder wie du denkst oder was dich anders macht, weil wir alle nur Menschen sind, die versuchen, irgendwo anzukommen — wird zur natürlichen Konsequenz. Der Kreis schließt sich. Von „anders" zurück zu „einfach nur Menschen".

Die 8 Milliarden Realitäten

Wenn du ein Verfechter von Etiketten bist, wenn du jedem anderen

Menschen ein Etikett aufkleben musst, um ihn richtig zu kategorisieren, wirst du am Ende 8 Milliarden Etiketten haben.

Denn jeder Mensch ist ein anderer Mensch.

Nicht einmal eineiige Zwillinge sind dieselbe Person. Sie sind der lebende Beweis dafür, dass man exakt gleich aussehen und innerlich trotzdem zwei völlig verschiedene Menschen sein kann. Oft sind sie Gegensätze in Bezug auf Verhalten, Vorlieben und Persönlichkeiten.

Jeder ist anders. Warum wollen wir also immer, dass alle gleich sind?

Warum wollen wir, dass alle gleich denken? Dass sie dieselben politischen Überzeugungen haben wie wir? Dieselben religiösen Ansichten? Dass sie dieselben Dinge mögen, dieselben Filme schauen, in denselben Tempel zum Beten gehen — oder agnostisch sind wie wir?

Warum erwarten wir von allen, dass sie die gleichen Fähigkeiten, die gleiche Mentalität, die gleiche Herangehensweise an das Leben haben?

Wir sind über 8 Milliarden verschiedene (lebende) Ausdrucksformen derselben Spezies. Verschiedene Fahrzeuge auf derselben Autobahn. Und doch wenden wir so viel Energie auf, um zu versuchen, alle in dieselbe Kategorie, dieselbe Spur, auf dieselbe Route zu zwingen.

So funktionieren Autobahnen nicht. So funktionieren Spezies nicht.

Du darfst das loslassen

Spaltung mag sich wie etwas anfühlen, das du schützen musst. Etwas, das dich sicher hält. Etwas, das dir hilft, dich zurechtzufinden.

Aber schau dir an, was es tatsächlich bewirkt: Es macht dich misstrauisch gegenüber anderen Fahrern. Es lässt dich Bedrohungen sehen, wo keine sind. Es lässt dich Energie damit verschwenden, Menschen zu kategorisieren, anstatt einfach deine Route zu fahren. Es verwandelt jede Interaktion in eine Bewertung: Sind sie wie ich oder nicht wie ich? Kann ich ihnen vertrauen oder sollte ich mir Sorgen machen?

Das ist anstrengend. Das macht ängstlich. Das verbessert deine Fahrt nicht.

Du musst nicht mit jedem auskommen. Du musst nicht mit Leuten zusammen sein, die völlig anders denken als du. Sie fahren ihre Route. Du fährst deine. Die Autobahn bietet Platz für euch beide, ohne dass ihr zusammen fahren müsst.

Es gibt einen Grund, warum es mehrere Spuren gibt.

Du darfst das loslassen. Du darfst andere Fahrzeuge als einfach nur … andere Fahrzeuge sehen. Anders als deines, sicher. Aber sie teilen dieselbe Straße, versuchen irgendwo anzukommen und haben es mit demselben Verkehr, Wetter und denselben Baustellen zu tun wie du.

Keine Bedrohungen. Kein Wettbewerb. Nur andere Reisende auf derselben Autobahn.

Du musst die Spaltung nicht mehr mit dir herumtragen. Sie wurde dir in deiner Heimatstadt in die Hand gedrückt. Du hast sie meilenweit mitgeschleppt. Aber jetzt bist du an einer Raststätte. Du kannst sie hier lassen.

Nicht, weil du im Unrecht warst, sie zu haben. Nicht, weil du es hättest besser wissen sollen. Sondern weil du mit leichterem Gepäck reisen darfst. Denn die nächste Stadt, auf die du zusteuerst? Sie verlangt nicht, dass du Menschen in Kategorien einteilst, bevor du hineingelassen wirst.

Du kannst einfach fahren. Und andere Leute auch fahren lassen.

Was sich ändert, wenn du Spaltung verlernst

Wenn du diese Raststätte ohne diesen Koffer verlässt, ändert sich Folgendes:

Du hörst auf, „wir" gegen „die" zu sehen. Du siehst Menschen.

Du hörst auf, Fahrer nach ihrem Fahrzeugtyp zu kategorisieren. Du erkennst, dass sie auf Reisen sind, genau wie du.

Du fühlst dich nicht mehr von Unterschieden bedroht. Du siehst sie als einfach nur … verschiedene Ausdrucksformen derselben Sache.

Du hörst auf, Energie darauf zu verschwenden, zu überwachen, wer auf die Autobahn gehört. Du konzentrierst dich auf deine eigene Route, dein eigenes Ziel, deine eigene Fahrt.

Das ist nicht naiv. Das ignoriert keine echten Probleme. Das ist einfach nur die Entscheidung, die Realität klar zu sehen: Wir sind alle dieselbe Spezies, fahren auf derselben Autobahn und versuchen, an einen Ort zu gelangen, der uns wichtig ist.

Unterschiedliche Fahrzeuge. Unterschiedliche Routen. Unterschiedliche Ziele. Dasselbe Grundrecht, die Reise zu machen.

Es gibt keine Prüfung, die bewertet, wer die beste politische Ansicht oder Religion vertritt.

Es gibt nur die Autobahn, die jedes Fahrzeug aufnimmt, und deine Entscheidung, ob du mit der Last der Spaltung fährst oder mit der Leichtigkeit des Wissens, dass wir alle nur Menschen sind, die versuchen, irgendwo anzukommen.

Willkommen auf dieser Raststätte. Pack diesen Koffer aus. Lass die Spaltung zurück.

Und wenn du bereit bist, fahr weiter — in Richtung einer Stadt, in der jeder auf die Straße darf.

Kapitel 11

IHRE LANDKARTE IST NICHT DEINE

Du fährst nicht dieselbe Strecke wie alle anderen. Du bist nicht am selben Ort gestartet. Du bist nicht auf dem Weg zum selben Ziel. Dein Fahrzeug ist nicht dasselbe. Deine Mitfahrer sind nicht dieselben. Deine Rahmenbedingungen sind nicht dieselben.

Wenn dir also jemand sagt: „Wenn das bei mir funktioniert hat, solltest du das auch tun", dann gibt er dir in Wirklichkeit eine Wegbeschreibung von seinem Startpunkt zu seinem Ziel, in seinem Fahrzeug und unter seinen Bedingungen.

Das ist die Sache mit Ratschlägen — sie kommen immer mit einem unsichtbaren Kontext. Wie oft hast du schon Ratschläge gegeben? Wir teilen Diäten, Karrierewege, Erziehungsstrategien, Produktivitäts-Hacks und Beziehungstipps mit absoluter Gewissheit. Jemand findet etwas, das in seinem Leben funktioniert, und will es sofort teilen — aufrichtig, enthusiastisch und überzeugt, dass es die Antwort ist.

Und manchmal ist es das auch. Für sie. In ihrem Kontext. Mit ihrem Fahrzeug, auf ihren Straßen, mit ihren spezifischen Mitfahrern und Rahmenbedingungen.

Die Ratschlag-Falle besteht nicht darin, Ratschläge anzunehmen. Sie besteht darin, zu vergessen, dass jeder Ratschlag mit einem unsichtbaren Sternchen versehen ist: *hat in meiner spezifischen Situation funktioniert.

Der Ursprung, den du nicht sehen kannst

Wenn dir jemand einen Ratschlag gibt, teilt er eine Wegbeschreibung von seiner Heimatstadt zu seinem Ziel. Er kennt jedes Straßenschild, jedes Verkehrsmuster, jede Abkürzung. Was er nicht sehen kann, ist, dass du nicht von seiner Heimatstadt aus startest — du startest von deiner.

Sein Ratschlag ergibt vollkommen Sinn. Für jemanden, der von seinem Standort aus losfährt, mit seinem Fahrzeug, auf dem Weg dorthin, wohin er unterwegs ist.

Die Falle besteht darin, anzunehmen, dass seine Route von deinem Startpunkt aus funktionieren wird.

Denk an Wegbeschreibungen. Wenn dir jemand sagt: „Bieg an der großen Eiche zu deiner Rechten links ab", ist das nur hilfreich, wenn du aus derselben Richtung kommst wie er. Aus einem anderen Winkel siehst du die Eiche vielleicht gar nicht. Oder du siehst drei Eichen. Oder vielleicht wurde die Eiche letztes Jahr gefällt, aber er ist diese Strecke seitdem nicht mehr gefahren.

Seine Wegbeschreibung ist nicht falsch. Sie ist nur nicht universell.

Der Koffer voller fremdem Kontext

Jeder Ratschlag ist vollgepackt mit Kontext. Seine Arbeitssituation, seine Familienstruktur, seine Persönlichkeit, seine finanzielle Lage, seine Gesundheit, seine Werte, seine Ängste, seine Erfahrungen. All das ist für dich unsichtbar, eingebaut in seine Empfehlung wie ein Koffer, den du nicht sehen kannst.

Jemand sagt dir, du sollst um 5 Uhr morgens aufstehen, weil es sein Leben verändert hat. Was er nicht erwähnt: Er ist ein Morgenmensch, er hat keine Kinder, er geht um 21 Uhr ins Bett, er arbeitet von zu Hause aus und er liebt es, ruhige Zeit zu haben, bevor die Welt aufwacht. Er teilt sogar Videos seiner Morgenroutinen in den sozialen

Medien mit Zeitstempeln, die nicht die Zeit enthalten, die er gebraucht hat, um die Kamera einzurichten.

Du probierst es aus. Du bist eine Nachteule, du hast ein Kleinkind, das nachts zweimal aufwacht, dein Arbeitsweg beginnt um 7 Uhr morgens und du denkst am besten nach 22 Uhr.

Sein Ratschlag war echt. Dein Kontext ist anders. Der Ratschlag lässt sich nicht übertragen.

Jemand empfiehlt dir, deinen Job zu kündigen und deiner Leidenschaft zu folgen, so wie er es getan hat. Was bei diesem Ratschlag unsichtbar ist: Er hatte Ersparnisse für sechs Monate, einen unterstützenden Partner mit stabilem Einkommen, keine Kinder, eine gute Krankenversicherung über seinen Ehepartner und eine gefragte Fähigkeit, die er bereits an den Wochenenden ausgebaut hatte.

Du hast die Miete für drei Monate gespart, bist der Hauptverdiener, hast zwei unterhaltsberechtigte Personen und deine Leidenschaft ist etwas, bei dem es Jahre dauert, es zu Geld zu machen.

Sein Ratschlag war in seiner Situation nicht falsch. Für deine könnte er katastrophal sein.

Die Erkenntnis an der Raststätte

Untersuche die Ratschläge, die du mit dir herumgetragen hast. Nicht, um sie abzulehnen, sondern um zu verstehen, woher sie kamen.

Dieses Produktivitätssystem, das dir ein schlechtes Gewissen macht, weil du es nicht durchhalten kannst? Es wurde von jemandem mit einem anderen Energieniveau, anderen Verantwortlichkeiten und einer anderen Gehirnchemie als deiner entwickelt.

Dieser Beziehungsratschlag, der nie zu funktionieren scheint? Er kam von jemandem in einer anderen Art von Beziehung, mit anderen Kommunikationsstilen, anderen Vorgeschichten, anderen Bedürfnissen.

Diese Erziehungsstrategie, die dir das Gefühl gibt, zu versagen? Sie wurde von jemandem mit anderen Kindern, anderen Ressourcen und anderen Unterstützungssystemen geschrieben.

Nichts davon macht den Ratschlag schlecht. Es macht den Ratschlag kontextabhängig.

Das Disney-Reise-Gedankenexperiment

Jemand beobachtet und kritisiert eine Familie, weil sie bei Disney einen starren Zeitplan hat — jede Fahrt geplant, jede Mahlzeit getaktet, jeder Fotospot auf der Karte markiert. „Die sind viel zu gestresst! Sie sollten sich einfach entspannen und es genießen!"

Aber was dieser Kritiker nicht sehen kann: Vielleicht hat diese Familie jahrelang für diese Reise gespart. Vielleicht ist das ihre einzige Chance, dorthin zu fahren. Vielleicht bedeutet ein Plan, dass sie tatsächlich alles erleben, wofür sie gespart haben, anstatt überfordert umherzuirren. Vielleicht genießen die Eltern das Planen wirklich — diese Organisation ist für sie kein Stress. So haben sie Spaß.

Der Ratschlag des Kritikers („entspannt euch einfach!") stammt aus seinem Kontext: Vielleicht wohnt er nah genug, um regelmäßig dorthin zu fahren, vielleicht hat er Jahreskarten, vielleicht ist Spontaneität die Art, wie er Dinge genießt.

Keiner der Ansätze ist falsch. Es sind verschiedene Fahrzeuge auf unterschiedlichen Reisen.

Die Ratschlag-Falle besteht darin zu denken, dass deine Art, Disney (oder irgendetwas anderes) zu erleben, für jeden funktionieren sollte.

Was „Spaß" wirklich bedeutet

Frag zehn Leute, wie ein „lustiges Wochenende" aussieht, und du wirst zehn völlig unterschiedliche Antworten bekommen:

Jemand, der von zu Hause aus arbeitet, möchte sich vielleicht schick machen und irgendwohin gehen, wo es laut und gesellig ist.

Jemand, der im Einzelhandel arbeitet, möchte vielleicht im Schlafanzug zu Hause bleiben und absolut niemanden sehen.

Jemand, der den ganzen Tag am Schreibtisch sitzt, möchte vielleicht wandern gehen.

Jemand, der die ganze Woche auf den Beinen ist, möchte vielleicht auf der Couch liegen und eine Serie bingen.

Wenn einer dieser Leute sagt: „Du solltest das mal ausprobieren, das macht so viel Spaß!" — meinen sie, es macht Spaß für jemanden mit ihrer Energie, ihren Vorlieben, ihrem Kontext. Sie liegen nicht falsch. Sie sind kontextabhängig.

Die Falle besteht darin, „du solltest" als universelles Rezept zu hören anstatt als „das hat von meinem Startpunkt aus funktioniert".

Hör auf, dem Navi eines anderen zu folgen

Dein Navi ist auf DEIN Ziel programmiert. Nicht auf ihres.

Jemand sagt dir: „Du musst mehr netzwerken, um in deiner Karriere voranzukommen." Das mag stimmen, wenn du im Vertrieb bist, wenn du extrovertiert bist, wenn du in einer Branche arbeitest, in der Beziehungen die Chancen bestimmen.

Es mag aber auch völlig falsch sein, wenn du in einem Bereich tätig bist, in dem deine Arbeit für sich selbst spricht, wenn du etwas aufbaust, das Jahre konzentrierter Einzelarbeit erfordert, wenn du durch Expertise statt durch Verbindungen vorankommst.

Ihr Navi lügt nicht. Es ist nur nicht für deine Route kalibriert.

Jemand sagt: „Du musst 20 % deines Einkommens sparen." Das ist ein solider Ratschlag, wenn du genug verdienst, dass 20 % möglich sind, wenn du keine Schulden hast, die dich erdrücken, wenn du keine Unterhaltsberechtigten hast, die von dir abhängig sind, wenn du keine Krankheitskosten hast, die dein Gehalt auffressen.

Es ist ein nutzloser Ratschlag, wenn du kaum deine Miete decken kannst.

Der Ratschlag an sich ist nicht schlecht. Der Kontext ist alles.

Vorbilder vs. Nachahmung

Du kannst zusehen, wie jemand anderes fährt, und dich inspirieren lassen. Du kannst seine Technik, seine Gelassenheit, seine Effizienz bemerken. Du kannst vom Zusehen lernen.

Was du nicht tun kannst, ist, seine exakte Route nachzufahren, wenn du von einem anderen Ort aus startest.

Vorbilder funktionieren, wenn du die Prinzipien übernimmst und sie an deinen Kontext anpasst. Nachahmung scheitert, wenn du versuchst, die exakten Züge aus seinem Kontext in deinen zu kopieren.

Jemand hat ein erfolgreiches Unternehmen aufgebaut, indem er 80-Stunden-Wochen gearbeitet hat. Er gibt niemals auf. Du kannst sein Engagement bewundern, ohne deine Gesundheit zu ruinieren, indem du versuchst, seinen Zeitplan einzuhalten, wenn du andere Energie, andere familiäre Bedürfnisse, andere Lebensphasen hast.

Jemand hat etwas durch aggressives Netzwerken und ständiges Ackern erreicht. Du kannst seinen Ansatz respektieren, ohne dich in einen Stil zu zwingen, der dich auslaugt, wenn Vertiefungsarbeit und sorgfältiges Nachdenken deine eigentliche Stärke sind.

Suche nach Inspiration, nicht nach Nachahmung. Nimm, was bei dir ankommt, und lass zurück, was nicht passt.

Dir wurde beigebracht, dass erfolgreiche Menschen früh aufstehen, also solltest du das auch tun. Dir wurde beigebracht, dass du ständig ackern musst, also fühlst du dich schuldig, wenn du dich ausruhst. Dir wurde beigebracht, dass es einen richtigen Weg gibt, Kinder zu erziehen, Geld zu verwalten, deine Karriere voranzutreiben.

All diese Ratschläge stammten aus dem Kontext von jemandem. Einiges davon mag auf deinen übertragbar sein. Das meiste wird es nicht sein, zumindest nicht exakt.

Die Falle besteht darin, kontextspezifische Ratschläge als universelles Gesetz zu behandeln.

Ja, einschließlich dieses Buches

Alles in diesem Buch — jede Metapher, jeder Vorschlag, jede Beobachtung — stammt aus meinem Kontext. Meinem Fahrzeug, meinen Straßen, meinen Mitfahrern.

Etwas mag für deine Situation nachvollziehbar sein. Etwas mag überhaupt nicht zutreffen. Etwas muss vielleicht erheblich angepasst werden, um für deinen Weg zur Arbeit zu funktionieren.

Das sind keine Ratschläge. Es ist eine Perspektive. Es ist, wie die Dinge von dort aussehen, wo ich fahre, mit dem Verständnis, dass du von woanders fährst.

Wenn die Fahrmetapher dir hilft, anders über deine Reise nachzudenken — nimm sie mit. Wenn sie sich gezwungen anfühlt oder nicht zu deiner Sicht auf dein Leben passt — vergiss sie.

Die Falle wäre, wenn ich dir sagen würde: „Das hat bei mir funktioniert, also solltest du es auch tun." Die eigentliche Botschaft ist: „Das ist, was ich von meinem Sitz aus sehe. Nimm, was von deinem aus Sinn ergibt."

Wenn du dir deine eigene Einfahrt vorstellst

Jemand fragt in einer Reddit-Community, der du wegen deines Autos angehörst: „Habe gerade dasselbe Automodell gekauft, das ihr alle fahrt — irgendwelche Tipps zum Umgang damit?"

Du tippst einen Ratschlag, der auf deiner Erfahrung basiert: Achte in Parkhäusern auf den engen Wendekreis. Der tote Winkel auf der Beifahrerseite braucht besondere Aufmerksamkeit. Halte es auf der Autobahn im Sportmodus für eine bessere Reaktion.

Alles wirklich hilfreich. Für jemanden, der deine Strecken fährt.

Aber was du nicht sehen kannst: Er lebt auf einem Bauernhof mitten im Nirgendwo. Keine Parkhäuser. Kein Pendeln auf der Autobahn. Seine „Toter-Winkel-Sorgen" betreffen Vieh, nicht Spurwechsel. Dein Sportmodus-Ratschlag ist nutzlos, wenn er mit 25 km/h über Feldwege navigiert.

Du lagst nicht falsch. Du warst kontextabhängig.

Das passiert ständig.

Karrieretipps von jemandem, der in sein Feld eintrat, als es Jobs im Überfluss gab und die Ausbildung erschwinglich war — angewendet auf jemanden, der jetzt in dasselbe Feld eintritt, wo die Landschaft völlig anders ist.

Beziehungsratschläge von jemandem, der seinen Partner mit 22 kennengelernt hat — gegeben an jemanden, der mit 42 eine Beziehung mit völlig anderer Lebenserfahrung aufbaut.

Erziehungstipps von jemandem, der Kinder großgezogen hat, bevor es Smartphones gab — angewendet auf jemanden, der die digitale Kindheit navigiert.

Finanzratschläge von jemandem, der sein erstes Haus kaufte, als es das Dreifache eines Jahresgehalts kostete — gegeben an jemanden, für den es das Zehnfache eines Jahresgehalts kostet.

Der Ratschlag war echt. Der Kontext war anders. Deine Tipps für das Fahren in der Stadt helfen niemandem auf einem Bauernhof.

Was Ratschläge wirklich bedeuten

Wenn jemand sagt: „Wenn das bei mir funktioniert hat, solltest du das auch tun", dann meint er eigentlich:

„Das hat in meinem Fahrzeug funktioniert, auf meinen Straßen, mit meinen Mitfahrern, unter meinen Rahmenbedingungen, mit meiner Persönlichkeit, in meiner Lebensphase, unter meinen Umständen."

Sie sagen das nur nicht alles, weil sie es nicht sehen können. Ihr Kontext ist wie das Wasser für einen Fisch — er ist überall, also ist er unsichtbar.

Deine Aufgabe ist es nicht, ihre Ratschläge abzulehnen. Deine Aufgabe ist es, sie zu übersetzen.

Frag dich selbst:

Was war ihr Startpunkt?

Was ist mein Startpunkt?

Unter welchen Rahmenbedingungen haben sie gehandelt?

Mit welchen Rahmenbedingungen arbeite ich?

Was hat für sie in ihrem Kontext funktioniert?

Wie würde dieses Prinzip in meinem Kontext aussehen?

Manchmal lautet die Antwort: „Das lässt sich direkt übersetzen — das kann ich verwenden."

Manchmal ist es: „Das trifft überhaupt nicht auf meine Situation zu."

Meistens ist es: „Ich kann das Prinzip übernehmen und es an meine Route anpassen."

Die Erlaubnis, von der du nicht wusstest, dass du sie brauchst

Du hast die Erlaubnis, die Teile von Ratschlägen anzunehmen, die bei dir ankommen, und die Teile wegzulassen, die es nicht tun.

Du hast die Erlaubnis, das, was für sie funktioniert, in etwas anderes umzuwandeln, das für dich funktioniert.

Du hast die Erlaubnis zu sagen: „Das ist toll, dass das bei dir funktioniert hat, aber mein Kontext ist anders." Loyalität gegenüber dem Ratschlag eines anderen wird dir nicht helfen, wenn dieser Ratschlag nicht zu deinem Kontext passt.

Du hast die Erlaubnis, den Ratschlag von jemandem — sogar von einem engen Freund — anzunehmen und ihn an deine Situation anzupassen. Und wenn sie es bemerken und empfindlich reagieren: „Hey, du hast meinen Ratschlag nicht befolgt!", hast du die Erlaubnis zu sagen: „Doch, habe ich. Ich habe ihn an meinen Kontext angepasst. Es ist absolut dein Rezept, nur auf meine Küche abgestimmt."

Du hast die Erlaubnis, aufzuhören, dich schuldig zu fühlen, weil du Ratschläge nicht befolgst, die nicht zu deiner Situation passen.

Du hast die Erlaubnis, aufzuhören, deine Route mit der eines anderen zu vergleichen, wenn ihr von verschiedenen Orten startet.

Die Ratschlag-Falle besteht darin zu denken, dass, wenn etwas bei ihnen funktioniert hat, es bei dir genauso funktionieren sollte, wie sie es gemacht haben.

Der Ausweg aus dieser Falle ist das Verständnis, dass alle Ratschläge kontextabhängig sind — und deine Aufgabe ist es, sie durch deine Realität zu filtern, nicht deine Realität zu zwingen, sich ihrem Ratschlag anzupassen.

Nimm, was sich übersetzen lässt. Passe an, was nahe dran ist. Lass zurück, was nicht passt. Die Zeit ist gekommen, dem Navi eines anderen nicht mehr zu folgen.

Es gibt keine Prüfung, die bewertet, ob du den Ratschlag von jemandem korrekt befolgt hast.

Es gibt nur deinen Kontext, deine Rahmenbedingungen und die Frage, ob du eine Route fährst, die für deine Reise tatsächlich Sinn ergibt.

Kapitel 12

JEDE ABBIEGUNG HAT DICH HIERHER GEBRACHT

Von allen Abbiegungen, die du hättest nehmen können, hast du die genommen, die dich hierher gebracht haben.

Jede Kreuzung. Jede Entscheidung, welche Spur du nimmst, welche Ausfahrt du wählst, welcher Route du folgst. Du hast Tausende von ihnen getroffen. Und jede einzelne hat dich an genau diesen Ort gebracht, wo du genau diesen Satz liest, in genau dieser Version deines Lebens.

Du kannst nicht Strg+Z drücken, um zurückzugehen und eine andere Route zu fahren. Diese anderen Routen gibt es nicht mehr. Sie mögen in einem Paralleluniversum existieren, in dem eine andere Version von dir andere Entscheidungen getroffen hat. Aber das ist nicht dein Universum. Das ist nicht deine Reise.

Das hier ist sie.

Hier kommt der Paradigmenwechsel: Es gibt nichts zu bereuen. Nicht, weil du Bedauern „loslassen" oder dir für vergangene Entscheidungen „verzeihen" solltest. Sondern weil das Konzept des Bedauerns auf dein Leben überhaupt nicht zutreffen sollte.

Es gab keine falschen Abbiegungen. Es gab nur die Abbiegungen, die dich hierher gebracht haben, lebendig, jetzt.

Das könnte das Schwerste sein, was du bisher verlernen musst. Das hat es in sich. Etwas zu bereuen fühlt sich so gerechtfertigt an. So verdient. So offensichtlich.

Du hast Wege eingeschlagen, die du „nicht hättest" nehmen sollen. Du hast Entscheidungen getroffen, die zu Schmerz geführt haben. Du hast Zeit damit verschwendet, in die „falsche" Richtung zu gehen. Wie kann es da nichts zu bereuen geben?

Ganz einfach, diese Wege waren nicht falsch. Sie waren die einzigen Wege, die dazu geführt haben, dass du jetzt hier bist. Und „jetzt hier" bedeutet, dass du die Kriterien hast, die du jetzt hast. Die Reife. Die Weisheit. Die Kilometer auf deinem Tacho.

Das ist nicht nichts. Das ist alles.

Der Baum, der deinen Weg zeigt

Stell dir einen Baum vor. Einen riesigen Baum mit Tausenden von Ästen, die sich in alle Richtungen ausbreiten.

Unten ist der Stamm — dein Ursprung, wo du angefangen hast.

Oben auf einem bestimmten Ast gibt es eine schwarze Legende, auf der steht: „Du bist hier!"

Eine dicke Linie zeichnet einen durchgehenden Pfad vom Stamm bis dorthin, wo du jetzt bist. Eine Route durch Tausende von möglichen Ästen. Ein Weg, der dich zu diesem Moment gebracht hat.

Sieh dir all die anderen Äste an. Tausende von ihnen. Jeder steht für eine Entscheidung, die du nicht getroffen hast. Ein anderer Weg, den eine andere Version von dir vielleicht eingeschlagen hätte.

Diese Äste sind real. Sie existieren auf dem Baum. Aber sie sind nicht DEINE Äste. Sie sind nicht Teil deines Weges.

Dein Weg ist die schwarze Linie. Eine durchgehende Route vom Stamm bis zur Spitze. Jede Biegung, jede Kreuzung, jede Entscheidung — sie alle sind Teil dieser einzigen Linie.

Du kannst dir die anderen Äste ansehen und „was wäre wenn" denken. Du kannst dir vorstellen, was passiert wäre, wenn du vor fünf, zehn oder zwanzig Jahren einen anderen Weg eingeschlagen hättest.

Du kannst nicht auf einem anderen Ast sein und trotzdem du selbst sein.

Denn du bist die schwarze Linie. Du bist die Summe aller Entscheidungen, die diesen speziellen Pfad durch den Baum geschaffen haben.

Hättest du dich an irgendeinem Punkt anders entschieden, wärst du nicht mehr du. Du wärst eine andere Version. Lebend auf einem anderen Ast. Mit einem anderen Weg. Einem anderen Leben.

Kein besseres Leben. Kein schlechteres Leben. Nur anders. Unergründlich.

Die einzige Version, die existiert

In der Quantenphysik gibt es dieses Konzept, dass jede Entscheidung ein sich verzweigendes Universum erschafft. Du hast dich für links entschieden, und irgendwo existiert ein Paralleluniversum, in dem du dich für rechts entschieden hast. Beide Versionen von dir existieren und leben unterschiedliche Leben.

Das ist ein faszinierendes Gedankenexperiment in der Physik.

Für dein tatsächliches Leben (diese Version, die, die dieses Buch liest) ist es völlig irrelevant.

Denn du lebst nicht in mehreren Universen. Du lebst in diesem einen. Auf diesem Ast. Dieser schwarzen Linie folgend.

Diese andere Version von dir, die links statt rechts abgebogen ist? Die den Job angenommen hat, anstatt ihn abzulehnen? Die geblieben ist, anstatt zu gehen?

Sie existiert nicht in deiner Realität. Sie existiert in der Theorie. In der Vorstellung. In den „Was wäre wenn"-Szenarien, die du um 2 Uhr nachts durchspielst, wenn du nicht schlafen kannst.

Du existierst hier. Jetzt. Auf diesem Ast.

Und dieser Ast ist der einzige, der zählt, denn er ist der einzige, der für dich real ist.

Dieselbe Strecke, niemals dieselbe Fahrt

Denk an eine Autoreise, die du schon mehrmals gemacht hast. Gleicher Startpunkt. Gleiches Ziel. Gleiche Autobahn.

Sie ist nie identisch.

Diesmal entscheidest du dich, bei Kilometer 150 für eine Pinkelpause anzuhalten. Beim letzten Mal hast du bei Kilometer 175 angehalten.

Du überholst einen langsam fahrenden Lkw, fährst an ihm vorbei. Deine Familie will Snacks, also fährst du auf einen Rastplatz mit einem Shop.

Während du drinnen Getränke kaufst, schaust du aus dem Fenster und siehst denselben Lkw, den du überholt hast, auf der Autobahn vorbeifahren.

„Oh, nicht schon wieder!", denkst du. Jetzt musst du ihn noch einmal überholen. Aber vielleicht begegnest du ihm gar nicht mehr.

Vielleicht nimmt er eine Ausfahrt eine Meile weiter, die du nicht nehmen wirst. Vielleicht hält er an der nächsten Tankstelle und du nicht. Vielleicht überholst du ihn wieder, vielleicht auch nicht.

Dieselbe Strecke. Andere Variablen. Anderes Timing. Anderes Ergebnis.

Du kannst eine Reise nicht nachstellen, selbst wenn du es versuchst. Zu viele Variablen. Zu viele andere Fahrer, die ihre eigenen

Entscheidungen treffen. Zu viele kleine Zeitunterschiede, die zu völlig einzigartigen Erlebnissen werden.

Wenn du dir also vorstellst, zurückzugehen und eine Entscheidung von vor fünf Jahren „rückgängig zu machen" — den anderen Job anzunehmen, in dieser Beziehung zu bleiben, in diese andere Stadt zu ziehen —, stellst du dir nicht nur eine andere Entscheidung vor. Du stellst dir ein unmögliches Szenario vor, in dem alles andere gleich bleibt, außer dieser einen Entscheidung.

Aber so funktioniert das nicht. Ändere eine Entscheidung, und alles ändert sich. Jede nachfolgende Kreuzung. Jede Person, die du triffst. Jede Gelegenheit, die sich ergibt oder verschwindet. Jede Version dessen, was aus dir wird.

Du kannst deinen Weg nicht rückgängig machen und ein besseres Ergebnis erzielen.

Der Weg, auf dem du dich befindest, ist der einzige, der real ist. Und es ist der einzige, der dich hierher gebracht hat.

Vielleicht hast du diese *klischeehafte* Frage schon gehört: „Wenn du eine Zeitmaschine hättest und 25 Jahre zurückreisen könntest, um deinem jüngeren Ich nur eine Sache zu sagen, was würdest du sagen?"

Die Leute lieben es, darauf zu antworten. „Lottozahlen." „Bitcoin." „Geh nicht mit dieser Person aus." „Nimm diesen Job an." „Vermeide diesen Fehler."

Das ist Bedauern.

Meine Botschaft an mein jüngeres Ich wäre: „Beschreibe, wie du dich in 25 Jahren siehst."

Das ist alles. Natürlich werde ich im Stillen über seine (meine) Antwort lachen und mich daran erfreuen, denn der jüngere Eric hat keine Ahnung, was da wie ein Schneeball auf ihn zurollt.

Ich würde ihn vor nichts warnen, denn wenn er irgendwo eine andere Abbiegung nimmt, ist diese Version von mir verschwunden. Ich verschwinde von meinen Familienfotos. Ich habe Silvana nicht geheiratet. Mein Sohn existiert nicht. Die Person, die dieses Buch schreibt, hat nie existiert. Warum sollte ich das wollen?

Deine Entscheidungen definieren dein Leben

Wenn die Kombinationen in unserer DNA unser lebendes Ich definieren, dann definieren die Kombinationen unserer Entscheidungen unser Leben.

Du bist nicht nur die Person mit diesem spezifischen genetischen Code. Du bist die Person, die diese spezifischen Entscheidungen getroffen hat, in dieser spezifischen Reihenfolge, unter diesen spezifischen Umständen.

Diese Entscheidungen haben deinen Weg geebnet. Entscheidung für Entscheidung. Abbiegung für Abbiegung. Kreuzung für Kreuzung.

Und dieser Weg hat dazu geführt, dass du hier bist, mit dem Verständnis, das du jetzt hast.

Es gibt ein Zitat aus einer Fernsehserie — *Prime Target* auf Apple TV+ —, das hier passt, in dem eine Figur sagt: „Wir alle haben die Wahl. Was ich gelernt habe, ist, dass es die Entscheidungen sind, die wir treffen, die uns definieren."

Nicht die Entscheidungen, die wir gern getroffen hätten. Nicht die Entscheidungen, von denen andere Leute denken, dass wir sie hätten treffen sollen. Nicht die theoretischen Entscheidungen, die zu anderen Ergebnissen geführt hätten.

Die Entscheidungen, die wir tatsächlich getroffen haben.

Du bist nicht die Person, die andere Entscheidungen getroffen hätte. Du bist die Person, die diese Entscheidungen getroffen hat.

Das ist dein Leben.

Es gibt keine falschen Entscheidungen

Hier geht es ans Eingemachte.

Du denkst, einige deiner Entscheidungen waren falsch. Du bereust sie. Du wünschst dir, du könntest zurückgehen und dich anders entscheiden.

Aber „falsch" impliziert, dass es eine richtige Entscheidung gab, die du stattdessen hättest treffen sollen.

Es gibt keine Prüfung, die deine Entscheidungen benotet. Es gibt keinen universellen Standard für „richtige" Entscheidungen. Es gibt keine Punktetafel, die misst, ob du richtig gewählt hast.

Denk an den Job, den du gehasst hast. Den, bei dem du bereust, ihn angenommen zu haben. Den, der sich wie zwei verschwendete Jahre anfühlte.

War es die falsche Entscheidung?

Was, wenn dieser Job dich widerstandsfähig gemacht hat? Was, wenn er dich gelehrt hat, Schwierigkeiten zu ertragen? Was, wenn er dir klargemacht hat, was du absolut nicht im Leben willst? Was, wenn er dich mit jemandem in denselben Raum gebracht hat, der später für deinen Weg entscheidend wurde? Was, wenn er dir Fähigkeiten vermittelt hat, von denen du nicht wusstest, dass du sie brauchst?

Was, wenn — und das ist der entscheidende Punkt — was, wenn die Ablehnung dieses Jobs zu einem Ast geführt hätte, auf dem du jetzt nicht hier wärst?

Du weißt nicht, was auf dem anderen Ast passiert wäre. Du kannst es nicht wissen. Dieser Ast existiert für dich nicht.

Was du weißt, ist Folgendes: Die Entscheidung, die du getroffen hast, hat dazu geführt, dass du hier bist. Immer noch auf deiner Reise.

Das ist keine falsche Entscheidung. Das ist die einzige Entscheidung, die zu diesem Ergebnis geführt hat.

Die „Was wäre wenn"-Falle

„Was wäre, wenn ich in dieser Beziehung geblieben wäre?" „Was wäre, wenn ich dieses Jobangebot angenommen hätte?" „Was wäre, wenn ich in diese Stadt gezogen wäre?" „Was wäre, wenn ich dieses Unternehmen gegründet hätte?" „Was wäre, wenn ich auf diese andere Schule gegangen wäre?"

Was wäre wenn. Was wäre wenn. Was wäre wenn.

Wenn du das „Was wäre wenn"-Spiel spielst, stellst du dir ein Szenario vor, in dem du eine andere Entscheidung getroffen hast und alles besser gelaufen ist.

Aber so funktionieren Äste nicht.

Wärst du in dieser Beziehung geblieben, bekämst du nicht nur die guten Seiten des Bleibens. Du bekämst einen völlig anderen Weg.

Andere Konflikte. Anderes Wachstum. Andere Herausforderungen. Eine andere Version von dir.

Vielleicht blüht diese Version auf. Vielleicht ist diese Version unglücklich. Vielleicht ist diese Version nicht am Leben.

Du weißt es nicht. Du kannst es nicht wissen.

Was du weißt, ist, dass die Entscheidung, die du getroffen hast — zu gehen —, dazu geführt hat, dass du hier bist. Und „hier" bedeutet, du bist immer noch auf deinem Ast, fährst immer noch, triffst immer noch Entscheidungen mit allem, was du bisher gelernt hast.

Die „Was wäre wenn"-Falle lässt dich glauben, du könntest die anderen Abzweigungen klar erkennen, dass du wüsstest, was passiert wäre, wenn du dich anders entschieden hättest.

Das kannst du nicht. Diese Abzweigungen sind Nebel. Sie sind Einbildung. Es sind Geschichten, die du dir um 2 Uhr nachts über Wege erzählst, die du nicht eingeschlagen hast.

Deine Abzweigung ist die einzige, die real ist, und es ist die einzige, die dich hierher gebracht hat.

Nüchtern betrachtet: Du lebst

Lassen wir all die Philosophie beiseite und kommen wir zur zentralen Wahrheit.

Jede Entscheidung, die du getroffen hast, hat dazu geführt, dass du genau jetzt am Leben bist.

Jede „falsche Abbiegung". Jeder „Fehler". Jede Entscheidung, die du bereust. Jeder Weg, der sich anfühlte, als würde er ins Nichts führen.

All das hat dazu geführt, dass du hier bist. Dass du atmest. Dass du das hier liest. Dass du immer noch vorwärtsfährst.

Du weißt nicht, was auf den anderen Abzweigungen passiert wäre. Vielleicht hätten sie zu besseren Ergebnissen geführt. Vielleicht zu schlechteren. Vielleicht hätten sie dazu geführt, dass du gar nicht mehr hier wärst.

Das bedeutet, jede Entscheidung, die du getroffen hast, war die richtige Entscheidung für diese Version von dir. Nicht, weil sie zum bestmöglichen Ergebnis geführt hat. Sondern weil sie zu diesem Ergebnis geführt hat: du, hier, immer noch am Steuer.

Es gibt keine Prüfung, die bewertet, ob dein Weg optimal war. Es gibt nur deinen Weg, und er hat dich hierher gebracht.

Die perfekten Eltern für deine Route

„Ich habe die beste Mutter der Welt. — Ich habe den besten Vater der Welt."

Das sagen wir alle. Nicht, weil wir objektiv alle Eltern bewertet haben und unsere am besten abgeschnitten haben. Sondern weil unsere Eltern unser Bezugspunkt für „Eltern" sind. Sie sind der Nullpunkt auf dieser Skala.

Sie sind nicht unbedingt objektiv die besten. Sie sind die besten für deine Route. Denn sie sind die einzigen Eltern, die DEINEN speziellen Baum gepflanzt und gegossen haben.

Denk mal darüber nach: Deine Eltern waren die erste große Gabelung deiner Äste. Der Stamm. Das Fundament jeder Entscheidung, die danach kam.

Mit anderen Eltern wärst du ein anderer Mensch. Nicht besser. Nicht schlechter. Einfach anders. Völlig anders.

Andere Eltern hätten dir andere Lektionen beigebracht — oder dir gar nichts beigebracht. Sie hätten dir andere Ressourcen, andere Unterstützung, andere Herausforderungen geboten. Sie hätten andere Umstände geschaffen, die zu anderen Entscheidungen geführt hätten, die zu anderen Abzweigungen geführt hätten.

Und keine dieser Abzweigungen wäre deine.

Deine Eltern — genau diese Menschen, mit ihren speziellen Stärken und Schwächen und ihrer An- oder Abwesenheit — haben DEINE spezielle Route geformt. Selbst die Rückschläge. Selbst die Abwesenheit. Selbst die Momente, in denen sie nicht da waren, als du sie am meisten gebraucht hast.

Das waren keine Abweichungen von der „richtigen" Erziehung. Das waren genau die Zutaten, die dich erschaffen haben.

Sie haben dir das Fahren beigebracht. Vielleicht haben sie es dir schlecht beigebracht. Vielleicht haben sie es dir perfekt beigebracht. Vielleicht haben sie es dir überlassen, es selbst herauszufinden. Spielt keine Rolle. Ihre Lehren — oder das Fehlen von Lehren — haben

DEINEN Fahrstil geschaffen. Deine Herangehensweise an die Straße.

Du kannst dir keine anderen Fahrstunden wünschen, ohne ein völlig anderer Fahrer zu werden.

Sogar Eltern, die Schmerz verursacht haben, die abwesend waren, die schreckliche Entscheidungen getroffen haben — sie haben trotzdem die Abzweigung geformt, auf der du bist. Du kannst den Schmerz anerkennen, den sie verursacht haben. Du kannst erkennen, in welcher Weise sie versagt haben. Du kannst dich entscheiden, ihre Muster nicht zu wiederholen.

Aber du kannst nicht bereuen, dass sie deine Eltern waren, ohne deinen gesamten Baum zu bereuen. Denn andere Eltern = ein anderes Du. Nicht die Version von dir, die das hier liest. Eine andere Version auf einem anderen Ast, der in deiner Realität nicht existiert.

Deine Eltern waren perfekt für dich. Nicht, weil sie makellos waren. Nicht, weil sie keine Fehler gemacht haben. Nicht, weil du verpflichtet bist, ihnen zu danken oder ihnen zu vergeben oder Beziehungen zu ihnen aufrechtzuerhalten, wenn sie schädlich waren.

Sondern weil sie die Version von dir geschaffen haben, die existiert. Diese Version. Die auf diesem Ast, mit diesem Weg, mit diesen spezifischen 100 % des Lebens.

Sag es laut: „Ich hatte die beste Mutter der Welt. — Ich hatte den besten Vater der Welt."

Weil sie deine waren. Auf deiner Route. Die einzigen Eltern, die das Du hätten erschaffen können, das jetzt hier ist.

Jeder hat auf seiner eigenen Route „die besten Eltern der Welt". Weil die Eltern von jedem die spezifische Abzweigung geschaffen haben, auf der sich diese spezifische Person befindet.

Das erfordert keine Dankbarkeit. Das ist einfach die Realität.

Deine Eltern waren die erste Abbiegung auf deiner Route. Du kannst dir keine anderen ersten Abbiegungen wünschen, ohne dir zu wünschen, auf einer völlig anderen Route zu sein — was dich zu jemand völlig anderem machen würde.

Und du bist hier. Diese Version. Auf diesem Ast. Das ist die einzige Version, die in deiner Realität existiert.

Was „falsche Abbiegung" wirklich bedeutet

Wenn du sagst, eine Entscheidung war eine „falsche Abbiegung", sagst du in Wirklichkeit: „Mir hat nicht gefallen, wohin mich diese Entscheidung geführt hat."

Okay. In Ordnung. Manche Wege sind hart. Manche Entscheidungen führen zu Schmerz. Manche Routen führen dich durch Gebiete, die du nie sehen wolltest.

Aber es „falsch" zu nennen, impliziert, dass es eine richtige Entscheidung gab, die du stattdessen hättest treffen sollen. Und die richtige Entscheidung hätte zu einem besseren Ergebnis geführt.

Und was du übersiehst: Du weißt nicht, ob das wahr ist.

Du vergleichst den tatsächlichen Weg, den du genommen hast, mit einem imaginären Weg, von dem du glaubst, dass er besser gewesen wäre. Aber dieser imaginäre Weg ist genau das — imaginär.

Der tatsächliche Weg? Er hat dich gelehrt. Er hat dich widerstandsfähig gemacht. Er hat dir gezeigt, was du ertragen kannst. Er hat deine Werte offenbart. Er hat deine Kraft aufgebaut.

Und er hat dich hierher gebracht.

Das ist keine falsche Abbiegung. Das ist Teil deiner Route.

Du hast keine falschen Entscheidungen getroffen. Du hast die einzigen Entscheidungen getroffen, zu denen dich die Umstände in diesem Moment geführt haben, bewusst oder unbewusst.

Vergebung ändert nicht die Vergangenheit, aber sie ändert die Zukunft

Du hast diesen Ausdruck wahrscheinlich schon gehört, wenn es um Selbstvergebung ging.

Darum geht es aber nicht.

Was deine Zukunft verändert, ist, anderen Menschen zu vergeben. Dem Fahrer, der dich geschnitten hat. Dem Freund, der dich verraten hat. Der Person, die dich verletzt hat.

An der Wut auf sie festzuhalten, ändert nicht, was passiert ist. Aber es ruiniert deine zukünftige Fahrt. Es macht dich bitter. Es lässt dich mit Wut statt mit Frieden fahren.

Du wirst es nicht vergessen. Du wirst zweimal überlegen, wenn sich dasselbe Szenario wiederholt. Aber du wirst vergeben, um weiterzukommen.

Ihnen zu vergeben, manchmal nicht, weil sie es verdienen, sondern weil du es verdienst, ihre Last nicht mehr zu tragen. Das ist es, was die Zukunft verändert.

Übrigens sage ich nicht, dass du nur vergeben und dich nie entschuldigen solltest, weil die anderen es einfach vergessen sollten. Wenn du jemanden verletzt, musst du um Vergebung bitten — auch wenn der Schaden nicht beabsichtigt war. Und versteck dich nicht hinter der leeren Floskel „Es tut mir leid, dass meine Handlungen dich verletzt haben." Übernimm Verantwortung: „Es tut mir leid, dass ich dich verletzt habe, auch wenn mir das in dem Moment nicht klar war."

Was du verlernst

Du verlernst nicht, wie man Reue trägt.

Du verlernst den Glauben, dass Reue auf dein Leben zutrifft.

Dir wurde beigebracht, dass manche Entscheidungen Fehler sind. Dass du dich wegen falscher Abbiegungen schlecht fühlen solltest. Dass das Bereuen vergangener Entscheidungen natürlich und gerechtfertigt ist.

Aber sieh dir deinen Weg an. Sieh dir die schwarze Linie vom Stamm bis zur Spitze an.

Jede Entscheidung auf dieser Linie hat dich hierher gebracht. Jede Abbiegung war notwendig, um diese spezifische Version von dir zu erschaffen.

Das, was du bereust — etwas nicht richtig erklärt zu haben, als dich jemand etwas gefragt hat? Das hat dich zu dem Lehrer gemacht, der du jetzt bist, der alles detailliert erklärt. Die Beziehung, die schlecht endete? Die hat dich gelehrt, was du wirklich in einem Partner brauchst. Der Job, den du gehasst hast? Der hat deine No-Gos geklärt. Die Freundschaft, die du verloren hast? Die hat dir den Unterschied zwischen Bequemlichkeit und Verbundenheit gezeigt.

All das hat dein Leben und deinen Sinn geformt. Das sind keine

Fehler, die man bereuen müsste. Sie sind die Bausteine dessen, was du jetzt bist.

Nimm dir das nicht selbst weg.

Es gibt keine Fehler auf deinem Weg. Denn jede Entscheidung war die einzige Entscheidung, die vorwärts führte.

Du kannst keine Entscheidung bereuen, die der einzige Weg war, damit du jetzt am Leben bist.

Das ist keine Rechtfertigung. Das ist einfach die Realität.

Die Kilometer, die du gefahren bist

Dein Kilometerzähler zeichnet jeden Kilometer auf, den du zurückgelegt hast. Er bezeichnet nicht einige Kilometer als „gut" und andere als „verschwendet". Er beurteilt nicht, welche Routen optimal waren.

Er zählt einfach. Vorwärts. Immer vorwärts.

Selbst als du rückwärts gefahren bist, hat er diese Kilometer gezählt. Selbst als du Umwege genommen hast, hat er diese Kilometer gezählt. Selbst als du dich verfahren hast, hat er diese Kilometer gezählt.

Sie alle zählen. Sie sind alle Teil deiner Reise.

Du kannst auf deinen Kilometerzähler schauen und sagen: „Ich wünschte, ich wäre diese Kilometer nicht gefahren." Aber diese Kilometer sind immer noch da. Sie sind immer noch passiert. Du kannst nicht in der Zeit zurückgehen und sie löschen. Sie sind immer noch Teil deiner gesamten zurückgelegten Strecke.

Und sie haben dich hierher gebracht.

Du bist nicht dadurch definiert, die „richtige" Route gefahren zu sein. Du bist dadurch definiert, diese Route gefahren zu sein. Deine Route. Die einzige Route, die für dich real ist.

Die einzige Abzweigung, die zählt

Wenn du diesen Rastplatz verlässt, löschst du nicht deine Vergangenheit. Du behauptest nicht, du würdest dich nicht anders entscheiden, wenn du es noch einmal tun könntest.

Du erkennst nur die Realität an: Du kannst es nicht noch einmal tun. Diese anderen Abzweigungen existieren für dich nicht. Und die Abzweigung, auf der du bist — diese hier, die echte — ist die einzige, die dich hierher gebracht hat.

Jede Entscheidung, die du getroffen hast, war der einzige Weg nach vorn, der zu diesem Moment führte.

Nicht, weil du die offensichtlichen Entscheidungen getroffen hast. Sondern weil du die Entscheidungen getroffen hast, die du treffen konntest, in den Momenten, in denen du sie treffen musstest, mit den Informationen und Emotionen und Einschränkungen, mit denen du zu tun hattest.

Und diese Entscheidungen haben deinen Weg gebaut. Eine durchgehende Linie von dort, wo du angefangen hast, bis dorthin, wo du jetzt bist.

Du existierst auf diesem Ast. Nicht, weil es der beste Ast war. Sondern weil es der einzige reale Ast ist, der dich DEFINIERT.

Es gibt keine Prüfung, die bewertet, ob du einen „richtigen" Weg eingeschlagen hast.

Es gibt nur deinen Weg, deine Entscheidungen und die Tatsache, dass sie dich hierher gebracht haben.

Du bist hier. Auf deinem Ast. Lebendig!

Das ist kein Trostpreis. Das ist eine Erkenntnis. Das ist alles.

Und wenn du bereit bist, fahr weiter — nicht leichter, weil du die Reue abgelegt hast, sondern klarer, weil du endlich verstehst, dass es nie deine Last war, sie zu tragen.

ZWEITER BOXENSTOPP

Das war schwieriges Gelände. Vier Rastplätze direkt hintereinander — vier Kapitel aktiven Verlernens.

Wettbewerb. Ratschläge. Abgrenzung. Bedauern. Du bist gerade durch eines der dichtesten mentalen Gebiete auf dieser Reise gefahren. Teil vier hat dich dazu aufgefordert, Überzeugungen auszupacken, die du meilenweit mit dir herumgeschleppt hast — Überzeugungen darüber, gewinnen zu müssen, der Route eines anderen folgen zu müssen, dich von anderen Reisenden abgrenzen zu müssen und die Abzweigungen, die du genommen hast, bereuen zu müssen.

Das ist eine ganze Menge.

Lass uns also jetzt einen Boxenstopp für eine kurze Verschnaufpause einlegen.

Rastplätze haben nicht ohne Grund Mülleimer. Du hast untersucht, was du mit dir herumträgst. Du hast entschieden, was für dich noch funktioniert und was nicht. Und jetzt darfst du wegwerfen, was du nicht mehr brauchst.

Der Wettbewerb? Weg damit.

Die Überzeugung, dass Ratschläge ohne Weiteres perfekt zu dir passen? Weg damit.

Die Gewohnheit, Menschen in Kategorien einzuteilen, bevor du sie überhaupt richtig wahrgenommen hast? Weg damit.

Das Bedauern über Abzweigungen, die der einzige Weg waren, der dich hierhergeführt hat? Weg damit.

Dieses Gewicht musst du nicht mit auf den nächsten Teil deiner Reise nehmen.

Nimm dir einen Moment Zeit. Streck dich. Verarbeite, was du gerade durchgearbeitet hast.

In Teil vier ging es ums Verlernen — das aktive Loslassen von Programmierungen, die von Anfang an nie deine waren. Dafür musstest du anhalten, den Kofferraum öffnen und entscheiden, was du behältst und was du zurücklässt.

Du hast diese Arbeit geleistet. Das ist wichtig.

Bereit, wieder auf die Straße zu gehen?

Teil fünf ist anders. Du fährst wieder in den Verkehr — genau genommen in die Hauptverkehrszeit. All die anderen Fahrzeuge um dich herum, all die anderen Reisenden auf der Autobahn.

Aber jetzt? Jetzt kannst du sie tatsächlich sehen.

Nicht als Hindernisse. Nicht als Konkurrenz. Nicht als Kategorien, in die man sie einsortiert.

Als Menschen. Als Mitreisende. Jeder ist der Mittelpunkt seiner eigenen Reise, genau wie du der Mittelpunkt deiner bist.

Teil vier hat deine Last erleichtert. Teil fünf wird dir zeigen, was passiert, wenn du ohne dieses Gewicht fährst.

Auf gehts.

Teil Fünf

RUSHHOUR

Zurück im Verkehr, aber jetzt sieht man alle mit anderen Augen.

Kapitel 13

FAHRER, KEINE HINDERNISSE

Hast du bis zu diesem Moment jemals wirklich den Fahrer im Auto vor dir angesehen?

Nicht nur flüchtig hingesehen. Sondern wirklich angesehen.

Bemerkt, dass er wahrscheinlich Musik hört, die du nicht hören kannst. Vielleicht mitsingt. Vielleicht ist er spät dran für etwas Wichtiges. Vielleicht hat er gerade eine gute Nachricht erhalten. Vielleicht eine schreckliche. Vielleicht denkt er über einen Streit von heute Morgen nach, oder plant, was er bei einem Meeting am Nachmittag sagen wird, oder fragt sich, ob er daran gedacht hat, den Herd auszuschalten.

In diesem Auto spielt sich ein ganzes Leben ab. Eine vollständige Existenz mit Sorgen und Hoffnungen und Menschen, die auf ihn warten, und Problemen, die gelöst werden müssen, und Erinnerungen, die ihn zum Lächeln bringen, und Wunden, die immer noch schmerzen.

Aber du siehst nichts von alldem.

Du siehst: das Auto vor dir. Fährt zu langsam. Ein Hindernis.

Willkommen zu Teil fünf: Rushhour

Du bist von den Raststätten wieder abgefahren. Du hast das schwere Verlernen hinter dich gebracht — Wettbewerb, Ratschlagfallen, Bedauern, Spaltung. Du hast untersucht, was du mit dir herumgetragen hast, und entschieden, was du behalten und was du wegwerfen willst.

Jetzt bist du zurück auf der Autobahn. Zurück im Verkehr. In der Rushhour.

Aber etwas ist jetzt anders. Denn nach all dieser inneren Arbeit kannst du endlich etwas sehen, was du vorher nicht sehen konntest. Wir müssen anders denken.

Die anderen Fahrer sind keine Hindernisse. Sie sind keine Kulisse. Sie sind keine Verkehrsstatistik.

Sie sind Menschen.

Ganze Menschen. Mit vollständigen Leben, die für sie genauso real, komplex und wichtig sind, wie deines für dich.

Dies ist der Wandel von der Sichtweise, dass Charaktere deine Geschichte umgeben, hin zur Wahrnehmung von Co-Charakteren in ihren Geschichten neben deiner eigenen.

Die NSC-Realität

Wenn du jemals ein Videospiel gespielt oder dabei zugesehen hast, hast du sie gesehen. Die Charaktere, die die Welt um die Hauptfigur herum bevölkern.

Der Sheriff, der vor der Polizeiwache steht. Du gehst hin, drückst X, und er sagt seinen Satz auf. Der Zauberer im Zelt, der dir den seltsamen Trank verkauft, den du drei Level später brauchen wirst. Die Fußgänger, die die Straße entlanggehen und nirgendwohin unterwegs sind — sie sind nur da, um die Stadt lebendig wirken zu lassen. Bewegung im Hintergrund. Kulisse.

In der Videospielterminologie werden diese als NSCs — Nicht-Spieler-Charaktere — bezeichnet. Du kannst sie nicht steuern. Du kannst sie nicht sein. Sie existieren, um deine Mission zu unterstützen oder den Raum um dich herum zu füllen, während du dich durch die Spielwelt bewegst.

So nehmen wir die meisten Menschen, denen wir im Laufe unseres Tages begegnen, von Natur aus wahr.

Die Person in der Schlange im Supermarkt. Der Fahrer drei Autos weiter vorne. Die Kassiererin, die deine Einkäufe scannt. Der Fremde, der im Einkaufszentrum an dir vorbeigeht.

Es ist fast unmöglich, sich gleichzeitig bewusst zu sein, dass jeder einzelne Mensch, an dem man vorbeikommt, ein vollständiges Leben führt. Menschen werden aus einer Vielzahl von voreingenommenen Gründen übersehen — nicht, dass wir völlig egoistisch wären (obwohl einige von uns das manchmal sind). Dass sie der Mittelpunkt ihres eigenen Lebens sind, genau wie du der Mittelpunkt deines bist. Dass sie auch darüber nachdenken, Geschenke für ihre Söhne zu kaufen, für einen Urlaub zu sparen, sich Sorgen machen, ob sie daran gedacht haben, die Tür abzuschließen, oder einfach nur darauf warten, nach ihrer Schicht nach Hause zu kommen, um sich um ihre Eltern zu kümmern.

Der Barista, der deinen Kaffee zubereitet, ist nicht nur eine Funktion zum Kaffeemachen. Der Fahrer, der zu langsam fährt, ist nicht nur ein Hindernis zwischen dir und deinem Ziel. Der Kundendienstmitarbeiter am Telefon ist nicht nur eine Stimme, die dein Problem löst oder darum herumredet.

Aber so fühlen sie sich an. Wie NSCs in deinem Spiel.

Und wir sehen sie nicht nur so. Wir behandeln sie auch so.

Wenn alle in einem Zelt warten

Denk an das letzte Mal, als du einen Dienstleistungstermin vereinbart hast. Friseursalon. Autowerkstatt. Arztpraxis. Zahnarzt.

Du machst einen Termin aus. Du erhältst die Bestätigung. Und dann kommt das Leben dazwischen — der Verkehr ist schlimmer als erwartet, ein Meeting dauert länger, du findest keinen Parkplatz. Du kommst fünfzehn Minuten zu spät.

Du fühlst dich deswegen ein wenig gestresst. Vielleicht entschuldigst du dich ein bisschen, wenn du endlich hereinkommst.

Aber tief im Inneren? Machst du dir nicht wirklich Sorgen. Und manchmal nicht einmal um sie, sondern darum, dich selbst nicht als unpünktliche Person darzustellen. Weil irgendwo in deinem Kopf haben sie ja sowieso auf dich gewartet.

Wie der Videospiel-Zauberer im Zelt, von dem wir gesprochen haben. Du wanderst zwanzig Minuten durch den Wald, findest die versteckte Lichtung, betrittst das geheimnisvolle Zelt und da ist er. Sitzt da. Wartend. Mit der exakt gleichen Begrüßung bei jedem Besuch.

„Ah, ich habe dich erwartet."

Natürlich hat er das. Er ist ein NSC. Er existiert in diesem Zelt und wartet darauf, dass du ihn brauchst. Er hat keine anderen Kunden. Er hat kein Leben, das weitergeht, wenn du nicht da bist. Wenn du das Zelt verlässt und der Bildschirm ausblendet, ist er einfach ... erstarrt. Wartend auf deinen nächsten Besuch.

So denken wir unbewusst über Dienstleister, ohne es überhaupt zu merken.

Natürlich denkt der Friseur nicht an seinen nächsten Kunden oder versucht, im Zeitplan zu bleiben. Er ist einfach ... da. Wartet auf dich. Der Mechaniker hat heute keine drei anderen Autos zu reparieren. Das Personal in der Arztpraxis hat kein überfülltes Wartezimmer und Leute, die im Verzug sind, und keine Versicherungsgesellschaften, die angerufen werden müssen.

Sie sind in ihrem Zelt. Und warten.

Nur, dass sie es nicht sind. Sie haben heute vier weitere Termine. Sie haben eine Mittagspause, die sie zu schützen versuchen. Sie müssen ihre Tochter um 15 Uhr von der Schule abholen. Sie haben ihren eigenen Stress, weil sie in Verzug geraten, weil der letzte Kunde auch zu spät kam.

Aber das siehst du nicht. Kannst du nicht sehen. Denn in deiner Geschichte sind sie der NSC, der erschien, als du ihn brauchtest.

Wenn du das nächste Mal zur Arbeit oder zum Supermarkt fährst, nimm dir einfach eine kurze 10- bis 15-minütige Fahrt vor. Denk während dieser Zeit nicht über das Leben anderer nach — zähle einfach, wie viele Menschen du insgesamt siehst. Menschen vor dir, um dich herum an einer Ampel. Vergiss ihr Leben und zähle einfach die

Anzahl der Personen, die du siehst. Reflektiere nun über die Zahl an deinem Zielort. Waren es fünf? Zehn? 20? 50? Und das war nur eine zehnminütige Fahrt. Ja, 50 Hauptcharaktere mit ihren eigenen Kämpfen, keine NSCs. Fünf pro Minute.

Die Menschen, die niemals altern

Ist dir aufgefallen, wie manche Menschen in deiner Vorstellung in einem bestimmten Alter eingefroren zu sein scheinen?

Die Person, die den Tante-Emma-Laden bei dir um die Ecke betreibt. Wie alt ist sie? Du gehst dort seit Jahren hin, aber wenn dich jemand fragen würde, ob sie 35 oder 55 ist, könntest du es ehrlich gesagt nicht sagen. Sie sind einfach nur ... die Tante-Emma-Laden-Leute.

Der Anwalt, den du einmal im Jahr siehst. Der Gärtner, der alle zwei Wochen kommt. Die Person in der Reinigung. Sie existieren in dem Alter, das sie hatten, als du ihnen zum ersten Mal begegnet bist, und sie bleiben in deiner Wahrnehmung in diesem Alter, obwohl Jahre vergehen.

Das ist NSC-Denken. Sie altern nicht, weil sie keine echten Charaktere mit fortlaufenden Geschichten sind. Sie sind Funktionen. Rollen. Die Person, die das erledigt, was du erledigt haben musst.

Du denkst nicht darüber nach, ob sie Geburtstage haben. Älter werden. Mit Rückenschmerzen zu kämpfen haben, die sie daran hindern, jetzt schwere Dinge zu heben. Sie sind statisch. Teil der Kulisse.

Das ist nicht deine Schuld. Es ist natürlich. Dieses Muster zeigt sich überall. Lehrer sollten sich um Schüler kümmern, nicht sie nur abfertigen. Manager sollten sich um ihre Teams kümmern, nicht sie nur managen. CEOs sollten sich um ihre Leute kümmern, nicht sie nur führen.

Aber wenn du Menschen als NSCs siehst, kümmerst du dich nicht um sie. Du fertigst sie ab. Du managst sie. Du nutzt sie für die Funktion, die sie in deiner Geschichte erfüllen. Manche Leute tun das absichtlich (ja, das ist traurig), aber die meisten von uns tun es unbewusst.

Der Social-Media-Feed voller NSCs

Jemand postet, dass sein Vater gestorben ist. Innerhalb von Minuten kommentiert jemand: „Ja, ich erinnere mich an MEINEN Vater. Er war etwas ganz Besonderes für mich."

Jemand teilt die Nachricht seiner Verlobung. Die Kommentare füllen sich mit: „Das macht MICH so glücklich! Ich freue mich so für euch ..."

Ihr Moment. Ihre Ankündigung. Ihr Schmerz. Ihre Freude.

Und innerhalb von Sekunden hat es jemand auf sich selbst bezogen.

Das nennt man Kommentar-Hijacking: die Geschichte eines anderen zu nehmen und sie als Bühne zu benutzen, um seine eigene Erzählung aufzuführen.

Jemand wird bei der Arbeit befördert. Anstatt zu feiern, antwortet jemand anderes sofort: „Muss ja schön sein. Ich bin schon länger hier und wurde nie befördert."

Die Leistung der beförderten Kollegin wurde zur Tirade ihres Kollegen.

Jemand teilt etwas, worauf er stolz ist, eine Mahlzeit, die er gekocht hat, ein Projekt, das er beendet hat, einen erreichten Meilenstein. Jemand muss kommentieren: „Das habe ich schon vor Jahren gemacht. Es war köstlich!"

Der Moment einer Person wurde zum Vergleichspunkt einer anderen.

Die Person, die den Beitrag verfasst hat, hat nicht nach parallelen Geschichten gefragt. Sie hat nicht nach den Erfahrungen von jemand anderem gesucht. Sie hat IHREN Moment geteilt.

Aber für den Kommentator ist dieser Beitrag nur Inhalt. Nur ein weiteres NSC-Dialogfeld, das in seinem Feed aufgetaucht ist. Und Dialogfelder existieren, um dir etwas zum Antworten zu geben, oder? Um dir eine Quest zu geben, um deine eigene Geschichte auszulösen.

Denn in einem Feed voller NSCs sind deren Geschichten nicht als Geschichten von Bedeutung. Sie sind als Inhalt von Bedeutung. Als Gelegenheiten. Als Bühne für deinen Auftritt.

Wenn alle anderen nur Charaktere in deinem Spiel sind, dienen ihre Momente dazu, deiner Erzählung zu dienen. Ihre Kämpfe existieren, um zu zeigen, wie du mehr gekämpft hast. Ihre Freuden existieren, um alle an deine Freuden zu erinnern.

Der Feed verstärkt das NSC-Denken mehr als jeder andere Raum. Denn du schaust nicht auf Menschen. Du scrollst durch Inhalte. Und Inhalte existieren, damit du sie konsumieren, darauf reagieren und sie auf dich selbst beziehen kannst. Am Ende des Tages ist es ja dein Feed, oder?

Das sind keine Menschen, die ihr Leben teilen. Es sind Figuren, die einen Dialog aufsagen, auf den du reagieren kannst, wie auch immer du willst.

Bis dich etwas daran erinnert, dass sie es nicht sind.

Der Uber-Fahrer in Mexiko-Stadt

Ich war an einem Freitagabend in Mexiko-Stadt. Zahltag-Freitag. Wenn du Mexiko-Stadt kennst, weißt du, was das bedeutet. Die ganze Stadt wird zu einem einzigen Parkplatz. Alle haben Geld, alle wollen irgendwohin und jede Straße ist komplett verstopft.

Ich musste zum Flughafen. Ich war nach einer Geschäftsreise auf dem Heimweg und die Zeit war knapp. Die Uber-App zeigte die Route an — die kürzeste in Minuten, aber im Verkehr von Mexiko-Stadt kann eine einzige verpasste Abbiegung die gesamte Fahrt um 20—30 Minuten verlängern, weil man nicht einfach umdrehen kann. Man steckt im Chaos fest.

Zuerst holte mich der Fahrer zu spät ab.

Dann verpasste er während der Fahrt eine wichtige Abbiegung.

Ich sah zu, wie die voraussichtliche Ankunftszeit von 45 auf 60 Minuten sprang. Ich rechnete Ankunftszeiten, Gate-Zeiten und Schlangen an der Sicherheitskontrolle durch. In meinem Unterbewusstsein erfüllte der Fahrer seine Funktion nicht richtig. Er war ein Dienstleister, der mich eigentlich effizient dorthin bringen sollte, und das tat er nicht.

Dann klingelte sein Telefon.

Ich hörte die Stimme seiner Frau durch den Lautsprecher. Dann antwortete er: „Tut mir leid, Schatz. Ich stecke mit einem Kunden im Stau. Ich bin da, sobald ich kann."

Ihre Antwort: „Pass auf dich auf, Liebling. Gott segne dich."

Das war's.

Er war nicht mehr nur ein Fahrer, der eine Abbiegung verpasst hatte. Er war ein Mensch, der mit demselben Chaos zu kämpfen hatte wie ich. Mit einer Frau, die verstand, dass der Verkehr am Zahltag-Freitag unmöglich ist. Die ihn „Liebling" nannte, die mit Geduld statt Frustration „Gott segne dich" sagte.

Am Geruch im Auto konnte ich erkennen, dass er rauchte, also bot ich ihm mitten im Chaos eine Zigarette an, um die dicke Luft zu vertreiben (Wortspiel beabsichtigt). Er war sichtlich erleichtert. Erzählte mir, dass er keine Zigaretten mehr hatte und sich seit seiner Mittagspause nach einer sehnte. Wir hielten etwas Smalltalk, um die Stille zu füllen, nichts besonders Tiefgründiges. Aber wir fühlten uns beide irgendwie erleichtert. Ich war gar nicht so spät dran für meinen Flug — die zusätzliche Verspätung verkürzte nur meine Lesezeit am Gate.

Ich sage nicht, dass dieser Anruf mein Leben verändert oder mir eine tiefgreifende Wahrheit offenbart hat. Ich sage, er hat mich an etwas erinnert, das ich bereits wusste, aber immer wieder vergaß: Dieser Mensch hat ein vollständiges Leben. Er erfüllt nicht nur eine Funktion in meiner Geschichte. Er hat jemanden zu Hause, der sich um ihn sorgt. Er hat seine eigene Version des Stresses, den ich empfinde. Für ihn war ich an diesem Abend ein NPC. Ich war seine Entscheidung (die Annahme meiner Fahrtanfrage in seiner App), die dazu führte, dass er später bei seiner Frau zu Hause ankam.

Das meine ich mit NSCs. Wir wissen intellektuell, dass jeder ein Mensch ist. Aber wir vergessen es ständig. Besonders, wenn sie nicht so funktionieren, wie wir es in unserer Geschichte von ihnen brauchen.

Jeder in diesem Verkehr

Schau dich jetzt gerade um. Du bist auf der Autobahn, im Stau. Wie viele Autos kannst du sehen?

Zehn? Fünfzig?

In jedem einzelnen sitzt ein Mensch. Ein ganzer Mensch mit einem vollständigen Leben.

Die Person im Bus nimmt nicht nur Platz auf der Straße weg. Sie ist auf dem Weg zu einem Ort, der ihr wichtig ist — zur Arbeit, nach Hause, zu einem Termin, zu jemandem, der ihr am Herzen liegt.

Die Person, die auf dem Bürgersteig geht, ist nicht nur ein Fußgänger, auf den du achten musst. Sie hat mit irgendetwas zu kämpfen. Vielleicht macht sie sich Sorgen um Geld. Vielleicht freut sie sich auf ein Date heute Abend. Vielleicht hat sie gerade eine Nachricht erhalten, die alles verändert hat.

Der Teenager mit der College-Jacke drei Autos vor dir ist nicht nur ein langsamer Fahrer, der lernt, sich im Verkehr zurechtzufinden. Er ist gestresst wegen der Zwischenprüfung. Versucht herauszufinden, wie er dazugehören kann. Fragt sich, ob ihn heute jemand bemerkt hat. Trägt die Last, ein Teenager in einer Welt zu sein, die von ihm verlangt zu wissen, was er sein will, bevor er überhaupt weiß, wer er ist.

Jeder, den du siehst, kämpft mit etwas. Jeder versucht, etwas herauszufinden. Jeder hat Menschen, die von ihm abhängen, und Menschen, von denen er abhängt.

Wir brauchen Lehrer, die ihre Schüler als Menschen sehen, nicht nur als Namen auf einer Liste. Manager, die ihre Teams als Menschen sehen, nicht nur als Ressourcen. CEOs, die ihre Mitarbeiter als Individuen mit einem Leben sehen, nicht nur als Funktionen in einem Organigramm.

Das bedeutet es, aufzuhören, NSCs zu sehen, und anzufangen, Menschen zu sehen.

Die magische Linse, die ihre Geschichten zeigt

Stell dir für einen Moment vor, du trägst eine Augmented-Reality-Brille. Aber diese ist besonders — sie hat die einzigartige Eigenschaft, dass du, wenn du eine Person ansiehst, ein Filmplakat über ihrem Kopf schweben siehst: das Plakat ihres absoluten Lieblingsfilms.

Du gehst durchs Einkaufszentrum. Über dem Kopf einer Person: *Die Verurteilten*. Bei einer anderen: *Star Wars*. Bei jemand anderem: *Der Pate*. Das Kind da drüben: *K-Pop-Dämonenjäger*.

Jetzt stell dir vor, du siehst jemanden mit DEINEM Lieblingsfilm über dem Kopf.

Was würdest du tun?

Du würdest wahrscheinlich lächeln. Vielleicht sogar auf sie zugehen. „Echt jetzt? Das ist auch mein Lieblingsfilm!" Plötzlich habt ihr etwas, worüber ihr reden könnt. Eine Verbindung. Einen Grund, sie als echten Menschen zu sehen statt nur als einen weiteren Kunden, der dir im Weg steht.

Man braucht mindestens eine Gemeinsamkeit, um eine Gemeinschaft zu bilden — etwas Geteiltes, das euch beide zu Mitgliedern derselben unsichtbaren Gruppe macht. Diese magischen Linsen sind nun Gemeinschaftsgeneratoren.

Nehmen wir zum Beispiel den Film *Moneyball*. Wenn ich jemanden mit einem *Moneyball*-Plakat über dem Kopf sehen würde, wollte ich sofort mit ihm reden. Denn dieser Film sagt mir etwas über ihn. Er schätzt Analytik. Er liebt Baseball. Er fühlt sich von Geschichten über Disruption und das Brechen mit konventionellen Weisheiten angezogen. Wahrscheinlich gefiel ihm die Chemie zwischen Brad Pitt und Jonah Hill. Dieser eine Film offenbart ganze Dimensionen seiner Persönlichkeit (ja, das ist mein Lieblingsfilm, und deshalb habe ich ihm 8 Sätze gewidmet, wo auch 3 gereicht hätten).

Jeder Mensch hat besondere Interessen und Ängste und Träume und Erinnerungen. Dinge, die ihn zum Lachen bringen. Dinge, die ihn nachts wach halten. Geschichten, die er sich über sich selbst erzählt.

Aber nichts davon kannst du sehen, wenn du im Stau steckst. Du siehst nur ein Auto. Ein Hindernis. Einen NPC, der deine Spur blockiert.

Die Person vor dir, die genau das Tempolimit einhält? Vielleicht hat sie gerade ihren Führerschein zurückbekommen, nachdem sie ihn verloren hatte. Vielleicht schläft ein Baby auf dem Rücksitz. Vielleicht fährt sie ihre betagten Eltern zu einem Arzttermin und hat Angst vor plötzlichen Bewegungen.

Der aggressive Fahrer, der sich durch die Spuren schlängelt? Vielleicht hat er gerade einen Anruf bekommen, dass sein Kind in der Notaufnahme ist. Vielleicht verpasst er gleich seinen Flug. Vielleicht ist er auch einfach nur ein aggressiver Fahrer — aber selbst das hat einen Grund in seiner Geschichte, eine Kombination aus Erfahrungen und Druck, die ihn so fahren lässt.

Du hast keine magische Augmented-Reality-Brille. Du kannst nicht ihre Lieblingsfilme oder ihre inneren Welten sehen.

Aber jetzt kannst du dich daran erinnern, dass sie da sind. Und sobald du das tust, eröffnen sich alle möglichen interessanten Möglichkeiten.

Der NPC-Denkweise entkommen

Die Person im Fitnessstudio, die Leute aus ihrer Kameraeinstellung verscheucht? Sie hat NSCs gesehen.

Diese Stadionkämpfe, über die wir gesprochen haben. Zwei Menschen, die alles riskieren und sich gegenseitig als gegnerische Kämpfer sehen. NPCs, die es zu besiegen gilt.

Leute mit engen Zeitplänen in Disney, die von einer Attraktion zur nächsten hetzen. Für dich waren sie während deines Besuchs NPCs, damit du dich entspannt fühlen konntest, weil sie gestresst aussahen.

Dumme Leute, die du in der Schlange überholen willst. NSCs, die darauf programmiert sind, dich zu frustrieren.

Das Auto, das dich geschnitten hat, ohne zu blinken. Ein NSC mit schlechter Programmierung.

Die Person, die deinen Parkplatz weggenommen hat. Ein NSC, der deine Ressourcen stiehlt.

Jedes Beispiel handelte von jemandem, der vergaß, dass andere Menschen keine NSCs sind.

Der Uber-Fahrer im Verkehr von Mexiko-Stadt hat mich auf der Stelle daran erinnert. Nicht, weil ich erleuchtet wurde, sondern weil ich einen Blick hinter den NSC erhaschte und die Person sah, die diesen Anruf entgegennahm.

Und wenn man es einmal gesehen hat, kann man es nicht mehr völlig ausblenden.

Du wirst es vergessen. Du wirst in den NPC-Modus zurückfallen. Du wirst dich über den langsamen Fahrer ärgern. Du wirst dich über den verspäteten Dienstleister aufregen und vergessen, dass er vor dir drei andere Kunden hatte.

Das ist normal. Das ist menschlich.

Es gibt keine Prüfung dafür, die volle Menschlichkeit aller jederzeit im Kopf zu behalten. Das ist unmöglich. 30.000 Menschen bei einem Konzert? Du kannst nicht all ihre Leben gleichzeitig sehen. Du kannst dir nicht all ihre individuellen Pläne bewusst machen, die sie abschließen mussten, um an diesem Konzert teilzunehmen. Dass die Hälfte von ihnen aus einer anderen Stadt angereist ist — Flugzeuge, Hotels, Transport, alles. Lebensersparnisse ausgegeben. Die Reise als Abschlussgeschenk erhalten. Du kannst dir nicht bewusst machen, dass jede einzelne Person in dieser Arena ihre eigenen Hoffnungen und Ängste und Menschen hat, die auf sie warten.

Es gibt auch keine Prüfung dafür, wie schnell du dich dabei ertappst, wieder in den NPC-Modus zu verfallen. Du wirst abrutschen. Du wirst es vergessen. Du wirst jemanden als Kulisse oder Hindernis oder Funktion behandeln.

Und dann wird dich etwas daran erinnern. Ein Moment des Augenkontakts. Eine Erkenntnis, die dich mitten im Verkehrschaos trifft.

Keine NPCs, sondern Co-Charaktere in ihren eigenen Geschichten, die neben deiner auf derselben Autobahn fahren.

Das ist die Veränderung. Keine Perfektion. Nur ein Bewusstsein, zu dem du zurückkehren kannst, wenn du dich erinnerst.

Und manchmal reicht das aus, um aus einer frustrierenden Verspätung eine gemeinsam gerauchte Zigarette inmitten des Chaos zu machen.

Kapitel 14

DIE LÜCKE, DIE DU LÄSST

Also, wenn du Menschen erst einmal als Menschen und nicht als NPCs siehst, was fängst du dann mit dieser Erkenntnis an?

Die reine Anerkennung ändert nicht viel. Du steckst mit allen anderen in diesem Berufsverkehr fest. Ein paar Autos vor dir versucht jemand, von einer Tankstellenausfahrt einzufädeln. Er steckt sichtlich fest, die Nase seines Wagens schiebt sich bei jeder Lücke ein Stückchen vor, aber niemand lässt ihn rein.

Du kannst anerkennen, dass diese Person ihr eigenes, ausgefülltes Leben hat, ihre eigenen Gründe, hier zu sein, ihren eigenen Stress, weil sie zu spät dran ist — und dich trotzdem weigern, sie einfädeln zu lassen, weil du Vorfahrt hast. „Pah!"

Anerkennung ohne Handeln ändert nichts.

Die Japaner haben ein Wort für den nächsten Schritt — *omoiyari*. Es ist tiefgründiger als Empathie. Es bedeutet, die Bedürfnisse von jemandem zu antizipieren, ohne dass er etwas sagen muss. Mit leiser, rücksichtsvoller Fürsorge zu reagieren. Kleine, unausgesprochene Freundlichkeiten, die zeigen, dass du dir nicht nur bewusst bist, dass andere Menschen existieren, sondern dass du aktiv Platz für sie schaffst.

Keine großen Gesten. Keine zur Schau gestellte Freundlichkeit für die sozialen Medien. Nur die subtilen Taten, die tiefen Respekt und Feingefühl für andere zeigen.

Empathie und Sympathie verstehen

Manche Leute verwenden diese Wörter austauschbar. Sie sind aber nicht dasselbe, und der Unterschied ist wichtig, wenn wir über *omoiyari* sprechen.

Sympathie ist eine emotionale Reaktion: „Oh, das ist so traurig. Das tut mir leid für dich." Es ist das Mitgefühl mit der Situation von jemandem. Es bestätigt seinen Schmerz, gibt ihm das Gefühl, gehört zu werden, aber es führt nicht unbedingt irgendwohin.

Empathie ist Verstehen: „Warum ist das passiert? Lässt sich das beheben?" Es bedeutet, sich so tief in die Lage des anderen zu versetzen, dass man mögliche Lösungen erkennt. Es ist einem wichtig genug, die Situation ändern zu wollen, nicht nur, sie anzuerkennen.

Wenn dir jemand erzählt, dass er Probleme hat, sagt die Sympathie: „Das muss schwer sein." Die Empathie sagt: „Was würde jetzt helfen?"

Das eine bietet Trost. Das andere bietet an, die Ursache anzugehen.

Beides hat seine Berechtigung — manchmal müssen Menschen wirklich nur gehört und bestätigt werden. Aber wenn jemandes Auto am Straßenrand eine Panne hat, bringt ein „Es tut mir so leid, dass dir das passiert ist" ihn nicht wieder auf die Straße. „Brauchst du ein Starthilfekabel oder eine Mitfahrgelegenheit?" schon.

Manche Menschen müssen sich getröstet fühlen, bevor sie über Lösungen nachdenken. Das ist legitim.

Omoiyari tendiert zur Empathie — es antizipiert Bedürfnisse und handelt danach. Es ist Empathie in Aktion. Empathie, die nicht wartet, bis sie darum gebeten wird.

Du könntest an dem einfädelnden Auto vorbeifahren. Du hast Vorfahrt. Du bist schon zu spät dran.

Oder du könntest anhalten. Eine Lücke schaffen. Ihn reinwinken. Das ist keine Schwäche. Es ist der kluge Schachzug.

Es kostet dich drei Sekunden länger. Es verändert seine gesamten nächsten fünf Minuten.

Das ist *omoiyari*. Nicht, weil du ein Heiliger bist, sondern weil du dich daran erinnerst, wie es sich anfühlte, festzustecken und zuzusehen, wie alle so tun, als würden sie dich nicht sehen.

Jemand hat dich mal reingelassen. Also lässt du jemand anderen rein. Ohne Dankbarkeit zu erwarten. Einfach nur Platz schaffen.

Denk an Parkplätze. Wenn du ein neues Auto hast, parkst du weit weg von allen anderen — um deine Türen vor Dellen zu schützen. Das ist Selbsterhaltung.

Aber es gibt eine andere Version: so weit weg zu parken, dass die Person neben dir Platz hat, ihre Tür zu öffnen, ohne sich Sorgen machen zu müssen. Dasselbe Verhalten, andere Motivation. Bei dem einen geht es darum, dich selbst zu schützen. Bei dem anderen geht es darum, Platz für jemand anderen zu schaffen.

Das ist *omoiyari* auf einem Parkplatz.

Der dritte Burger in Rom

Einmal machten meine Frau und ich Urlaub in Rom, um unseren Jahrestag zu feiern. Ich erinnere mich an einen Tag, an dem wir sehr müde waren, um zum Mittagessen auszugehen. Wir wohnten im IQ Hotel, und es gab ein McDonald's an der Ecke Via Firenze und Via Nazionale (später fand ich heraus, dass sie es eine Straße weiter verlegt hatten), nur drei Blocks vom Hotel entfernt. Also schlug ich ihr vor, dass ich vielleicht einfach schnell losgehen und uns etwas zu essen holen könnte.

Nicht um anzugeben, aber mein Italienisch war während des größten Teils der Reise ziemlich gut — ich hatte ungefähr zwei Monate lang intensiv gelernt, bevor wir losfuhren. An einer Bushaltestelle konnte ich sogar einem Touristen aus Palermo, der *la città* besuchte und direkt aus Sizilien kam, auf Italienisch den Weg beschreiben; meine Frau konnte die Szene kaum fassen (ich auch nicht, denn er *hatte* mich verstanden).

Als ich also ins Restaurant ging, gab ich meine Bestellung selbstbewusst auf. Nachdem ich bezahlt hatte und zur Tür hinausging, bemerkte ich, dass ich drei Burger in meiner Tüte hatte. Ich hatte mich vertan — mein fehlerhaftes Italienisch hatte dazu geführt, dass ich drei statt zwei Burger bestellt hatte. Ich lächelte. Jetzt hatte ich eine lustige Geschichte, die ich ihr im Hotel über mein „selbstbewusstes" Italienisch erzählen konnte.

Aber als ich nach draußen trat, saß da ein obdachloser Mann mit seinem Hund.

Ich gab ihm den dritten Burger.

Ich machte keine große Sache daraus. Habe es nicht gefilmt. Habe nichts darüber gepostet. Ich gab ihn ihm einfach. Er bedankte sich bei mir. Ich nickte und ging weiter.

Dann schaute ich zurück.

Er teilte die Hälfte davon mit seinem Hund.

Die ehrliche Wahrheit darüber? Das fühlte sich wirklich, wirklich großartig an. Und ich liebte dieses Gefühl. Dieses Gefühl war für mich — kein Video, keine Kameras, keine Bestätigung von irgendjemand anderem — es gehörte mir.

(Ihn dabei zu beobachten, wie er es mit seinem Hund teilte, war für mich als Hundemensch das i-Tüpfelchen.)

So will ich leben. Solche Gefühle haben.

Vielleicht wird das von deinem Beifahrersitz aus als egoistisch abgestempelt. Aber für mich ist es ein erstaunliches Gefühl, das ich jetzt immer zu wiederholen versuche, wann immer es möglich ist. Wie ein lieber Cousin sagt: „Wenn die Familienkasse es zulässt."

Denn das ist es, was *omoiyari* in der Praxis wird. Nicht die große Geste. Nicht die dokumentierte Wohltat. Einfach nur einen zusätzlichen Burger zu kaufen und ihn jemandem zu geben, der ihn nötiger hat als du. Meistens gibt es an der Kasse sogar ein günstiges Zusatzangebot, um es noch einfacher zu machen.

Ich sage das nicht, um anzugeben oder um Lob zu bekommen. Ich schreibe das auf, um dich einzuladen, dasselbe zu tun. Diese kleinen Gesten machen unsere Gemeinschaft besser. Zum Beispiel habe ich jetzt wie früher bei Uber Wasserflaschen in meinem Auto. Zwei oder drei neue. An Ampelstopps, wenn jemand um Geld bittet oder sogar meine Windschutzscheibe putzen will — oder einfach nur Händler, die an der Ampel Zeug verkaufen — gebe ich ihnen anstelle von oder zusätzlich zu etwas Kleingeld eine Flasche Wasser. Besonders an sonnigen Tagen.

Sie freuen sich riesig über die Wasserflasche.

Meine Frau drängt mich heutzutage, das auch zu Hause zu tun, bei jeder Essens- oder Paketlieferung. Besonders bei denen auf Motorrädern, die unter ihren Helmen schwitzen. Für sie steht immer eine 500-ml-Flasche Wasser im Kühlschrank.

Du siehst eine obdachlose Person vor dem Supermarkt? Vielleicht würde es ihren Tag mehr bereichern, wenn du auf dem Weg nach draußen eine zusätzliche Limo kaufst und sie ihr reichst, als Kleingeld in ihren Becher zu werfen.

Kleine Dinge. Aber sie summieren sich.

Wählen, wann man die Kapazität hat

Sobald du auf die unausgesprochenen Bedürfnisse anderer Menschen achtest, kannst du nicht mehr aufhören, sie zu bemerken.

Die Person, die sich mit der schweren Tür abmüht. Die Familie, die versucht, den U-Bahn-Plan zu entziffern. Der ältere Mann, der den Artikel im obersten Regal nicht erreichen kann.

Und du musst dich entscheiden. Denn du kannst nicht jedem jedes Mal helfen.

Das bedeutet, dass man manchmal jemanden sehen wird, der Hilfe braucht, und man wird weitergehen, weil man an seinem Limit ist und nicht noch eine weitere Sache auf sich nehmen kann.

Und das ist in Ordnung.

Es gibt keine Prüfung dafür, endlos für alle verfügbar zu sein. *Omoi-yari* bedeutet nicht, sich ständig selbst aufzuopfern.

Es bedeutet, aufmerksam zu sein, wenn man die Kapazität hat. Zu handeln, wenn man kann. Platz zu schaffen, wenn es einen nichts oder nur etwas Bewältigbares kostet.

Manchmal ist das Empathischste, was man tun kann, zu erkennen, dass man erschöpft ist und seine Energie für die Menschen in seinem unmittelbaren Umfeld aufsparen muss, die von einem abhängen.

Der Schlüssel ist, ehrlich mit sich selbst zu sein: Bin ich wirklich am Ende meiner Kapazitäten oder will ich mich nur nicht aus der Ruhe bringen lassen?

Es gibt einen Unterschied zwischen „Ich habe wirklich keine Kapazitäten" und „Ich habe keine Lust".

Das eine ist Selbsterhaltung. Das andere ist einfach nur Egoismus.

Und manchmal weißt du erst später, was von beidem es war. Das ist auch in Ordnung. Man wird das nicht jedes Mal richtig machen.

Die Sache mit den kleinen Gesten

Omoiyari dreht sich nicht um große Demonstrationen von Freundlichkeit. Es geht nicht darum, sich selbst zum Helden in der Geschichte eines anderen zu machen.

Es geht um die winzigen Anpassungen, die man vornimmt, weil man aufmerksam ist.

Jemandem, der Kisten trägt, die Tür aufhalten — aber ihn nicht hetzen, weil man sie aufhält.

Seine Tasche vom leeren Sitz nehmen, wenn der Zug voll wird — bevor jemand fragen muss.

Seine Musik leiser stellen, wenn man bemerkt, dass jemand in der Nähe versucht, sich zu konzentrieren.

Jemandem, der größer ist, den Gangplatz anbieten, wenn man im Flugzeug ist und man klein genug ist, dass Beinfreiheit für einen nicht so wichtig ist.

Seinen Kollegen fragen, ob er etwas aus dem Café braucht, wenn man sowieso schon hingeht — nicht, weil man versucht, nett zu sein, sondern weil man sowieso hingeht und zwei Getränke statt einem zu tragen einen nichts kostet.

Diese Momente bringen einem keine Punkte. Niemand führt Buch. Es gibt keine Prüfung dafür, wie oft du die Bedürfnisse anderer antizipierst.

Aber sie verändern die Beschaffenheit des täglichen Lebens. Für dich und für sie.

Man nimmt jetzt ständig die Menschen um sich herum wahr.

Jeden um dich herum.

Jeden.

Ich meine, jede Person, die du siehst ... seit der Minute, in der du aufgewacht bist.

(Hast du den Wink verstanden?)

Ja, zu Hause.

Hier ist der Hauptpunkt des Kapitels: Dein Partner ist auch kein NPC.

Er ist nicht da, um die Rolle Ihres Partners zu erfüllen. Er hat ein Leben, Wünsche, Ziele, Träume — nicht für dich, sondern seine eigenen. Und manchmal, wenn du Glück hast, sind diese Träume MIT dir im Bild.

Omoiyari mit deinem Partner sieht so aus: sein Lieblingsgetränk bestellen, ohne dass er darum bitten muss. Die Toilettenpapierrolle wechseln, bevor sie leer ist — und ihm nicht die letzten Blätter überlassen, sodass er derjenige ist, der sie wechseln muss. Seine Wasserflasche nachfüllen, wenn du siehst, dass sie leer ist. Sein Handy aufladen, wenn du bemerkst, dass der Akku fast leer ist. Seine Autoschlüssel dorthin legen, wo er sie sehen kann, wenn du weißt, dass er spät dran ist.

Kleine Antizipationen, die zeigen: „Ich nehme an deinem Leben teil, nicht nur an meinem."

Das ist *omoiyari*.

Oder wie Dean Martin sagen würde: „That's *amore*."

Nicht darauf warten, dass er um Hilfe bittet. Nicht aufrechnen. Es gibt keine Prüfung, wer das öfter tut als der andere. Einfach nur bemerken, wenn er überfordert ist, und handeln, bevor er um Unterstützung bitten muss.

Das ist es, was Beziehungen sich wie Partnerschaften anfühlen lässt, anstatt wie Verhandlungen.

Wenn du nicht in einer Beziehung bist, schau auf deine Eltern. Sie sind nicht nur da, um für dich zu sorgen (was uns zum klischeehaften Verweis auf den Geldautomaten bringt).

Omoiyari mit deinen Eltern sieht so aus: sie zum Abendessen ausführen, du zahlst, einfach so. Sie anrufen, um etwas Lustiges zu erzählen, das passiert ist, nicht nur, wenn du etwas brauchst. Auftauchen, um bei der Sache zu helfen, die sie schon lange vor sich hergeschoben haben, ohne darauf zu warten, dass sie darum bitten.

Kleine Taten, die sagen: „Ich erinnere mich daran, dass ihr als Menschen existiert, nicht nur als die Menschen, die mich großgezogen haben." Sie sind Menschen. Sie haben auch eine Liste mit Dingen, die sie noch erleben wollen.

Hast du sie nach ihrer Liste gefragt? Gibt es etwas darauf, das du ihnen ermöglichen könntest, ohne darum gebeten zu werden?

Wenn sie noch da sind, solltest du mehr mit ihnen teilen. Und nicht nur die Schulden auf deiner Kreditkarte.

Antizipieren, bevor man gebeten wird

Du schaust in deinen Rückspiegel. Du siehst ein Auto hinter dir, das sich schnell nähert. Du wartest nicht darauf, dass es die Lichthupe betätigt wie eine Krankenwagensirene. Du wechselst einfach die Spur, bevor es ein Zeichen geben muss, weil du dir bewusst bist, dass jemand es eilig hat und du es antizipieren kannst.

Du fährst auf der Autobahn und gerätst plötzlich in einen Stau. Du schaltest vorsichtshalber deine Warnblinkanlage ein. Es gibt keine Verkehrsregel, die das vorschreibt, aber du denkst an die Person hinter dir, die vielleicht noch nicht bemerkt hat, dass der Verkehr vor dir zum Stillstand gekommen ist. Sicher, es dient auch deiner eigenen Sicherheit, aber auch das ist *omoiyari* — zu antizipieren, was jemand anderes wissen muss, bevor er merkt, dass er es braucht.

Kleine Momente, in denen man unangekündigt Platz schafft.

Und allmählich verändert sich deine Fahrt. Nicht, weil der Verkehr besser wird, sondern weil du aktiv daran teilnimmst, ihn für alle Beteiligten etwas weniger feindselig zu gestalten.

Kein Rennen mehr. Kein Wettbewerb. Nur koexistieren. Antizipieren. Platz schaffen.

Das ist es, was du mit der Erkenntnis machst, dass andere Menschen keine NPCs sind.

Du fährst, als ob sie wichtig wären. Weil sie es sind.

Und es gibt keine Prüfung dafür, wie oft du dich daran erinnerst. Du wirst es manchmal vergessen. Du wirst gestresst sein und jemanden anfahren, der es nicht verdient hat. Du wirst in Eile sein und keinen Platz schaffen, obwohl du es hättest tun können.

Das ist normal.

Aber die Male, an die du dich erinnerst? Diese Momente, in denen du innehältst und Platz schaffst und der Tag von jemandem etwas einfacher wird, weil du aufmerksam warst?

Die summieren sich.

Nicht auf einer offiziellen Punktetafel. Nicht für irgendeine Note.

Nur Kilometer auf dem Tacho von allen. Deinen eingeschlossen.

Und manchmal wird dieser leise Akt, die Bedürfnisse von jemandem zu antizipieren, ohne dass er darum bitten muss, zu dem Moment, an den er sich Jahre später erinnert, wenn er an seinen Arbeitsweg denkt.

Die Person, die ihn einfädeln ließ. Der Fremde, der die Tür aufhielt. Der Moment, als jemand sah, dass er sich abmühte, und half, ohne eine große Inszenierung daraus zu machen.

Du erinnerst dich vielleicht nicht daran, es getan zu haben.

Aber sie werden sich daran erinnern, dass es jemand getan hat.

Und vielleicht schaffen sie das nächste Mal Platz für jemand anderen.

Nicht, weil sie versuchen, es weiterzugeben oder eine kosmische Bilanz auszugleichen.

Nur, weil sie sich daran erinnern, wie es sich anfühlte, als jemand ihre Bedürfnisse antizipierte und mit leiser, rücksichtsvoller Fürsorge reagierte. Freundschaft ist alles, wenn man auf einer langen Fahrt ist.

Das ist *omoiyari*.

Das ist die Kunst, andere zu sehen.

Und das ist es, was die Autobahn sich ein wenig weniger wie ein Wettbewerb und ein wenig mehr wie eine gemeinsame Reise anfühlen lässt, selbst wenn wir alle in diesem Stau stecken.

Kapitel 15

STOPPSCHILDER GIBT ES AUS GUTEM GRUND

Okay, es gibt keine Prüfung. Es gibt kein Benotungssystem. Es gibt keinen Wettbewerb, den du gewinnen musst. Es gibt keinen Richter, der deine Route mit der aller anderen vergleicht.

Aber es GIBT Regeln. Regeln sind gut. Willkommen in der echten Welt — sie hat Regeln, und sie zu ignorieren, lässt sie nicht verschwinden.

Bevor du jetzt denkst, ich hätte gerade die gesamte Prämisse des Buches widerlegt, lass es mich erklären. Es gibt Verkehrsregeln. Rote Ampeln. Geschwindigkeitsbegrenzungen. Stoppschilder. Fahrbahnmarkierungen. Diese sind nicht dazu da, deine Leistung zu benoten oder dich im Vergleich zu anderen Fahrern einzustufen. Sie sind da, damit wir nicht ineinander krachen.

Du kannst jede beliebige Route nehmen. Du kannst deine eigene Geschwindigkeit fahren. Du kannst die Spur wechseln, wenn du es musst. Aber du kannst nicht bei Rot über die Ampel fahren und durch Kreuzungen brettern, weil es ja keine Prüfung gibt. Das ist keine Freiheit — das ist Chaos.

Das Anspruchsdenken

Manche Leute sagen, das Anspruchsdenken, besonders in den sozialen Medien, sei eine Frage der Generation. Aber das ist keine altersspezifische Eigenschaft. Wir alle tun das, ob bewusst oder unbewusst. Jeder ist die Hauptfigur seiner eigenen Geschichte (was wir ja auch sind). Aber manche Leute kommen nicht damit klar, wenn die Geschichte eines anderen für fünf Minuten im Mittelpunkt steht. Wenn sie der Protagonist sind, sollst du nur eine Nebenrolle spielen. Wenn du über DEIN Leben postest, fühlen sie sich zu Nebendarstellern degradiert.

Also kapern sie den Moment. Sie lenken die Aufmerksamkeit um. Sie machen deinen Beitrag zu ihrem. Und die Sache ist die: Sie wissen nicht, dass wir es wissen. Sie merken nicht, dass wir ihr Ablenkungsmanöver durchschauen.

Du hast absolut das Recht, dein Leben zu leben. Poste dein Frühstück. Teile deine Erfolge. Feiere deine Meilensteine. Aber du hast nicht das Recht, dein Leben in den Moment eines anderen zu drängen und die gleiche Aufmerksamkeit zu fordern.

Wenn jemand feiert, lass ihn feiern. Wenn jemand trauert, lass ihn trauern. Wenn jemand Freude teilt, antworte nicht mit deinem Katalog überlegener Freude. Ungeschriebene Regeln.

Nicht, weil es eine Prüfung darüber gibt, wie unterstützend man ist, sondern weil es auf dieser Autobahn Menschen gibt, und sie haben genauso ein Recht auf ihre Momente wie du auf deine.

Die ungeschriebenen Regeln

Die Sportmannschaft von jemandem gewinnt? Lass sie sich freuen. Beleidige nicht die Spieler der unterlegenen Mannschaft. Wechsle nicht sofort das Thema zu: „Na ja, MEINE Mannschaft hat aber mehr Meisterschaften gewonnen." In ihrem Moment geht es nicht um dich.

Jemand bekommt auf der Arbeit eine Gehaltserhöhung? Feiere es mit. Denk nicht: „Warum die und nicht ich?" Deren Erfolg hat nichts von deinem Gehalt abgezogen. „Gönn" es ihnen.

Jemand teilt etwas, worauf er stolz ist? Lass sie stolz sein. Du musst sie nicht übertrumpfen. Du musst nichts kritisieren. Du musst es nicht um dich gehen lassen. Es gibt keine Prüfung, wer stolzer ist.

„Die einzige Gelegenheit, die es rechtfertigt, auf jemanden herabzusehen, ist, wenn man ihm aufhilft."

— NEIL DEGRASSE TYSON, *STARRY MESSENGER*,

149.

Das gilt auch dafür, die Momente anderer Menschen zu untergraben. Die Größe deiner Errungenschaften ist nur für dich von Bedeutung, nicht für sie. Deine Emotionen sind nur für dich von Bedeutung, nicht für sie. Du musst die Handlungen eines anderen nicht schmälern, nur weil du denkst, deine seien besser. Du bist ihnen weder in Emotionen noch in Besitztümern überlegen.

Nicht, weil du für deine Freundlichkeit benotet wirst (wirst du nicht), sondern weil du die Autobahn mit anderen Menschen teilst, die ebenfalls im Mittelpunkt ihres eigenen Lebens stehen. Und ihr Leben verdient den gleichen Respekt, den du für deines erwartest. Ihre Entscheidungen. Ihre Momente. Sogar ihre Freiheit:

Die Lektion der Cecilia Giménez

Vielleicht hast du vor Jahren davon gehört. Eine Hobby-Restauratorin namens Cecilia Giménez versuchte, das Gemälde *Ecce Homo* in ihrer örtlichen Kirche zu restaurieren. Es ging schief. Sehr schief. Das Internet explodierte. Überall gab es Memes.

Aber dann passierte etwas Düstereres: Die Leute forderten, dass sie strafrechtlich verfolgt wird. Sie wollten sie vor Gericht sehen. Einige wollten sie einsperren lassen.

Gefängnis.

Wegen einer schlechten Restaurierung eines Gemäldes.

Denk mal darüber nach. Menschen, die behaupteten, Kunst zu lieben, die endlos über die Bedeutung der Kulturbewahrung und des Respekts vor der Geschichte posteten, waren bereit, die Freiheit eines Menschen wegen eines Gemäldes zu zerstören.

Ich verstehe, dass Kunst einen Wert hat. Ich verstehe, dass Kulturerhalt wichtig ist. Aber der Wunsch, das Leben von jemandem zu bestrafen, ein Gemälde über ihre Freiheit zu stellen, kam mir wahnsinnig vor.

Es brachte mich zum Nachdenken darüber, was wir eigentlich schätzen, wenn wir sagen, dass wir Kunst schätzen:

Wenn du im Louvre eine perfekte Kopie der *Mona Lisa* sehen würdest, die vom Original nicht zu unterscheiden ist, würdest du nicht „dasselbe fühlen", wenn du wüsstest, dass es eine Replik ist. Warum? Ich meine, das visuelle Erlebnis ist identisch. Die Technik, die Komposition, die Farben — alles ist da.

Wir schätzen die Tatsache, dass ein Mensch es gemacht hat. Dass Leonardo da Vincis Hände vor Jahrhunderten tatsächlich diese Leinwand berührt haben.

Heute kann man mit generativer künstlicher Intelligenz großartige Kunst in jedem Stil erschaffen. Technisch einwandfrei. Ästhetisch atemberaubend. Aber wir loben sie offensichtlich nicht auf die gleiche Weise, weil ein KI-Modell sie generiert hat.

Ich beginne wirklich zu glauben, dass wir die Kunstwerke an sich gar nicht wirklich wertschätzen. Wir schätzen definitiv Menschen, die in der Lage sind, mit ihren Händen Kunst zu schaffen, aber nicht das Endergebnis selbst.

Als die Leute also forderten, Cecilia ins Gefängnis zu stecken, offenbarten sie etwas: Ihre Verbundenheit mit dem Gemälde, von dem die meisten eine Woche zuvor noch nichts wussten, war wichtiger als ihre Menschlichkeit. Sie wurde zu einem NSC in ihrer Geschichte über den Schutz der Kunst. Eine Schurkin, die bestraft werden musste. Ein Symbol, an dem ein Exempel statuiert werden sollte.

Sie war 81 Jahre alt, als der Vorfall passierte. Sie hatte freiwillig ihre Zeit geopfert, um ihrer Kirche zu helfen. Sie hat davon nicht profitiert. Sie hat nichts zerstört. Sie ist nur ... bei etwas gescheitert, das sie in gutem Glauben versucht hatte.

Die Drei-Autos-Übung

Hier ist etwas Praktisches, das du ab heute tun wirst.

Lass im Laufe deines Tages drei Autos vor dir einscheren.

Nicht zwei. Nicht fünf. Drei.

Warum ausgerechnet drei? Dahinter steckt eine Psychologie. Wenn Geschäfte Eier im Dutzend verkaufen, lernen die Leute, zwölf zu kaufen. Nicht elf. Nicht dreizehn. Die Zahl wird zum Standard. Im Marketing nennt man das den Ankereffekt. Die erste Zahl, auf die du triffst, wird zu deinem Referenzpunkt.

Die Nudge-Theorie zeigt uns, dass kleine, spezifische Aufforderungen das Verhalten effektiver ändern als vage Vorschläge. „Sei nett" bleibt nicht hängen. „Lass drei Autos einscheren" schon.

Und dabei wirkt auch das Knappheitsprinzip. Drei fühlt sich überschaubar an, nicht endlos. Es ist genug, um bewusst zu handeln, aber nicht so viel, dass es sich wie eine Last anfühlt, mit der du nach einer Woche aufhörst.

Drei Autos während deines gesamten Arbeitswegs. Drei kleine Gesten während deines Tages. Drei Momente, in denen du Platz für jemand anderen schaffst.

Nicht, weil es eine Prüfung zur täglichen Freundlichkeit gibt. Sondern weil die Übung etwas in dir verändert.

Wenn du die drei Autos einscheren lässt, hilfst du nicht nur ihnen, du erinnerst dich auch selbst daran, dass sie keine NSCs sind. Sie müssen irgendwohin. Sie sind gestresst, weil sie zu spät dran sind. Sie brauchten die Lücke, die du gerade geschaffen hast.

Das ist nicht nur für sie. Es ist für dich. Es ist die Achtsamkeitsübung, die dich davor bewahrt, wieder in das NSC-Denken zu verfallen, bei dem alle um dich herum nur Kulisse auf deinem Arbeitsweg sind.

Drei. Nicht vier. Nicht sieben.

Nicht, weil es eine magische Zahl ist, sondern weil sie spezifisch genug ist, um sich daran zu erinnern, und klein genug, um es tatsächlich zu tun.

An manchen Tagen wirst du es vergessen und nur eines schaffen. Aber wenn du dich daran erinnerst, wenn du bewusst dreimal am Tag

Platz schaffst, dann fühlt sich die Autobahn nicht mehr wie ein Wettbewerb an, sondern so, als wären wir alle eine Gemeinschaft von Menschen, die versuchen, irgendwo anzukommen. Und ich werde für dich da sein, weil du auch für mich da bist.

Drei Autos. Drei Gesten. Drei Momente, in denen du anerkennst, dass die Route eines anderen genauso wichtig ist wie deine.

Fang heute an.

Das harte Oxymoron

„Du bist mir wichtig genug, dass mir dein tägliches Leben egal ist."

Das klang jetzt sogar gemein, oder? Es ist genau das Gegenteil.

Glück bedeutet nicht, sich darum zu kümmern, anderen überlegen zu sein oder ihnen das Gefühl zu geben, minderwertig zu sein. Es ist nicht relativ. Glück ist, dein Leben zu leben, ohne es mit dem Armaturenbrett aller anderen vergleichen zu müssen.

Du bist mir wichtig genug, dass ich möchte, dass du gut lebst. Du bist mir wichtig genug, um deine Route zu respektieren. Du bist mir wichtig genug, dich deine eigenen Entscheidungen treffen und deine eigenen Erfolge feiern zu lassen.

Aber ich muss und ich will dein Leben nicht überwachen. Ich muss nicht mit deinen Errungenschaften konkurrieren. Ich brauche weder deine Bestätigung für meine Route noch deine Erlaubnis, meine zu nehmen.

Das ist keine Gleichgültigkeit. Das ist Respekt.

Die Ameisenkolonie

Ameisen befolgen Regeln. Nicht, weil es eine Ameisenpolizei gibt, die ihre Leistung bewertet, sondern weil die Kolonie nur überlebt, wenn jeder das System respektiert.

Keine Ameise verlangt das beste Futter. Keine Ameise kapert den Weg einer anderen Ameise, um ihn zu ihrem eigenen zu machen. Keine Ameise weigert sich, einen Beitrag zu leisten, weil „was springt für mich dabei heraus?". Sie opfern sich nicht für Anerkennung oder

Lob. Sie befolgen einfach die kollektiven Regeln, die die Kolonie am Laufen halten.

Wir sind schlauer als Ameisen. Wir können hinterfragen. Wir können fragen: „Warum sollte ich diese Regeln befolgen?" Wir können kalkulieren, ob es unseren Interessen dient, den Moment eines anderen zu respektieren. Wir können entscheiden, dass unser Bedürfnis nach Aufmerksamkeit wichtiger ist als das Recht eines anderen auf seinen Erfolg.

Aber vielleicht ist das nicht der große Wurf, für den wir es halten.

Wenn wir uns diese Autobahn, diesen Stau teilen, wenn wir zusammen auf diesem Planeten leben, müssen wir nicht nur unsere Regeln befolgen, wir wollen es auch. Nicht, weil es eine Prüfung für das Befolgen der Regeln gibt, sondern weil wir ohne sie nur Millionen von Individuen sind, die ständig ineinander krachen. Regeln helfen dabei, den Spaß zu kontrollieren.

Die Ameisen haben das kapiert. Wir sollten es auch tun.

Die Regeln bewerten dich nicht

Verkehrsregeln beurteilen deine Route nicht. Sie sorgen nur dafür, dass du nicht mit jemandem zusammenstößt, während du sie fährst.

Genauso ist es mit diesen Regeln, andere zu respektieren. Sie messen nicht deine Leistung als Mensch. Sie stufen dich nicht auf einer Freundlichkeits-Rangliste ein. Ich weiß — es fühlt sich unfair an. Aber roten Ampeln ist dein Zeitplan egal. Sie sagen nur: Deine Route gehört dir, ihre Route gehört ihnen, und beide können ohne Kollision existieren, wenn du den Raum zwischen euch respektierst.

Du musst darin nicht perfekt sein. Du darfst deine Wut im Straßenverkehr haben. Du darfst frustriert sein, wenn dich jemand schneidet. Du darfst auch mal nicht in der Stimmung sein, Leute einscheren zu lassen.

Aber wenn du zu schlau wirst und versuchst, dich vorzudrängeln, dann das Auto vor dir um Erlaubnis bittest, dich reinzuquetschen und auf die Autobahn zu fahren, wenn du den Moment eines anderen zu deinem machst, wenn du Aufmerksamkeit als Recht forderst, anstatt sie durch echte Verbindung zu verdienen, wenn du Menschen wie NSCs in deiner Geschichte behandelst, anstatt wie Protagonisten in ihrer, dann sind das keine Verstöße gegen eine Prüfung, sondern Verstöße gegen die ungeschriebenen Regeln, die wir hier besprechen und die es uns allen ermöglichen, diese Autobahn ohne ständige Kollisionen zu teilen.

Das Gestalt-Gebet

Fritz Perls, der Begründer der Gestalttherapie, schrieb eine Erklärung, die wahrscheinlich auf Autobahnschildern stehen sollte:

Ich tue, was ich tue, und du tust, was du tust.

Ich bin nicht auf dieser Welt, um deinen Erwartungen zu entsprechen,

Und du bist nicht auf dieser Welt, um meinen zu entsprechen.

Du bist du, und ich bin ich.

Wenn wir uns zufällig finden, ist es wunderschön.

Wenn nicht, ist es nicht zu ändern.

Mir fehlt es an Liebe für mich selbst,

wenn ich, im Versuch, dir zu gefallen, mich selbst verrate.

Mir fehlt es an Liebe für dich,

wenn ich versuche, dich so zu machen, wie ich dich haben will,

anstatt dich so zu akzeptieren, wie du wirklich bist.

Du bist du, und ich bin ich.

— FRITZ PERLS

Das ist es. Das ist die gesamte Philosophie in zwölf Zeilen.

Du nimmst deine Route. Ich nehme meine. Wenn sich unsere Wege kreuzen und wir eine Weile zusammen reisen, fantastisch. Wenn nicht, ist das auch in Ordnung.

Aber während wir uns die Autobahn teilen? Befolgen wir die Regeln. Wir respektieren den Raum des anderen. Wir lassen den Leuten ihre Momente. Wir fahren nicht über rote Ampeln und gehen davon aus, dass sich alle anderen uns anpassen werden.

Es gibt keinen Richter, der zusieht, um zu prüfen, ob du gut genug bist.

Aber es GIBT Menschen. Und sie sind keine Dekoration auf deiner Route. Sie sind auf ihren eigenen Routen, und diese Routen sind genauso real wie deine.

Respektiere die Regeln. Nicht, weil du dafür benotet wirst, sondern weil wir so alle dorthin gelangen, wo wir hinwollen, ohne uns auf dem Weg gegenseitig zu zerstören.

Teil Sechs

DIE OFFENE STRASSE

Die Autobahn liegt frei vor dir; du fährst in deinem eigenen Tempo.

Kapitel 16

HEUTE IST 100 % DEINES WEGES

Ich erinnere mich, dass ich an meinem 45. Geburtstag aufrichtig stolz war. Nicht, weil ich irgendeine Checkliste abgehakt oder einen Meilenstein erreicht hätte. Sondern weil ich optimistischerweise dachte, ich sei auf dem Höhepunkt meiner Lebensspanne. In der Mitte. Auf halbem Weg.

Ich fragte mich: „Fühle ich mich alt?" Verdammt, nein. Ich bin doch erst in der Hälfte meines Lebens. Ich hoffe auf 90 Jahre, oder? Das fühlte sich gut an. Das fühlte sich nach Kontrolle an.

Dann fing ich an, etwas zu bemerken.

Menschen in meinem Umfeld starben in dem, was alle „in jungen Jahren" nennen. Tragische Unfälle. Berühmtheiten. Sportler. Die Pandemie. Menschen, die ich bewunderte.

Paul Walker. Ich mag die „Fast and Furious"-Reihe sehr. Und er starb bei einem tragischen Autounfall. Einfach so.

Kobe Bryant. Starb auf einer ganz normalen Fahrt. Nicht einmal bei einem extremen Helikopter-Stunt. Er war einfach mit seiner Tochter auf dem Weg wohin.

Matthew Perry. Die Kultfigur aus „Friends". Chandler, der Sarkasmus-König aus dem Fernsehen. Überdosis.

Unzählige Freunde und enge Familienmitglieder während COVID. Und die Erkenntnis: Das war's. Das war ihr ganzes Leben.

Nicht die Hälfte. Nicht „hatte noch 30 Jahre vor sich". Das waren 100 % von dem, was sie bekamen.

Dann las ich einen Artikel über eine Technik, bei der man buchstäblich seine Sommer zählt, um das Beste aus denen zu machen, die einem noch bleiben: „Wie viele Sommer hast du noch?" Nimm dein Alter, ziehe es von 80 oder 90 ab, und das sind deine verbleibenden Sommer. Nutze sie besser!

Meine sofortige Reaktion? Ich hasste es.

Ich hasse es nicht nur, unter Druck zu leben. Das ist überhaupt kein Leben.

Das passiert, wenn du nach einem Countdown lebst: Du machst einen Ausflug, und wenn etwas schiefgeht — wenn du einen Platten hast und nicht an deinem Ziel ankommst — wird dieser Moment miserabel. Du hast dein Zeitfenster „verpasst". Jetzt musst du alles umorganisieren oder mit dem Schuldgefühl leben, dass diese Erfahrung „nicht gezählt" hat.

(Aber jetzt sehe ich es klar. Auch das hat gezählt. Du hattest einen Platten. Du hast Leute in der nächsten Stadt getroffen, die dir geholfen haben. Du hast gesehen, wie ihr Leben langsamer ist als deins. Wie ihre Gedanken sich nur um den nächsten Sonntag drehen, weil dann „der Tanz" am öffentlichen Pavillon mitten in der Stadt stattfindet.)

Auch das ist Leben. Neue Erfahrungen entdecken. Aber wenn du gegen einen Countdown anrennst, verpasst du das komplett. Du bist zu sehr damit beschäftigt, dich über die Verspätung zu ärgern.

Der Druck, noch 15 Sommer zu haben? 30 Sommer? Nein, diesen Ansatz hasste ich.

Also begann ich, nachzudenken. Zu reflektieren. Zu versuchen, es zu entkräften: Moment mal, warum bist du dir so sicher, dass du 85 wirst?

„Weil die Statistik das sagt."

Du hast dir die Zahlen angesehen, aber nicht wirklich hingeschaut. Statistiken sind nur eine Erklärung dessen, was passiert ist. Deshalb sind Statistik und Wahrscheinlichkeit eng verwandt, aber nicht dasselbe. Statistiken sagen dir, was in der Vergangenheit geschehen ist, die Leistung. Sie sagen nicht DEINE spezifische Zukunft voraus.

Wie naiv wir sind, uns in denselben Topf zu werfen wie eine Statistik, die auf zufälligen Menschen basiert — Menschen, die nur an natürlichen Ursachen starben, denn Unfälle sind Ausreißer in der Statistik —, Menschen, die völlig andere Wege gegangen sind als wir?

Da fing ich an, es andersherum zu betrachten.

Der Trugschluss des Countdowns

Erinnerst du dich? Du bist der Maßstab. Dein Leben, dein Tempo, deine Route.

Aber dieser Durchschnitt von „80 Jahren" oder „90 Jahren"? Er stammt von Millionen von Menschen, die völlig andere Wege gegangen sind als du. Andere Genetik. Andere Gewohnheiten. Andere Fahrzeuge. Völlig andere Autobahnen.

Einige von uns sind ständig auf der Autobahn unterwegs — hohes Tempo, viel Stress, hoher Spritverbrauch. Einige von uns fahren mit einem Wagen vom Bauernhof zu ihrem Haus im Wald hinauf — langsam und stetig, minimaler Verschleiß.

Wir fahren sehr unterschiedliche Autos in sehr unterschiedlichem Tempo.

Du bist keine Ameise. Wir sind keine Spezies, die sich fast identisch verhält, bei der man die Lebensspanne jedes Einzelnen anhand des Koloniedurchschnitts — mit einer winzigen Fehlermarge — vernünftig vorhersagen könnte.

Deine Route ist deine. Dein Fahrzeug ist deins. Dein Tempo ist deins.

„Noch 25 Sommer" herunterzuzählen, basierend auf dem Kilometerzähler eines anderen, macht keinen Sinn. Du weißt nicht, wie viele Sommer du hast. Niemand weiß das. Vielleicht hast du 50. Vielleicht hast du 5. Vielleicht hast du 1.

Aber was du hast, ist dieser Sommer. Genau jetzt. Und wenn der nächste Sommer kommt, wirst du auch den haben.

Im Rückstand

Ich war 32 Jahre alt, als ich Silvana fragte, ob sie meine Freundin sein will. Am 25. Oktober 2009. Wir verlobten uns genau ein Jahr später — am selben Datum. Geheiratet haben wir am 22. Oktober 2011.

Vor Silvana hatte ich zwei Freundinnen. Die erste Beziehung dauerte ungefähr drei Wochen, als ich 17 war. Die zweite dauerte anderthalb Monate, als ich 20 war.

Das bedeutet, ich habe 12 Jahre „ohne Freundin" verbracht. Und in meiner Heimatstadt, wo jeder mit etwa 25 heiratet, war ich im Leben ziemlich spät dran. Ich lag hinter dem Zeitplan.

Ein Freund sagte mir — als Rechtfertigung dafür, warum er mit Mitte 20 heiratete —: „Du musst mit Mitte 20 heiraten, damit du mit Mitte 30 mit deinen Kindern spielen kannst." Er war so überzeugt, dass das der richtige Weg sei, denn mit Mitte 40 könne man nicht mehr so rennen wie mit Mitte 30.

Nach welchem Zeitplan? Nach wessen Route? Warum sollte ich mit Mitte 40 nicht mit meinem Kind spielen können?

Ich habe nicht mit Mitte 20 geheiratet. Ich habe mit 34 geheiratet. Und weißt du was? Ich kann immer noch mit meinem Sohn spielen. Der Zeitplan, den mein Freund aufstellte — der, der mir das Gefühl gab, im Rückstand zu sein —, war völlig willkürlich. Er funktionierte auf seiner Route. Er hatte nichts mit meiner zu tun.

Das ist die Falle, wenn man seinen Kilometerzähler mit der Reise eines anderen vergleicht.

Das mache ich schon mein ganzes Leben

Denk mal darüber nach, wie dieser Satz funktioniert.

Wenn du 15 Jahre alt bist und sagst: „Ich fahre schon mein ganzes Leben lang Skateboard", meinst du damit 15 Jahre. Das ist die gesamte Spanne deiner Existenz, und Skateboarden war die ganze Zeit ein Teil davon. Die 100 % deines ganzen Lebens.

Wenn du 40 Jahre alt bist und sagst: „Ich arbeite schon mein ganzes Leben in der Tech-Branche", meinst du 40 Jahre (oder wie lange auch immer deine Karriere schon andauert, deine 25 effektiven Arbeitsjahre). Das sind 100 % deiner beruflichen Reise.

Dein Kilometerzähler zeigt die gesamte Strecke, die du zurückgelegt hast. Alles davon. Das ist kein Bruchteil einer vorhergesagten Gesamtsumme — das ist das Ganze. Dein ganzes Leben, direkt auf dem Armaturenbrett. Da steht nicht 15.000 von 90.000 Kilometern.

Mit 15 waren dein ganzes Leben 15 Jahre. Mit 26 ist dein ganzes Leben 26 Jahre. Mit 48 ist dein ganzes Leben 48 Jahre. Das sind 100 %. Nicht 60 %, die auf die restlichen 40 % warten. Nicht auf halbem Weg zu einer imaginären Ziellinie. 100 %.

Der 100-%-Reset

Hier wird es interessant.

Die meisten Menschen stellen sich das Leben wie einen Akku vor, der sich entleert. Du fängst bei 100 % an, und mit jedem Jahr, das vergeht, verlierst du einen Prozentsatz. Mit 50 bist du bei der „Hälfte" deines Lebens. Mit 75 bist du auf der „letzten Etappe".

Aber so funktioniert dein Kilometerzähler nicht.

Dein Kilometerzähler zählt nicht rückwärts. Er zählt aufwärts.

Jeder Kilometer, den du fährst, wird zu deiner Gesamtsumme hinzugefügt. Jedes Jahr, das du lebst, wird Teil deiner vollständigen Reise. Du verlierst kein Leben — du sammelst es an.

Mit 26 Jahren ist dein Leben nicht „26 von möglichen 80". Dein Leben IST 26 Jahre. Das sind 100 % von dem, was du bisher gelebt hast. Das ist das vollständige Maß deiner bisherigen Existenz.

Wenn du 27 wirst, wirst du nicht zu „27 von 80". Du wirst 27 Jahre alt — deine neuen 100 %. Dein Bezugspunkt wird zurückgesetzt. Dein ganzes Leben ist jetzt ein Jahr länger.

Das ist keine Wortklauberei. Das verändert, wie du Zeit erlebst.

Wenn du herunterzählst („Ich habe noch 25 Sommer"), fühlt sich jeder vergangene Sommer wie ein Verlust an. Du verbrauchst eine begrenzte Ressource. Der Countdown erzeugt Angst, Dringlichkeit, Druck. Du rennst gegen eine Uhr, die vielleicht nicht einmal für dich gilt.

Wenn du aufwärtszählst („Das ist Sommer Nummer 48 für mich"), ist jeder Sommer, der kommt, ein Geschenk. Du hast nichts verloren — du hast einen neuen dazugewonnen. Und wenn der nächste Sommer kommt, wird er Teil deiner neuen 100 %.

Du bekommst jedes Jahr einen zusätzlichen Sommer. Und sobald du ihn erlebt hast, wird er Teil deiner vollendeten 100 % — kein Abzug von einer willkürlichen Gesamtsumme, sondern eine Ergänzung zu deinem tatsächlichen Leben.

Perspektive: Jeden Morgen, wenn du aufwachst

Jedes Mal, wenn du aufwachst, bist du gesegnet. Du bist hier und kannst eine neue Fahrt beginnen.

Es gibt gerade jetzt Menschen in den Schützengräben, die nur hoffen, den nächsten Tag zu erleben. Es gibt Obdachlose, die hoffen, den Tag zu überstehen, ohne zu verhungern. Es gibt Menschen in unterdrückerischen oder vom Krieg zerrütteten Ländern, die hoffen, es bis morgen zu schaffen, oder einfach nur versuchen, den Moment zu genießen, weil jeden Augenblick ein plötzlicher Angriff stattfinden könnte.

Damit male ich nicht den Teufel an die Wand. Das ist die Realität für Millionen von Menschen.

Frag sie mal, ob sie das Gefühl haben, die Hälfte ihrer Lebenszeit erreicht zu haben.

Deine Fähigkeit, überhaupt an morgen zu denken — vorauszuplanen, ein Ziel jenseits des heutigen Tages anzustreben — ist bereits ein Privileg. Wenn du also über die Zukunft nachdenken willst, hier ist ein besserer Denkansatz, als Sommer herunterzuzählen, die du vielleicht gar nicht mehr erleben wirst.

Das 5-%-Ziel

Du bist gerade jetzt bei deinen 100 %. Aber nehmen wir an, du willst über die Zukunft nachdenken. Nehmen wir an, du willst ein Ziel jenseits des heutigen Tages anstreben.

Anstatt von einer willkürlichen Zahl herunterzuzählen, strebe zusätzliche 5 % über deine jetzigen 100 % hinaus an.

Nicht 20 %. Nicht 30 %.

Wie weit gehst du? Nur 5 %.

Du bist 40 Jahre alt? Deine 100 % sind 40 Jahre. Ziele auf zusätzliche 5 % ab — das sind zwei weitere Jahre, in denen du gesund bleibst, auf dich achtgibst und Entscheidungen triffst, die deinen Körper und Geist unterstützen. Du kannst dir vorstellen, wie du die nächsten zwei Jahre deines Arbeitslebens verbringen möchtest. Diese zusätzlichen 5 % sind sehr vernünftig. Das schaffst du. Du weißt bereits, wie man lebt — das hast du 40 Jahre lang getan. Nur 5 % mehr hinzuzufügen, scheint machbar.

Das Schöne am 5-%-Ansatz ist: Je älter du wirst, desto größer werden diese 5 % in absoluten Zahlen, aber desto besser bist du auch gerüstet, damit umzugehen. Der Prozentsatz ist relativ zu deinem Alter.

5 % von 20 Jahren sind 1 Jahr. 5 % von 60 Jahren sind 3 Jahre. 5 % von 90 Jahren sind 4,5 Jahre.

Die Zahl wächst, aber deine Kompetenz auch. Deine Weisheit. Du hast dein ganzes Leben damit verbracht zu lernen, wie du auf dich achtgibst, wie du deinen Weg navigierst, wie du dein Fahrzeug managst. Jedes zusätzliche Jahr macht dich besser darin.

Und wenn du diese zusätzlichen 5 % erreichst, bleiben sie nicht „5 % extra". Sie werden Teil deiner neuen 100 %.

Wenn du 40 bist und dir 42 als Ziel gesetzt hast, dann sind das, wenn du 42 erreichst, nicht „105 % deines vorhergesagten Lebens". Das sind deine neuen 100 %. Dein vollständiges Leben. Dein voller Kilometerstand.

Du kannst auch 10 % statt 5 % daraus machen. Das Prinzip bleibt dasselbe. Der Punkt ist: Du jagst keiner externen Zeitachse hinterher. Du baust auf dem auf, was du bereits erreicht hast. Und jeder Tag, den du lebst, wird Teil deiner vollendeten 100 %, nicht ein Prozentsatz, der von einer imaginären Gesamtsumme abgezogen wird.

Dein Zukunfts-Ich besitzt die zukünftigen 100 %

Hier kommt der Teil, der schwer zu erklären, aber entscheidend zu verstehen ist:

Du hast keine „unerledigten Dinge", die auf deinen heutigen 100 % lasten.

Dein Leben im Hier und Jetzt — deine 100 % — ist vollständig. Ihm fehlt nichts. Du bist nicht an Dingen gescheitert, die du „inzwischen hättest tun sollen", denn diese 100 % sind das, was du tatsächlich getan hast, nicht das, was du deiner Meinung nach hättest tun sollen.

Deine 100 % sind das, was dich als Person definiert hat.

Das bist du. Du bist nicht die Pläne in deiner Zukunft, die noch nicht eingetreten sind.

Dein Zukunfts-Ich wird deine zukünftigen 100 % besitzen. Nicht dein jetziges Ich.

Wenn es etwas gibt, das du tun, etwas, das du erleben, etwas, das du erreichen möchtest — dann gehört das auf den Kilometerzähler deines Zukunfts-Ichs. Wenn du dort ankommst, wird es Teil dieser 100 % werden. Aber es fehlt nicht in deinen jetzigen 100 %, denn deine jetzigen 100 % sind vollständig, so wie sie sind.

Du hast keine Ideen für die Zukunft. Diese Ideen sind hier in deiner Gegenwart — du hast sie bereits. Du wirst in der Zukunft andere Ideen haben, aber dort lebst du noch nicht. Lebe heute. Entscheide, welche Ideen sinnvoll sind, und setze sie heute um, denn das sind deine gegenwärtigen Ideen. Die Ideen der Zukunft gehören deinem Zukunfts-Ich.

Hör auf, das, was du noch nicht getan hast, an einer imaginären Zeitachse zu messen. Hör auf zu denken: „Ich bin 35 und sollte schon längst [ein Haus gekauft / Kinder bekommen / ein Unternehmen gegründet / die Welt bereist haben]."

Sollte laut wem? Laut welcher Zeitachse? Laut welcher Route?

Deine Route gehört dir. Deine 100 % sind das, was du gelebt hast, nicht das, was du glaubst, hättest leben sollen. Und wenn du diese Dinge tust — falls du sie tust — werden sie Teil deiner zukünftigen

100 % sein, die genauso vollständig sein werden wie deine jetzigen 100 %.

Wie es aussieht, bei 100 % zu leben

Ein Freund von mir lebte im Countdown-Modus. Gestresst. Immer am Planen. Immer am Messen. Immer mit dem Gefühl, im Rückstand zu sein.

Ich habe diese Perspektive mit ihm geteilt. Das 100-%-Konzept. Die Idee, dass er genau jetzt schon vollständig ist.

Er erzählte mir später, dass der Stress aus seinem System gewichen sei. Er hatte in einer Zukunft gelebt, die noch nicht da ist. Er fing an, im Heute zu leben.

Jetzt erlaubt er sich, an einem Tag nichts zu tun, wenn er keine Lust dazu hat. Es gibt keine Quote, die er erfüllen muss. Er ist seinem gegenwärtigen, jetzigen Selbst verantwortlich.

Ich kenne das auch. Es gab eine Zeit, da wachte ich um 4 Uhr morgens auf, um bei eBay auf Air Jordan 1s zu bieten. Ich versuchte, sie anderen Bietern wegzuschnappen. Nun, ich bin kein Dieb. Ich bin ein Fan. Der Punkt ist, wogegen habe ich da ein Rennen geführt? Gegen irgendeine imaginäre Deadline? Als ob mir die Zeit davonlaufen würde, eine Sneaker-Sammlung zu „vervollständigen", die keine wirkliche Ziellinie hatte. Mein Zwang hatte bereits 34 Paare, aber ich konnte nicht sehen, dass ich schon vollständig war. Ich zählte, was ich noch bekommen musste, anstatt dessen, was ich bereits angesammelt hatte. Diese Dringlichkeit — dieser Countdown-Druck — erzeugte den Stress.

Und während ich dieses Buch schreibe, kann ich noch mehr annehmen, dass dies meine 100 % sind. Das ist nicht nur ein Buch für meine Bucket-List. Diese Botschaft „Es gibt keine Prüfung" heute schriftlich zu hinterlassen, ist die greifbarste Art, Jahre nach meinem Tod zu überdauern.

Ich bin mir vollkommen bewusst, dass ich bei meinen 100 % bin. Dass der morgige Tag nicht selbstverständlich ist. Und meine Seele wäre enttäuscht, wenn ich dieses Buch nicht beendet hätte, bevor ich gehe.

Und wenn jemand dies nimmt und es überarbeitet oder entlarvt und es für die Gesellschaft besser macht, selbst dann transzendiere ich noch — weil ich geholfen habe zu gestalten, was nicht getan werden muss.

Ja, das klingt fatalistisch. Aber selbst mein Ego, das dieses Buch beenden will, ist sich bewusst: Wir sind genau jetzt bei unseren 100 %.

Sieh dir jetzt deinen Kilometerzähler an. Wie viele Jahre zeigt er an? Das ist kein Bruchteil einer vorhergesagten Gesamtsumme. Das ist nicht „X von Y". Das ist deine bisherige vollständige Reise. Das sind 100 % deines Lebens.

Sie verkaufen keine Autos mit Kilometerzählern, die herunterzählen, oder mit einer Kilometerbegrenzung. Sie zählen die Kilometer immer aufwärts.

Jeder Kilometer hinter dir ist Teil deiner Reise. Nicht die Vorbereitung auf deine Reise. Nicht die „Einrichtungsphase", bevor dein „echtes Leben" beginnt. Die Kilometer, die du bereits gefahren bist, SIND dein Leben.

Die Jahre, die du in der Schule verbracht hast? Teil deiner 100 %. Die Beziehungen, die nicht funktioniert haben? Teil deiner 100 %. Die Jobs, die du ausprobiert und aufgegeben hast? Teil deiner 100 %. Die Orte, an denen du gelebt hast? Teil deiner 100 %. Die Fehler, die du gemacht hast? Teil deiner 100 %. Die Dinge, auf die du stolz bist? Teil deiner 100 %.

Alles davon. Jeder einzelne Kilometer. Das ist deine Reise. Und sie ist vollständig.

Wenn du weitere Kilometer hinzufügst, vervollständigst du deine Reise nicht. Du erweiterst sie. Deine Reise war bereits vollständig. Jetzt ist sie über eine längere Distanz vollständig.

Das ist die Veränderung.

Dir geht nicht das Leben aus. Du sammelst es an. Du bist nicht auf halbem Weg zur Ziellinie. Du bist bei 100 % der Reise, die du bisher gelebt hast. Und morgen wirst du wieder bei 100 % sein, mit einem weiteren Tag hinzugefügt.

Es gibt keine Prüfung, die bewertet, ob du schon weit genug gefahren bist. Es gibt keine Punktetafel, die misst, ob dein Kilometerstand „gut" oder „hinter dem Zeitplan" ist.

Es gibt nur deinen Kilometerzähler. Deine Kilometer. Deine 100 %.

Und jeden Morgen, wenn du aufwachst, geht diese Zahl nach oben, nicht nach unten.

Heute sind 100 % deines Lebens. Morgen werden deine neuen 100 % sein. Hör auf, Sommer herunterzuzählen, die du vielleicht nicht mehr erlebst. Fang an, die aufzuzählen, die du erreichst.

Kapitel 17

AUGEN AUF DIE STRASSE

Selbst wenn du auf dem richtigen Weg bist, in die richtige Richtung fährst und Fortschritte machst — deine Augen können trotzdem woanders sein.

Ein kurzer Blick auf den Bildschirm. Benachrichtigungen checken. Durch die Route eines anderen scrollen, während du eigentlich deine eigene navigieren solltest.

Wortwörtlich, während der Fahrt. Aber das ist auch eine Realität in allen Bereichen unseres Lebens.

Du kannst genau dort sein, wo du sein musst, und es trotzdem komplett verpassen. Denn körperlich anwesend zu sein und wirklich präsent zu sein, sind nicht dasselbe.

Die Leitplanken, die helfen

Wenn ich ins Auto steige, öffne ich Waze — eine Navigations-App, die dir die Route, die Verkehrslage und Unfallstellen anzeigt. Es ist wie Google Maps, mit Echtzeit-Updates von anderen Fahrern. Ich stelle mein Ziel ein, um einen Blick auf die voraussichtliche Ankunftszeit (ETA) zu werfen, und lege mein Handy dann in eine magnetische Halterung am Armaturenbrett, die in die Lüftungsschlitze geklemmt wird. Das Kuriose daran ist, dass ich mein Handy quer drehe, anstatt es hochkant zu lassen.

Der Grund, warum ich damit angefangen habe: Wenn das Handy quer liegt, hat man eine breitere Sicht auf die Karte. Eine bessere Panorama-Perspektive. Man sieht mehr von dem, was kommt, besonders in der 3D-Ansicht — das hilft, die vor einem liegende Route mit mehr Tiefe zu verstehen.

Aber ich habe es aus einem anderen Grund beibehalten.

Wenn das Handy quer liegt und eine Textnachricht eingeht, nimmt das Antwortfeld den gesamten Bildschirm ein, wenn man versucht zu antworten. Es ist ein einziges Chaos. Die Tastatur verdeckt alles. Das macht das Schreiben während der Fahrt gerade so unpraktisch, dass ich es mir gar nicht erst die Mühe mache.

Ich errichte eine Leitplanke für mich selbst. Ich verlasse mich nicht auf meine Willenskraft, sondern schaffe ein System, in dem die falsche Entscheidung schwieriger zu treffen ist als die richtige.

Willenskraft ist endlich. Sie geht zur Neige. Besonders am Ende eines langen Tages, wenn du müde und gestresst bist und diese Textnachricht aufploppt. Du hast vielleicht die Disziplin, sie einmal, zweimal, vielleicht zehnmal zu ignorieren. Aber irgendwann wirst du nachsehen. Willenskraft allein reicht nicht aus gegen den ständigen Sog der Ablenkung.

Deshalb brauchst du Leitplanken. Systeme, die auch dann funktionieren, wenn deine Willenskraft versagt.

Und wenn ich nicht damit abgelenkt bin, zu texten, zu checken, wer mir gerade geschrieben hat, oder auf den ETA-Countdown zu starren, um meine voraussichtliche Ankunftszeit zu unterbieten, kann ich tatsächlich darauf achten, was um mich herum geschieht.

Dein Weg oder der eines anderen

Aber meistens errichten wir keine Leitplanken. Wir scrollen einfach nur.

Durch die Urlaube anderer Leute. Die Erfolge anderer Leute. Die sorgfältig kuratierten Momente anderer Leute, die ihre Route besser aussehen lassen als deine.

Du sitzt in deinem Auto und fährst deine Route. Und stattdessen schaust du dir die Highlight-Reels aller anderen an.

Denk an das Kind deines Freundes. Das glücklichste Kind, das du kennst, oder? Lächelt immer auf Fotos. Jedes Bild in den sozialen Medien zeigt es lachend, spielend, wie es die Zeit seines Lebens hat.

Du siehst vielleicht fünf Minuten seines Tages — den Bruchteil, den seine Eltern teilen wollten. Und du nimmst an, dieses Kind lacht den ganzen Tag. Sein Leben ist einfach pure Freude. Dass dein Freund irgendein Erziehungsgeheimnis gelüftet hat, das du noch nicht kennst.

Aber du siehst nicht den Wutanfall fünf Minuten vor dem Foto. Den Zusammenbruch wegen des Bechers in der falschen Farbe. Den Kampf beim Zubettgehen. Die Momente, die nicht gepostet werden.

Du beobachtest die Wege anderer Leute, aber du siehst nur die Teile, die sie dir zeigen wollten. Nicht einmal ihre tatsächlichen Wege. Ihre bearbeiteten Versionen.

Und während du ihre bearbeiteten Wege beobachtest, verpasst du deinen eigenen.

Vielleicht verpasst du deinen Weg absichtlich. Vielleicht hast du zu Hause die Wutanfälle, den Streit beim Zubettgehen, das Chaos, das sich nicht gut fotografieren lässt. Und das Zurückscrollen zum glücklichsten Kind der Welt tröstet dich. Erinnert dich daran, dass das Leben anderer Leute einfacher, besser und geordneter aussieht, als deines sich gerade anfühlt.

Die Ironie daran ist, dass wir solche Angst haben, das zu verpassen, was alle anderen tun, dass wir das verpassen, was wir tatsächlich tun.

Du sitzt am Steuer deines eigenen Lebens und starrst auf das Armaturenbrett eines anderen.

Die Stunde, die am meisten zählt

Du hast wahrscheinlich schon von der ITS in Krankenhäusern gehört — der Intensivstation. Aber es gibt auch einen Ort mit dem Akronym NICU. Das N steht für Neonatal. Intensivpflege für Neugeborene.

Es ist ein besonderer Ort. Reihen von Brutkästen. Winzige Babys, angeschlossen an Monitore und Schläuche. Krankenschwestern und Pfleger, die sich mit solch vorsichtiger Präzision bewegen, als würden sie das Zerbrechlichste auf der Welt handhaben. Weil sie es auch tun.

Jeder auf dieser Station hat einen einzigen Fokus: diesen Babys zu helfen zu wachsen, ihnen zu helfen zu kämpfen, ihnen zu helfen, es zu schaffen.

Im Jahr 2017 kamen meine Kinder als Frühchen zur Welt. Wir verbrachten 78 Tage auf der neonatologischen Intensivstation.

Achtundsiebzig Tage, in denen man eine neue Gemeinschaft kennenlernte — die anderen Eltern, die diesen Raum teilten, die Ärzte, das Personal und besonders die Krankenschwestern und Pfleger. Man lernt Menschen auf unerwartete Weise kennen, wenn man alle zusammen auf dieser Station ist.

Als Elternteil darf man Zeit auf der Intensivstation mit seinen Kindern verbringen, aber es gibt einen Haken: die Zeitdauer. Sie variiert von Krankenhaus zu Krankenhaus, denn die Neugeborenen — meist Frühchen — dürfen der Außenwelt nicht zu sehr ausgesetzt werden. Im Durchschnitt darfst du sie nur eine Stunde pro Tag besuchen.

Eine Stunde.

Das ist alles, was du bekommst. Eine Stunde, um da zu sein, sie durch den Brutkasten zu beobachten, ihnen vorzusingen, ihnen von deinem Tag zu erzählen, davon, wie du zu Hause ihr Zimmer vorbereitest. All die Dinge, auf die du dich freust, sie mit ihnen zu tun, sobald sie stark genug sind, um zu gehen.

Nachdem ein Frühchen seine Gewichts- und Größenmeilensteine erreicht hat, nachdem sich seine inneren Organe ausreichend entwickelt haben, wird es auf die Zwischenpflegestation verlegt. Dann darf man es endlich halten. Die Känguru-Methode — Hautkontakt, Wärme, Herzschlag. Die elementarste, ursprünglichste Verbindung zwischen Eltern und Kind.

Ich habe diese Stunde völlig vertieft verbracht. Wenn ich dieses Gefühl nur festhalten könnte. Jede winzige Bewegung beobachten. Das Leben planen, das wir führen würden, sobald sie nach Hause kämen.

Man sollte meinen, das ist doch offensichtlich, oder? Eine leichte Entscheidung, die Augen auf die Straße zu richten. Aber das war es nicht.

Einmal beobachtete ich einen Vater im Sessel neben mir. Sein Baby lag während ihrer Kuschelstunde auf seinem Schoß. Und er schaute auf seinem Handy ein Fußballspiel.

Ich erinnere mich, wie ich innerlich schrie: Dein Baby ist genau da! Auf deinem Schoß. Du hast nur eine Stunde pro Tag. Und du schaust ein Spiel an!?

Ich urteile nicht über seine Elternschaft im Allgemeinen. Ich kenne seine ganze Geschichte nicht. Unsere Umstände waren offensichtlich verschieden. Ich war ein frischgebackener Vater — vielleicht war das sein drittes Kind. Ich hatte mit der Anzahl und Beweglichkeit meiner Spermien zu kämpfen, und deswegen dauerte unsere Schwangerschaft 5 Jahre, nicht die üblichen 9 Monate. Vielleicht war ich mir also einfach bewusster, wie kostbar diese Stunde war.

Vielleicht verarbeitete er sein Trauma auf die einzige Weise, die er kannte. Vielleicht war das Anschauen dieses Spiels das, was ihn davor bewahrte, zusammenzubrechen, das volle Gewicht zu spüren, ein Kind auf der Intensivstation zu haben.

Aber was ich sage, ist: Manche Momente sind unersetzlich.

Manche Zeit ist mehr wert als andere Zeit.

Diese eine Stunde mit deinem Kind auf der Intensivstation ist mehr wert als tausend Stunden jedes Spiels, das je gespielt wurde.

Ablenkung macht alles gleich. Sie behandelt unersetzliche Momente genauso wie belanglose Zeit.

Und sobald diese Stunde vorbei ist, kannst du sie nicht zurückbekommen. Du kannst das Spiel in der Wiederholung ansehen. Du kannst dir die Highlights anschauen. Du kannst das Endergebnis sehen.

Diese eine unersetzliche Stunde — die liegt auf deinem Weg. Es könnte der entscheidendste Teil deiner bisherigen Reise sein. Und wenn deine Augen nicht darauf gerichtet sind, bist du gerade an dem Moment vorbeigefahren, der am wichtigsten war. Du wirst ihn nicht noch einmal passieren.

Das Dokumentations-Muss

Bei dem Konzert, das du filmst, ist die Wahrscheinlichkeit sehr hoch, dass es bereits von Profis mit besserer Ausrüstung aufgenommen wird, als du sie hast.

Schau dich um. Da ist ein Videoteam. Mehrere Kameras. Professioneller Ton. Die Weisen sprechen nur über das, was sie wissen — diese Leute wissen genau, wie man diesen Moment einfängt. Das ist buchstäblich ihre Expertise.

Und hier stehst du, hältst dein Handy hoch und nimmst eine wackelige, qualitativ minderwertige Version von etwas auf, das bereits professionell von Leuten dokumentiert wird, die tatsächlich wissen, was sie tun.

Währenddessen schaust du das Konzert durch einen Bildschirm an, anstatt mit deinen Augen. Du bist so damit beschäftigt, sicherzustellen, dass du den Moment aufnimmst, dass du ihn nicht wirklich erlebst.

Was wäre, wenn du dein Handy weglegst und einfach zuschaust?

Sei präsent. Das Videoteam, das das Konzert aufnimmt, sucht nach der Energie der Menge. Sie wollen das Erlebnis zeigen, die Aufregung, die Verbindung zwischen Band und Publikum. Auf wen, glaubst du, richten sie ihre Kameras? Auf die Person, die ihr Gesicht mit einem Handy verdeckt? Oder auf die Person, die völlig darin versunken ist, mitsingt und den Moment tatsächlich erlebt?

Vielleicht bist du am Ende sogar die Person im offiziellen Filmmaterial. Der entscheidende Shot. Der „Top-Fan" aus dem Video. Und dann — das passiert tatsächlich — könnte die Band sich bei dir melden, weil du jetzt der berühmte „Top-Fan" der Band im Internet bist.

Die Leute erkennen dich aus diesem Video. Die Band lädt dich bei ihrer nächsten Show backstage ein. Meet and Greet. Fototermin mit der ganzen Band. Signiertes Merchandise mit einer persönlichen Nachricht, die dir dafür dankt, dass du an diesem Abend so in die Musik vertieft warst. Alles nur, weil du dein Handy weggelegt und den Moment tatsächlich erlebt hast, anstatt eine minderwertige Version von dem zu filmen, was bereits aufgenommen wurde.

Du versuchst, die Erinnerung zu bewahren, indem du sie filmst. Aber du verhinderst, dass sich die Erinnerung überhaupt erst bildet.

Das ist ein Paradoxon. Der Akt der Dokumentation stört das Erlebnis, das du zu dokumentieren versuchst.

Du filmst das Konzert, um dich daran zu erinnern, dort gewesen zu sein. Aber du erinnerst dich nicht wirklich daran, dort gewesen zu sein — du erinnerst dich daran, es gefilmt zu haben.

Dein Gehirn braucht deine Anwesenheit

Denk an das letzte Mal, als dir jemand eine Geschichte erzählt hat, während du durch die sozialen Medien gescrollt bist.

Kannst du dich daran erinnern, was die Person gesagt hat? Wahrscheinlich nicht.

Aber du erinnerst dich vielleicht an den Beitrag, den du gerade gelesen hast.

Das liegt nicht daran, dass du ein schrecklicher Zuhörer oder ein schlechter Freund bist. Dein Gehirn kann sich immer nur auf eine Sache voll und ganz konzentrieren.

Es gibt mehrere Hypothesen, die darauf hindeuten, dass das menschliche Gehirn kein echtes Multitasking bei Aufgaben betreiben kann, die bewusste Aufmerksamkeit und Konzentration erfordern. Was wir als Multitasking wahrnehmen, ist stattdessen in Wirklichkeit ein Aufgabenwechsel — bei dem das Gehirn seine Aufmerksamkeit schnell zwischen verschiedenen Aktivitäten hin- und herschaltet. Wenn du scrollst, ist es das, was dein Gehirn kodiert. Das ist es, was als Erinnerung gespeichert wird.

Wenn du ein Konzert mit deinem Handy filmst, kodiert dein Gehirn den Akt des Filmens — den Bildausschnitt, den Bildschirm, ob du die Aufnahme hinbekommst, die Hand ruhig zu halten. Nicht die eigentliche Musik. Nicht die Energie im Raum. Nicht das Erlebnis, dort zu sein.

Die Momente, in denen du abwesend bist, kommen nicht zurück. Du kannst die Abschlussfeier deines Kindes nicht noch einmal erleben. Du kannst nicht noch einmal auf dieses Konzert gehen. Du kannst keine weitere Stunde auf der Neugeborenen-Intensivstation bekommen.

Was weg ist, ist weg.

Wenn du also deine Aufmerksamkeit zwischen dem Auftritt deiner Tochter und deinen Arbeits-E-Mails aufteilst, bekommst du nicht 50 % von jedem Erlebnis. Du bekommst eine minderwertige Version von beiden. Du bist bei keinem von beiden anwesend.

„Aber es ist wichtig!"

Was denn? Deine Arbeit oder deine Tochter?

Deine Ablenkung wirkt sich auf dein Umfeld aus

Du filmst nicht nur oder lenkst dich vom gegenwärtigen Ereignis ab, sondern du lenkst auch andere ab.

Geh in ein Kino, nachdem das Licht ausgegangen ist.

Zähle die Handybildschirme, die im Dunkeln leuchten. Leute, die Nachrichten checken. Die durch ihre Feeds scrollen. Die auf Textnachrichten antworten. Die nicht den Film ansehen, für den sie bezahlt haben.

Aber sie ruinieren nicht nur ihr eigenes Erlebnis.

Dieser Handybildschirm ist eine Taschenlampe in einem dunklen Raum. Er zieht die Augen aller vom Bildschirm weg. Er durchbricht die Immersion. Er ruiniert den Moment für die Person neben ihnen, hinter ihnen, vor ihnen.

Ihre Ablenkung ist nicht nur ihr Problem. Es ist jedermanns Problem.

Die Person neben ihnen im Kino hat nicht dafür bezahlt, ihnen beim Scrollen durch Instagram zuzusehen. Sie hat dafür bezahlt, sich in einer Geschichte zu verlieren. Und das Leuchten des Handys reißt sie da raus.

Dasselbe gilt im wirklichen Leben. Wenn du während eines Gesprächs scrollst, merkt die andere Person das. Sie kann es spüren. Sie versucht, dir etwas zu sagen, das ihr wichtig ist, und du signalisierst — ohne es auszusprechen —, dass das, was auf deinem Bildschirm ist, wichtiger ist.

Deine Abwesenheit betrifft nicht nur dich. Sie betrifft jeden, der versucht, mit dir präsent zu sein.

Dein Kind sucht nach dir

Du gehst zum Schulauftritt deines Kindes. Es ist der Tag der Abschlussfeier und die Kinder haben eine Veranstaltung für die Eltern vorbereitet. Die Aula füllt sich. Die Kinder kommen in ihren Talaren und Doktorhüten oder ihrer jeweiligen Auftrittskleidung auf die Bühne.

Du suchst dir einen Platz. Du ziehst dein Handy heraus, um eine letzte Arbeits-E-Mail zu checken, bevor es losgeht. Dann beginnt die Zeremonie und du behältst dein Handy im Schoß. Nur für den Fall, dass etwas Dringendes hereinkommt. Oder vielleicht scrollst du. Oder vielleicht hast du deine AirPods drin und führst ein Arbeitsgespräch, das du nicht verschieben konntest.

Das Kind ist auf der Bühne. Es mustert die Menge. Es sucht den Blick seiner Eltern.

Ich weiß das, weil ich das Gesicht meines Kindes gesehen habe, wenn es uns in der Menge findet. Sein Gesichtsausdruck verändert sich. Er sucht nach dieser Verbindung. Nach dieser Bestätigung, dass wir zuschauen, dass wir ihn sehen, dass dieser Moment auch für uns von Bedeutung ist.

Das Kind weiß nicht, dass du in einem „wichtigen Arbeitsgespräch" bist. Es versteht nicht, dass dein Chef sofort eine Antwort brauchte oder dass du etwas Dringendes überprüfst.

Es weiß nur, dass du ihm nicht zusiehst.

Es wird sich daran erinnern, dass du da warst — rein technisch. Physisch anwesend. Im Raum.

Aber es wird sich auch daran erinnern, dass du nicht wirklich da warst. Dass deine Aufmerksamkeit woanders war, als es nach dir gesucht hat, als es sehen wollte, ob du es siehst.

Das ist die Erinnerung, die es erschafft. Nicht, weil du ein schrecklicher Elternteil bist. Sondern weil du ein Mensch bist, Ablenkung überall ist und wir es normalisiert haben, abwesend zu sein, während wir anwesend sind.

Du sitzt am Steuer dieser Beziehung. Dein Kind beobachtet, wie du fährst.

Der Content existiert bereits

Es gibt keine Prüfung darüber, wie viel Content du erstellst.

Niemand benotet die Qualität deiner Konzertaufnahmen. Niemand bewertet deine Urlaubsfotos. Niemand führt Buch darüber, wie viele Momente du festgehalten hast.

Der Content, den du verzweifelt zu erstellen versuchst? Er existiert bereits. Professionelle Versionen davon. Bessere Versionen, als du sie mit deinem Handy machen könntest.

Was nicht existiert — was von niemand anderem nachgebildet werden kann — ist dein Erlebnis, dort gewesen zu sein.

Deine Perspektive. Deine Anwesenheit. Deine tatsächliche Aufmerksamkeit für das, was vor dir geschieht.

Das ist es, was einzigartig ist. Das ist es, was unersetzlich ist.

Nicht die Aufnahme. Das Erlebnis selbst.

Und jeder Moment, den du damit verbringst, Content über dein Leben zu erstellen, ist ein Moment, in dem du dein Leben nicht wirklich lebst.

Du sitzt am Steuer. Aber anstatt auf die Straße zu schauen, filmst du sie.

Was du eintauschst

Ich sage nicht, dass du niemals ein Foto machen darfst. Niemals etwas aufnehmen. Niemals Momente mit Menschen teilen, die dir wichtig sind.

Aber verstehe den Tausch, den du eingehst.

Jedes Mal, wenn du dein Handy zückst, um etwas festzuhalten, tauschst du Anwesenheit gegen Dokumentation. Erlebnis gegen Content. Dasein gegen den Beweis, dass du da warst.

Manchmal ist dieser Tausch sinnvoll. Manchmal willst du die Dokumentation mehr als das volle Erlebnis in diesem Moment.

Aber die meiste Zeit? Treffen wir keine bewusste Entscheidung.

Wir greifen standardmäßig zur Dokumentation, weil alle anderen es auch tun. Weil wir Angst haben, dass wir es vergessen werden. Wir denken, wir brauchen einen Beweis.

Und am Ende haben wir Tausende von Fotos, die wir uns nie ansehen, und Erinnerungen, die wir nie wirklich gebildet haben.

Das Handy in deinem Schoß während des Auftritts deines Kindes? Das gibt dir nichts. Es nimmt dich nur aus dem Moment heraus.

Das Scrollen während der Pendelfahrt? Du schaust dir die Straßen anderer Leute an, anstatt auf deiner eigenen zu fahren.

Das Filmen auf dem Konzert? Du verhinderst genau die Erinnerung, die du zu bewahren versuchst.

Du tauschst unersetzliche Momente gegen ... was genau? Content, der bereits in besserer Form existiert? Einen Beweis für Leute, die nicht da waren und denen es eigentlich nicht so wichtig ist?

Wohin dein Blick gehört

Auf die Straße, auf der du tatsächlich fährst. Auf den Moment, in dem du dich tatsächlich befindest. Auf das Leben, das du tatsächlich lebst.

Nicht auf die Straße eines anderen. Nicht auf das Highlight-Reel eines anderen. Nicht auf die professionell gefilmte Version, die du dir später ansehen wirst, anstatt sie jetzt zu erleben.

Deine Straße. Genau jetzt. In diesem Moment. Manchmal ist der Weg das Ziel.

Heute ist kein Countdown zu besseren Tagen. Heute ist deine vollständige Reise. Genau jetzt. Dieser Moment ist Teil deiner 100 %.

Und wenn du nicht präsent bist — wenn deine Augen überall sind, nur nicht auf der Straße, auf der du tatsächlich fährst — verpasst du dein eigenes Leben.

Schau dich um. Alles zählt. Kleine Gesten sind wichtig — einschließlich des Baristas, der dich heute Morgen angelächelt hat.

Die Leitplanken helfen. Das Waze im Querformat. Das Handy in einem anderen Raum während des Abendessens. Die Entscheidung, einfach nur zuzusehen, anstatt zu filmen.

Aber es ist eine Entscheidung, die du von Moment zu Moment triffst.

Dein Kind steht auf der Bühne und sucht nach dir. Sind deine Augen auf das Kind gerichtet oder auf deinen Bildschirm?

Dein Freund erzählt dir etwas Wichtiges. Hörst du zu oder scrollst du?

Du sitzt hinter dem Steuer deines tatsächlichen Lebens. Sind deine Augen auf deine Straße gerichtet oder auf die eines anderen?

Es gibt keine Prüfung, die deine Anwesenheit benotet. Keine Punktetabelle, die deine Aufmerksamkeit verfolgt. Keine abschließende Bewertung, ob du für dein eigenes Leben wirklich da warst.

Aber du wirst es wissen. In den ruhigen Momenten. In den Erinnerungen, die du gerne hättest, aber nicht hast. In den Momenten, in denen du physisch anwesend warst, sie aber komplett verpasst hast.

Du fährst diese Strecke. Niemand sonst kann das für dich tun. Niemand sonst kann für deine Momente präsent sein. Niemand sonst kann deinen Blick auf deine Straße gerichtet halten.

Das ist deine Aufgabe.

Nicht, weil jemand zusieht. Sondern weil es deine Straße ist. Dein Leben. Deine eine Chance, wirklich dabei zu sein.

Kapitel 18

DEINE EINZIGARTIGE STRECKE

Niemand in der Geschichte der Straßen ist jemals genau deine Strecke gefahren oder wird sie jemals fahren.

Das ist keine Glückskeksweisheit. Das ist mathematische Realität. Die spezifische Kombination aus deinem Startpunkt, den Abzweigungen, die du genommen hast, den Mitfahrern, die du dabei hattest, den Raststätten, die du anfahren musstest, den Umwegen, die du in Kauf genommen hast — all das ist nicht wiederholbar.

Selbst wenn jemand versuchen würde, deine Reise Schritt für Schritt nachzuvollziehen, könnte er es nicht. Zu viele Variablen. Anderes Timing. Anderes Wetter. Eine andere Version seiner selbst, die die Entscheidungen trifft.

Deine Strecke ist mathematisch gesehen vollkommen und allein deine.

Das Autohaus fünf Jahre später

Stell dir ein Autohaus vor. Reihen von identischen Fahrzeugen, frisch vom Fließband. Gleiche Marke, gleiches Modell, gleiches Baujahr. Manche bis auf die Lackfarbe nicht voneinander zu unterscheiden.

Zehn Leute kaufen am selben Tag das gleiche Auto.

Komm fünf Jahre später wieder. Stelle diese zehn Autos auf dem Parkplatz auf.

Sie sehen nicht mehr gleich aus.

Eines hat 130.000 Kilometer auf der Autobahn hinter sich, gleichmäßigen Verschleiß, minimale Abnutzung, konsequente Wartung. Eines hat 65.000 Kilometer im Stadtverkehr, Schäden durch Stop-and-go, abgenutzte Bremsen und Belastungen durch ständiges Beschleunigen und Abbremsen. Eines hat 160.000 Kilometer auf Schotterstraßen und Gebirgspässen, Rost am Unterboden, Arbeiten am Fahrwerk, Charakterspuren vom Gelände.

Dasselbe Auto. Völlig unterschiedliche Reisen. Und jede Reise hat ihre Spuren hinterlassen.

Man kann sehen, welches dem Elternteil gehörte, der jeden Morgen die Kinder zur Schule kutschiert hat. Welches dem Vertriebsmitarbeiter, der auf Autobahnen unterwegs war. Welches dem Wochenendabenteurer, der Nebenstraßen durch Nationalparks genommen hat.

Die Autos waren anfangs identisch. Die Strecken haben sie unterschiedlich gemacht.

Vielleicht bist du von einem ähnlichen Ort gestartet wie jemand anderes — dieselbe Heimatstadt, dieselbe Schule, dieselben Möglichkeiten. Aber die spezifische Strecke, die du gefahren bist, die spezifischen Entscheidungen, die du an jeder Kreuzung getroffen hast, die spezifischen Mitfahrer, die du dabei hattest, das spezifische Gelände, das du durchquert hast — all das hat die nicht wiederholbare Version von dir erschaffen, die genau jetzt existiert.

Selbst Zwillinge entwickeln sich auseinander

Nehmen wir noch einmal das Beispiel der eineiigen Zwillinge. Genetisch identisch. Aufgewachsen im selben Haus, von denselben Eltern, in derselben Kultur, mit demselben Essen, auf denselben Schulen.

So ähnlich, wie zwei menschliche Ausgangspunkte nur sein können.

Und trotzdem werden sie zu unterschiedlichen Menschen.

Der eine wird Künstler. Der andere Ingenieur. Der eine zieht ans andere Ende des Landes. Der andere bleibt in seiner Heimatstadt. Der eine heiratet früh. Der andere bleibt Single. Der eine bekommt Kinder. Der andere nicht.

Nicht nur unterschiedliche Persönlichkeiten — das ist zu erwarten. Selbst wenn wir in einer Welt leben würden, in der nur das Aussehen für Chancen zählt, in der attraktive Menschen alle Jobangebote und Vorstellungsgespräche bekommen, würden eineiige Zwillinge trotzdem nicht die gleichen Chancen erhalten. Dasselbe Gesicht, aber der eine betritt das Büro an dem Tag, an dem eingestellt wird. Der andere kommt eine Woche später, als die Stelle schon besetzt ist. Der eine wird von einem Personalvermittler in einem Café entdeckt. Der andere war an diesem Tag zu Hause. Dasselbe Aussehen, unterschiedliches Timing, völlig unterschiedliche Ergebnisse.

Warum? Weil sie, obwohl sie vom selben Ort gestartet sind, nicht dieselbe Strecke gefahren sind.

Vielleicht wurde einer als Kind krank und verbrachte Monate im Krankenhaus — das hat seine Sicht auf Gesundheit, Risiko und Sterblichkeit von Grund auf verändert. Vielleicht hatte einer einen Lehrer, der etwas in ihm entfacht hat. Vielleicht fand einer einen Freund, der ihn in eine andere Richtung zog. Vielleicht bog einer an einer Kreuzung links ab, wo der andere rechts abbog, und diese eine Abzweigung hat den Kurs für völlig unterschiedliche Jahrzehnte bestimmt.

Wenn nicht einmal eineiige Zwillinge die Strecke des anderen nachfahren können, welche Chance hat dann irgendjemand sonst, deine nachzufahren?

Dein Hintergrund ist einmalig

Du bist nicht einfach nur von einem Ort gestartet. Du bist zu einem bestimmten Zeitpunkt gestartet, unter bestimmten Umständen, mit bestimmten Menschen um dich herum, mit einer bestimmten Version der Welt, die es so nicht mehr gibt.

Die wirtschaftliche Realität, in die du hineingeboren wurdest. Die verfügbare Technologie. Die kulturellen Werte, die deine Generation aufgesogen hat. Die Chancen, die es gab oder nicht gab. Die spezifische Familiendynamik, in der du dich zurechtfinden musstest. Die genaue Abfolge von Erfahrungen, die geprägt hat, wie du alles andere verarbeitest.

Jemand, der zehn Jahre vor dir geboren wurde? Eine andere Welt. Andere Regeln. Andere Grundannahmen darüber, was möglich ist.

Jemand, der zehn Jahre nach dir geboren wurde? Ebenfalls anders. Technologien, die du lernen musstest, waren für sie selbstverständlich. Deine Ängste und Kämpfe, manche davon verstehen sie nicht einmal. Vorteile, die sie haben, hattest du nie.

Selbst jemand, der im selben Jahr wie du geboren wurde, in derselben Stadt, aus einem ähnlichen Umfeld, hatte trotzdem nicht deine Eltern. Deine Geschwister. Deine Lehrer. Deine zufälligen Begegnungen. Deine spezifische Abfolge von Misserfolgen und Erfolgen, die dich gelehrt hat, was du heute weißt.

Dein Ausgangspunkt war einzigartig. Deine Strecke durch die Jahre war einzigartig. Und die Version von dir, die aus all dem entstanden ist? Ebenfalls einzigartig.

Nicht besser. Nicht schlechter. Nur nicht wiederholbar.

Auch der Fahrstil spielt eine Rolle

Und es sind nicht nur die äußeren Umstände. Es ist die Art, wie DU mit ihnen umgehst.

Manche Menschen fahren defensiv, rechnen immer mit Problemen, planen drei Züge im Voraus, sichern sich gegen den schlimmsten Fall ab. Manche fahren intuitiv, entscheiden im Moment, vertrauen auf ihre Instinkte, passen sich spontan an. Manche fahren rücksichtslos und versuchen, die Straße für sich zu beanspruchen, sogar mit Wut. Manche fahren analytisch, recherchieren jede Route, optimieren auf Effizienz, kalkulieren Kompromisse.

Keiner dieser Stile ist falsch. Es sind nur unterschiedliche Arten, sich durchs Leben zu bewegen. Und dein Stil ist ein Teil dessen, was deine Strecke einmalig macht.

Selbst wenn jemand anderes an genau derselben Kreuzung stünde wie du, würde er sie nicht so navigieren wie du. Weil er nicht du ist. Er hat nicht deine spezifische Kombination aus Vorsicht und Mut, Logik und Emotion, Planung und Spontaneität.

Deine Strecke ist nicht nur, WO du gefahren bist. Es ist, WIE du gefahren bist.

Sieh dir die zehn Autos aus dem Autohaus an. Jedes von ihnen brauchte einen anderen Wartungsplan. Unterschiedliche Fahrstile. Unterschiedliche Strecken, die zu ihrer Nutzung passten. Was für das Autobahnauto funktionierte, würde das Gebirgspassauto zerstören. Was für das Stadtauto funktionierte, würde dem Langstreckenauto nicht dienen.

Deine Strecke ist spezifisch. Deine Umstände sind spezifisch. Dein Fahrstil ist spezifisch.

Was für jemand anderen funktioniert hat, könnte bei dir komplett scheitern.

Das bedeutet nicht, dass du etwas falsch gemacht hast. Es bedeutet, dass seine Strecke nicht deine war.

Du bist der Maßstab für deine Reise

Und weil deine Strecke einzigartig ist, bist DU der einzig gültige Maßstab für DEINE Reise.

Nicht, weil dein Weg besser ist als der aller anderen. Sondern weil niemand sonst genau deine Auswahl an Möglichkeiten hatte. Sie standen nicht vor deinem spezifischen Gelände. Sie haben nicht dein spezifisches Wetter durchquert. Sie sind nicht von deinem spezifischen Ort gestartet oder hatten deine spezifischen Mitfahrer.

Wenn du deinen Fortschritt mit dem von jemand anderem vergleichst, vergleichst du inkompatible Messwerte. Sie messen Kilometer, die auf völlig anderem Terrain gefahren wurden. Ihr Kilometerstand hat nichts mit deinem zu tun. Es ist, als würdest du deine Wüstenroute mit ihrer Küstenautobahn vergleichen — dieselbe zurückgelegte Strecke, völlig einzigartige Erfahrungen, völlig einzigartige Herausforderungen.

Du kannst von ihnen lernen. Du kannst dich von ihnen inspirieren lassen. Du kannst Prinzipien ihres Fahrstils übernehmen.

Aber du kannst ihre Strecke nicht als Beweis dafür verwenden, dass deine falsch ist.

Sie sind nicht DEIN Auto gefahren, auf DEINEN Straßen, mit

DEINEN Mitfahrern, bei DEINEM Wetter und haben DEINE Entscheidungen getroffen.

Du bist die einzige Person, die deine Strecke hatte. Was bedeutet, dass du der einzig gültige Maßstab dafür bist, ob du sie gut navigierst.

Man kann nicht voll und ganz leben, wenn man die Strecke eines anderen fährt

Wenn du versuchst, der Strecke eines anderen zu folgen anstatt deiner eigenen, wenn du deine Reise an ihrer misst oder deine Strecke in ihre zwingst, dann passiert Folgendes:

Du machst dir Stress, weil du in deinem Alter nicht dort bist, wo sie waren. Ich weiß — es ist schwer, mit dem Vergleichen aufzuhören. Du fühlst dich im Rückstand. Du hast das Gefühl zu versagen, weil dein Kilometerzähler nicht mit ihrem übereinstimmt. Aber du liegst nicht zurück. Du bist auf einer völlig anderen Strecke und misst deinen Fortschritt an jemandem, der von einem anderen Ort gestartet ist, anderes Gelände durchquert hat und woanders hinwollte. Seine Zeitachse hat nichts mit deiner zu tun.

Du versuchst, deine Umstände mit Gewalt an ihre anzupassen. Du triffst Entscheidungen, die nicht zu deiner tatsächlichen Situation passen, weil „sie es so gemacht haben und es bei ihnen funktioniert hat". Du nimmst einen Job an, den du hasst, weil es der „richtige" Karriereweg ist. Du kaufst Dinge, die du dir nicht leisten kannst, weil Erfolg so aussehen soll. Du drängst dich in Situationen, die sich falsch anfühlen, weil ihre Route sagt, dass du jetzt hier sein solltest.

Aber ihre Karte auf dein Gelände zu zwingen, funktioniert nicht. Du bist am Ende nur gestresst, erschöpft, leidest und bist immer noch nicht da, wo du dachtest, du wärst.

Du ignorierst, was DIR wirklich wichtig ist, weil du zu beschäftigt damit bist, zu erreichen, was IHNEN wichtig war. Du verbringst Jahre damit, eine Leiter hochzuklettern, die am falschen Gebäude lehnt. Du optimierst auf Ergebnisse, die auf der Streckenkarte eines anderen beeindruckend aussehen, sich auf deiner aber völlig leer anfühlen. Und am Ende lebst du ein Leben, das sich gut fotografieren lässt, sich aber nicht wie dein eigenes anfühlt.

Du kannst nicht voll und ganz leben, während du versuchst, die Strecke eines anderen zu fahren. Ihre Strecke war nicht für dein Fahrzeug, dein Gelände, dein Ziel, deinen Stil ausgelegt. Sie war für ihres ausgelegt. Und keine noch so große Anstrengung wird ihre Strecke passend für deine Reise machen.

Fahre DEINE Strecke. Das ist der Weg — DEIN Weg. Mit all seinen einzigartigen Kurven und spezifischen Umständen und nicht wiederholbaren Kombinationen.

Das ist kein Sich-zufriedengeben. Das ist kein Aufgeben.

Deine Strecke gehört dir. Und der Versuch, die eines anderen zu navigieren, wird dich nirgendwo Sinnvolles hinbringen.

Es kommt auf das Ganze an

Deine Perspektive ist einzigartig. Deine Erinnerungen gehören dir allein. Dein Kontext prägt alles, was du erlebst.

Aber der Grund, warum deine Strecke einzigartig ist, geht über jedes einzelne Element hinaus.

Es ist die GESAMTHEIT deiner Reise. Die Art und Weise, wie sich alles zusammenfügt.

Nicht nur ein Element. Die gesamte Kombination. Die Art und Weise, wie alles miteinander interagiert, um die spezifische Version des Lebens zu schaffen, die du gerade lebst.

Dein Hintergrund hat deine Perspektive geprägt. Deine Perspektive hat deine Entscheidungen beeinflusst. Deine Entscheidungen haben deine Umstände geschaffen. Deine Umstände haben deine nächsten Entscheidungen geprägt. All das potenziert sich, schichtet sich übereinander und schafft etwas, das nur genau auf diese Weise hätte geschehen können.

Deshalb funktioniert es nicht, die Reise eines anderen nachzuahmen. Ihr seid keine Klone. Du kannst nicht einfach die Strecke von jemandem kopieren und die gleichen Ergebnisse erwarten. Du kannst einzelne Entscheidungen kopieren, aber du kannst nicht das gesamte Netz von Faktoren kopieren, das diese Entscheidungen für sie sinnvoll gemacht hat. Ihr Hintergrund, ihre Perspektive, ihre Umstände, ihr Timing, all das interagiert auf eine Weise, die sich nicht auf deine Situation übertragen lässt.

Du bist bereit

Du bist jetzt siebzehn Etappen auf der Straße unterwegs gewesen. Du hast Dinge gelernt. Du hast Dinge verlernt. Du hast gesehen, wie die Straße funktioniert, wie andere Fahrer ihre Strecken navigieren, wie die Regeln uns davor bewahren, ineinander zu krachen.

Du hast in den Rückspiegel geschaut, um zu sehen, woher du kommst. Du hast die Programmierung erkannt, die du geerbt hast. Du hast verstanden, dass Vergleiche sinnlos sind und Wettbewerb für dich nicht funktioniert.

Du hast gesehen, dass andere Leute keine NPCs sind. Dass heute 100 % deines Lebens ist, kein Countdown zu etwas Besserem. Dass deine Augen auf DEINER Straße sein müssen, nicht auf der aller anderen.

Und jetzt verstehst du, warum all das wichtig ist: weil deine Strecke mathematisch gesehen vollkommen und allein deine ist.

Niemand sonst kann sie für dich fahren. Niemand sonst kann dir sagen, ob du es richtig oder falsch machst. Niemand sonst hatte deinen exakten Ausgangspunkt, deine exakten Umstände, deine exakte Abfolge von Entscheidungen.

Das bedeutet, dass niemand sonst deine Reise benoten darf. Und noch wichtiger: Du kannst aufhören, nach dieser Note zu suchen. Hör auf, dich zu fragen, ob du den Erwartungen entsprichst. Hör auf, nach Bestätigung zu suchen, dass du es „richtig" machst. Es gibt keine externe Wertungstafel. Es gibt keinen Richter, der deine Route überprüft und entscheidet, ob sie gut genug ist. Die Strecke von niemand anderem beweist, dass deine unzureichend ist. Der Kilometerstand von niemand anderem macht deinen weniger gültig.

Deine Strecke gehört dir.

Vom Gelände lernen. Verstehen, welche Mitfahrer man mitnehmen sollte. Erkennen, wann sich dein Tempo ändern muss.

Nicht, weil dir jemand den „richtigen" Weg beigebracht hat. Sondern weil du es durchs Tun gelernt hast.

Du wartest nicht darauf, dass dir jemand erlaubt, dein Leben zu fahren. Tu es.

Du fährst es bereits. Der Drang, präsent zu sein, ist stark. Gib ihm nach. Lass ihn bei dir sein.

Und jetzt verstehst du, warum deine spezifische Strecke mit all ihren einzigartigen Kurven und nicht wiederholbaren Kombinationen die einzige Strecke ist, die dich hierher hätte bringen können.

Es gibt keine Prüfung, die bewertet, ob du im Vergleich zu allen anderen die „richtige" Route gewählt hast.

Es gibt nur deine Strecke. Deine Reise kann nicht an der eines anderen gemessen werden, weil die Umstände unvergleichbar sind.

Und du bist bereit, sie weiterzufahren.

DRITTER BOXENSTOPP

Du bist gerade durch den bisher besten Autobahnabschnitt gefahren.

In Teil sechs ging es nicht mehr darum, zu verlernen, zu prüfen oder zu verstehen. In diesem Teil ging es darum, tatsächlich zu leben.

Heute ist kein Countdown — es sind 100 % deines Lebens. Dein Blick muss auf deine eigene Straße gerichtet sein, nicht auf die der anderen. Und deine Route gehört einzig und allein dir. Nicht als Inspiration. Fakt.

Also fahr noch einmal rechts ran. Letzter Boxenstopp vor dem letzten Abschnitt.

Sieh nur, wie anders du fährst im Vergleich zu damals, als du deine Nachbarschaft verlassen hast. Du fährst kein Rennen gegen irgendjemanden. Du vergleichst deinen Kilometerzähler nicht mit dem der anderen. Du versuchst nicht, einen Wettbewerb zu gewinnen, den es nie gab.

Du hast die Programmierung aus deiner Heimatstadt verlernt. Du hast erkannt, dass andere Menschen keine Hindernisse oder NSCs sind — sie sind Reisende auf ihren eigenen Routen. Du hast verstanden, dass die Reise selbst DAS Leben IST, das du lebst, nicht die Vorbereitung auf etwas anderes.

Und jetzt bist du bereit für etwas, das du zu Beginn dieser Fahrt vielleicht nicht erwartet hättest.

Teil sieben unterscheidet sich von allem, was davor kam. In den vorherigen Teilen ging es darum, klar zu sehen — zu verstehen, wie die Dinge wirklich funktionieren, zu erkennen, was du mit dir herumgetragen hast, und zu bestätigen, warum deine Route deine ist.

Dieser letzte Teil? In ihm geht es darum, was du mit dieser Klarheit machst.

Keine Anweisungen. Keine Checkliste. Kein „Hier sind die 5 Schritte zum Leben ohne Prüfung“.

Nur ein paar Beobachtungen darüber, wie es tatsächlich aussieht, wenn du deine eigene Route fährst und nicht mehr auf eine Erlaubnis wartest. Wenn du aufhörst, dich mit allen anderen zu vergleichen. Wenn du die volle Verantwortung für das Steuer übernimmst, das du die ganze Zeit schon in der Hand gehalten hast.

Du bist achtzehn Kapitel lang gefahren. Du weißt jetzt, wie der Hase läuft.

In diesen letzten Kapiteln geht es darum, mit Absicht zu fahren. Mit Eigenverantwortung. Zu verstehen, dass dieser Weg — diese Route, diese Reise, dieses Leben — vollständig, gänzlich von dir zu navigieren ist.

Bereit für den letzten Abschnitt? Ich bin es.

Bringen wir diese Fahrt zu einem Ende.

DAS STEUER ÜBERNEHMEN

Allmählich mehr Kontrolle übernehmen.

Kapitel 19

EIN RENNEN GEGEN DEN EIGENEN KILOMETERZÄHLER

Auf diesem offenen Stück Autobahn verändert sich etwas. Du schaust nicht mehr in den Rückspiegel, um zu sehen, wer hinter dir ist. Du beobachtest nicht die Autos vor dir, um sie einzuholen. Du blickst auf dein eigenes Armaturenbrett. Deinen eigenen Kilometerzähler. Deine eigene Anzeige, die dir zeigt, wie weit du gekommen bist.

Dieselbe Autobahn. Eine andere Frage. Kein „Sind wir schon da?" mehr. Nicht „Bin ich vor denen?", sondern „Wie weit kann ich das hier ausreizen?"

Teil sieben beginnt hier. Alles davor drehte sich darum, klar zu sehen — die Autobahn zu verstehen, zu erkennen, was du mit dir herumgeschleppt hast, und zu beobachten, wie andere Fahrer ihre eigenen Routen meistern. Diese Arbeit hast du erledigt. Du hast an Raststätten angehalten, deinen Kofferraum inspiziert und einige Dinge zurückgelassen.

Jetzt kommt der Teil, in dem du tatsächlich deinen eigenen Weg fährst.

Nicht, weil jemand deine Leistung benotet. Nicht, weil du beweisen musst, dass du besser bist als das Auto neben dir. Sondern weil du sehen willst, was dein Auto draufhat. Wie weit du dich selbst pushen kannst. Wozu du wirklich fähig bist, wenn du aufhörst, dich mit allen anderen zu messen, und anfängst, dich an deiner eigenen Ausgangsbasis zu orientieren.

Hier geht es nicht um ein Wettrennen. Hier geht es darum, über sich hinauszuwachsen.

Der Berg, den du erklimmst

Die Leute sagen: „Ich habe den Berg bezwungen.“

Nein, hast du nicht. Der Berg ist immer noch da. Er hat nicht kapituliert. Er hat nicht verloren. Er wird noch lange nach deinem Verschwinden da sein, exakt genauso hoch und vollkommen unbeeindruckt davon, ob du den Gipfel erreicht hast.

Was du bezwungen hast, warst du selbst. Dein Zweifel. Deine Angst. Die Signale deines Körpers, die dir sagten, du sollst aufhören. Die Stimme in deinem Kopf, die sagte: „Das ist gut genug, können wir jetzt umkehren?“

Der Berg war nur das Gelände. Du warst der Gegner.

Dasselbe gilt für deine Route. Du versuchst nicht, die anderen Fahrer zu schlagen. Du versuchst, die gestrige Version deiner selbst zu schlagen. Der einzige Wettbewerb findet mit deinem gestrigen Ich statt. Dem Ich, das insgesamt 1.000 Kilometer gefahren ist. Heute stehst du bei 1.050. Fünfzig Kilometer weiter, als du je warst. Das ist der Wettbewerb, der wirklich zählt.

Jedes Mal, wenn du über das hinausgehst, wo du gestern warst, trittst du gegen deinen eigenen bisherigen Standard an. Nicht gegen den von irgendjemand anderem. Gegen deinen. Gestern war gut. Heute kann noch besser sein.

Und das unterscheidet sich von dem Wettbewerb, den du am Rastplatz verlernt hast: Dieser Wettbewerb macht dich besser, anstatt dich zu verbittern.

Wie weit kannst du gehen?

Die Frage lautet nicht: „Wie lange wird das dauern?“ Die Frage lautet: „Wie weit kann ich wirklich gehen?“

John C. Maxwell erklärt das erstaunlich gut in seinem Buch *Leadershift*, als er über den Wandel von Zielen zu Wachstum spricht:

> Als ich diesen Wandel vollzog, begann ich, anstatt mir Sorgen darüber zu machen, wie lange etwas dauern könnte, zu fragen: Wie weit kann ich gehen? Anstatt darüber nachzudenken, was ich bekomme und wie viel ich dafür bezahlen muss, begann ich darüber nachzudenken, wer ich wurde und welchen Einfluss ich dadurch haben könnte. Ich erkannte, dass ich mich auf einer Reise des Wachstums befand.[1]

Kein Rennen gegen die Zeit. Kein Rennen gegen andere Fahrer. Nur herausfinden, wozu dein Auto fähig ist. Wozu du fähig bist. Was passiert, wenn du aufhörst, deine Route mit der von allen anderen zu vergleichen, und anfängst, dich zu fragen: „Was kann ich besser machen als gestern?"

Vielleicht bist du gestern geduldig gefahren. Heute bist du geduldig gefahren UND hast drei Autos einfädeln lassen, ohne frustriert zu werden. Fortschritt.

Vielleicht warst du gestern beim Abendessen mit deiner Familie präsent. Heute warst du präsent UND hast dein Handy in ein anderes Zimmer gelegt. Fortschritt.

Vielleicht hast du gestern eine Stunde an deinem Projekt gearbeitet. Heute hast du eine Stunde gearbeitet UND hast den Punkt überwunden, an dem du normalerweise aufgibst. Fortschritt.

Nichts davon erforderte, jemand anderen zu schlagen. Nichts davon erforderte, bewertet zu werden. Nichts davon brauchte externe Bestätigung. Du musst nicht „nach den Sternen greifen", um Fortschritte zu machen.

Du musstest nur wissen: Wie kann ich weiter kommen als gestern?

Das bedeutet, gegen dich selbst anzutreten. Dein vergangenes Ich fordert dich heraus: „Fang mich doch, wenn du kannst."

Meisterschaften sind keine Ziele

Stell dir vor, du spielst seit deiner Jugend Tennis. Hobbymäßig, nicht professionell, aber du hast Spaß daran. Du bist gut darin. Aber jetzt willst du es auf das nächste Level bringen. Du hast dich für ein Semi-profi-Turnier angemeldet — etwas, das du schon immer mal ausprobieren wolltest.

Also trainierst du. Jeden Tag nach der Arbeit stehst du auf dem Platz. An manchen Tagen bleibst du länger, um deinen Volley zu üben. An anderen Tagen arbeitest du an deinem Aufschlag, bis deine Schulter schmerzt. Du tust alles, was du kannst, weil du diese Trophäe gewinnen willst.

Nur hängt die Meisterschaft nicht ausschließlich von dir ab.

Eine Fehlentscheidung des Schiedsrichters kann dein Match ruinieren. Dein Gegner könnte dich einfach übertreffen — er ist kein NPC in deiner Geschichte: Er hat genauso hart trainiert wie du, genauso lange gearbeitet wie du. Oder das Gegenteil: Vielleicht gewinnst du, weil dein Gegner zwei große, unfassbare Fehler gemacht hat — nicht, weil du besser gespielt hast als er, sondern weil dein Sieg relativ zu seiner Leistung an diesem speziellen Tag ist.

Du kannst dein Training kontrollieren. Du kannst deinen Einsatz kontrollieren. Du kannst kontrollieren, ob du antrittst und alles gibst, was du hast.

Du kannst das Ergebnis nicht kontrollieren.

Die Meisterschaft ist nicht das Ziel. Sie ist eine Konsequenz.

Sogar professionelle Sportmannschaften verstehen das. Aber die Fans verlangen Trophäen. Sie wollen Garantien. Die Trainer wissen, dass sie das nicht versprechen können — sie wissen, dass zu viele Variablen außerhalb ihrer Kontrolle liegen —, aber selbst mit diesem Wissen müssen sie vor die Kameras treten und erklären, dass ihr einziges Ziel ganz klar die Trophäe ist. Das ist es, was Tickets verkauft. Das ist es, was die Fans bei der Stange hält. Das ist es, was ihnen Hoffnung gibt.

Aber hinter verschlossenen Türen? Da liegt der Fokus woanders. Sie können nur kontrollieren, was sie kontrollieren können. Wenn jeder im Team tut, was er tun soll, wenn sie die Grundlagen beherrschen, wenn sie gut genug spielen — dann werden sich die Siege einstellen. Nicht als etwas, das sie in die Existenz gezwungen haben. Sondern als etwas, das geschah, weil sie ihren Teil gut gemacht haben.

Deine „Meisterschaften" können sich aufgrund deiner Arbeit ergeben. Oder auch nicht, weil Hunderte von Variablen außerhalb deiner Kontrolle ebenfalls eine Rolle spielen.

Aber so oder so wurdest du jemand Stärkeres, Fähigeres, Weiseres und Erfahreneres, als du es zu Beginn warst. Die externe Belohnung ist eine Konsequenz. Das innere Wachstum wird auf deinem Kilometerzähler verzeichnet.

Der Beste der Welt

Sagen wir, du hast dein Ding gefunden. Vielleicht ist es Holzbearbeitung. Vielleicht ist es Programmieren. Vielleicht ist es Fotografie. Du liebst es, du bist gut darin und du willst immer besser werden.

Also denkst du dir ganz natürlich: Ich werde der Beste darin sein. Der Größte der Welt.

Aber erinnerst du dich an Kapitel 6, als wir darüber sprachen, was passieren würde, wenn alle verschwinden würden? Wenn jeder, der besser ist als du, plötzlich weg wäre, wärst du „der Größte" ... und es würde nichts bedeuten. Der Titel wäre hohl.

Denn „der Beste der Welt" ist ein bewegliches Ziel, das du nicht kontrollieren kannst. Es hängt davon ab, wer auftaucht, was er mitbringt und welche Vorteile er hat, die du nicht hast. Du misst dich an Menschen, deren Umstände, Ressourcen und Ausgangspunkte sich völlig von deinen unterscheiden.

Aber dein gestriges Ich? Das ist ein Fixpunkt. Du weißt genau, wo du warst. Du weißt genau, wozu du fähig warst. Du hast vollständige Daten über deine bisherige Leistung.

Dein Ziel sollte sein, besser zu sein als die Version deiner selbst vom Vortag. Das ist alles.

Das Alters-Etikett, das du nicht brauchst

Sagen wir, du wirst 40 Jahre alt. Willkommen zur großen Viernull. Jetzt bist du „in der Mitte deines Lebens", im „mittleren Alter", „über den Berg", „nicht mehr jung".

Aber jetzt weißt du, dass du bei deinen 100 % bist. Du weißt, dass das Etikett „alt" relativ ist. Stell dir vor, du wärst in Okinawa, Japan, umgeben von Menschen in den Neunzigern. Fühlst du dich mit 40 alt? Natürlich nicht. Du wirst dich unter ihnen jung fühlen.

Wenn das Gefühl also relativ ist — wenn es sich ändert, je nachdem, wer um dich herum ist — warum gibst du dir dann ein Etikett, als wäre es absolut?

Die Programmierung, sich in einem bestimmten Alter alt zu fühlen, ist genau das: Programmierung. Etwas, das du gelernt hast. Etwas, das deine Kultur dir beigebracht hat. Nicht die Realität.

Du bist nicht alt. Du bist nicht jung. Du hast einfach den Kilometerstand erreicht, den du erreicht hast. Und morgen wirst du mehr Kilometer haben. Und übermorgen noch mehr.

Und wenn du ein Etikett brauchst, hier ist es: Du bist jung.

Es gibt immer eine ältere Gruppe als dich auf diesem Planeten. Du bist für den Vergleich nur am falschen Ort.

Das Leben ist wie ein Lied

Unser Ziel sollte es sein, das Leben zu genießen, während es gespielt wird, nicht, das Ende zu erreichen.

Denk daran, wie du ein Lied hörst, das du liebst. Du sitzt nicht da und denkst: „Ich kann es kaum erwarten, den Schlussakkord dieses Liedes zu hören." Du bemisst seinen Wert nicht daran, ob es das Ende erreicht. Du erlebst es. Du lässt es sich entfalten. Du schätzt jeden Takt, wie er kommt.

Der Sinn des Liedes ist nicht die letzte Note. Der Sinn ist die Melodie, der Rhythmus, das Gefühl, das es dir gibt, während es läuft.

Dasselbe gilt für deine Route. Der Sinn ist nicht, so viele Errungenschaften wie möglich anzuhäufen, bevor du am Ende ankommst. Der Sinn ist nicht, durch dein Leben zu hetzen und Kästchen abzuhaken — „koste es, was es wolle" —, um zu sagen, du hast alles erledigt, bevor das Lied aufhört.

Der Sinn ist, so zu fahren, dass die Reise es wert ist, unternommen zu werden.

Gegen dich selbst anzutreten bedeutet, jedes Stück Autobahn besser zu machen als das letzte. Bewusster. Präsenter. Mehr im Einklang damit, wer du hinter diesem Lenkrad wirklich sein willst.

Kein Rennen bis zum Ende. Einfach nur besser fahren, als du gestern gefahren bist, und anhalten, wann du willst, auch wenn andere nicht angehalten haben.

Brauchst du oder willst du das teure Auto?

Wir sehen ständig, wie Leute teure Produkte kaufen. Manchmal, um Status zu kaufen, um Bestätigung zu bekommen. Aber manchmal ist das überhaupt nicht der Grund — und weißt du was? Das ist vollkommen in Ordnung!

Du fährst gerade diese Autobahn entlang. Du schaust auf dein Armaturenbrett, auf dein Lenkrad, und du erinnerst dich an deinen Kindheitstraum, eines Tages das besondere Auto zu fahren, das du als Kind wolltest. Es ist teuer.

Aber hey, jetzt KANNST du es dir leisten. Es macht in deinem Leben Sinn. Der Kauf wird dich nicht in finanzielle Schwierigkeiten bringen. Deine Familie unterstützt es — tu es.

Nur zu. Verwöhn dich.

Das ist dein Leben.

Nicht, um anzugeben. Nicht, um Bewunderung zu erlangen. Nicht, um irgendjemand anderem etwas zu beweisen. Hol es dir, weil du es willst. Weil es dich glücklich macht. Weil es Teil deiner Route ist.

Das Auto wird dich nicht definieren. Du hast dich bereits in deinem aktuellen Ast des Baumes definiert. Du brauchst kein Auto, um dich wertvoll, wichtig oder erfolgreich zu machen. Diese Dinge treffen bereits auf dich zu oder nicht, unabhängig davon, was du fährst.

Aber wenn dieses Auto dir Freude bereitet? Wenn das Fahren damit deinen Arbeitsweg besser macht? Wenn du hart gearbeitet hast und das etwas ist, das du für dich selbst wolltest? Das ist Grund genug.

Auch das bedeutet, gegen dich selbst anzutreten. Nicht gegen die Version deiner selbst, die Dinge für die Anerkennung anderer Leute gekauft hat, sondern gegen die Version, die weiß, was du wirklich willst, und es sich holt.

Deine Tore sind deine. Deine Ziele sind deine. Deine Definition von „besser" ist deine.

Das Auto ist nur ein Beispiel. Das gilt für alles, was du schon immer mit deinem Leben machen wolltest. Aber auch für das, was du nicht willst.

Entferne, was du nicht wirklich willst

Mo Gawdat formuliert es in seinem Buch *Solve For Happy* deutlich:

> Glück ist die Abwesenheit von Unglück. Es ist unser Ruhezustand, wenn nichts das Bild trübt oder Störungen verursacht. Glück ist *dein* Standardzustand.[2]

Du versuchst nicht, Dinge hinzuzufügen, um glücklich zu werden. Du bist bereits glücklich. Das ist dein Standard. Du musst keine Dinge erreichen, um glücklich zu sein. Du musst keine Meilensteine, Errungenschaften oder Bestätigungen hinzufügen. Du musst die Dinge entfernen, die dich gerade unglücklich machen, damit du zu deinem Standardzustand zurückkehren kannst.

Ich habe dir vom Sammeln der Air Jordans erzählt — dem Bieten um 4 Uhr morgens, den 34 Paaren, der imaginären Frist. Aber ich habe dir nicht erzählt, warum ich das getan habe. Ich habe nicht gesammelt, weil ich jedes Paar liebte. Ich habe gesammelt, um es allen zu zeigen. Um etwas zu beweisen.

Ich dachte, der Erste in der Schlange zu sein, der das nächste Modell kauft, würde mich glücklich machen. Der beste Sammler.

Ich habe nicht gesammelt — ich habe einen Raubzug auf mein eigenes Glück verübt.

Dasselbe mit den Star-Wars-Sammlerstücken. Lichtschwerter, Helme, Tonnen davon. Nicht, weil ich jedes einzelne liebte, sondern weil ich diesen Drang hatte, sie alle zu haben.

Jetzt? Ich habe die meisten davon verkauft. Ich behalte immer noch die, die ich liebe — nicht die, die jeder liebt und die ich deswegen überhaupt erst bekommen habe. Die, die ich wirklich liebe.

Ich habe nichts hinzugefügt, um glücklich zu werden. Ich habe den Zwang entfernt, sie zu erwerben, das Bedürfnis, „mehr" zu haben, den Druck, mit dem mithalten zu müssen, was alle anderen sammelten.

Und hier ist der größere Gedanke, den ich entfernt habe: Ich dachte, es gäbe eine Prüfung. Also wollte ich es allen zeigen und es immer allen recht machen. Das hat mich gestresst und unglücklich gemacht. Ich war im ständigen Bestätigungsmodus. Jetzt versuche ich mein Bestes, keine Angst mehr zu haben.

Ich habe gelernt, nein zu sagen. Ich habe gelernt, dass das, was ich erreiche, für mich ist, nicht damit andere mich vergleichen oder bestätigen.

Das ist es, was es wirklich bedeutet, gegen sich selbst anzutreten. Nicht „Wie viel kann ich anhäufen, um andere zu beeindrucken?", sondern „Was will ich wirklich für mich?"

Deine Leistungen brauchen keine externe Bestätigung. Dein Fortschritt braucht nicht die Zustimmung anderer Leute. Du hast nichts zu befürchten. Du fährst kein Rennen, um irgendjemandem, der zusieht, etwas zu beweisen.

Du fährst ein Rennen gegen deinen eigenen Kilometerzähler. Und manchmal bedeutet das, Dinge zu entfernen, nicht sie hinzuzufügen. Manchmal bedeutet besser zu werden als dein gestriges Ich, das loszulassen, was dein gestriges Ich für wichtig hielt.

Das teure Auto? Hol es dir, wenn DU es willst. Die Sammlung? Behalte, was DU liebst. Das Ziel? Verfolge es, weil DU es gewählt hast.

Nicht, weil es eine Rangliste gibt, die deine Leistung verfolgt. Nicht, weil jemand deine Entscheidungen benotet. Nicht, weil du beweisen musst, dass du besser bist als die Version von dir, die andere Leute erwartet haben.

Nur weil du entschieden hast, dass dies auf deiner Route zählt.

Kein Rennen gegen irgendjemanden. Nichts beweisen. Nur sehen, wie weit du wirklich kommen kannst, wenn du aufhörst zu vergleichen und anfängst, mit der einzigen Person zu konkurrieren, deren Leistung du wirklich messen kannst: deinem gestrigen Ich.

Es gibt keine Prüfung, die bewertet, ob du alle anderen geschlagen hast.

Es gibt nur deinen Kilometerzähler, die Zahl von gestern und die Frage von heute: Wie weit kann ich gehen?

Kapitel 20

DEINE HÄNDE AM STEUER

Vielleicht ist dir inzwischen etwas aufgefallen: Auf der Autobahn gibt es eine Menge Dinge, gegen die du nichts tun kannst.

Du kannst das Wetter nicht kontrollieren. Du kannst Baustellen nicht kontrollieren. Du kannst nicht kontrollieren, ob der Fahrer vor dir ohne Grund plötzlich bremst. Du kannst den Verkehr, Unfälle, Straßensperrungen oder die Tatsache, dass alle genau zur selben Zeit wie du auf die Autobahn aufgefahren sind, nicht kontrollieren.

Aber du hast die Kontrolle über dein Lenkrad.

Das ist keine Kleinigkeit. Das ist alles.

Die Realität des Lenkrads

Du kontrollierst, wohin du dein Auto lenkst. Wie du reagierst, wenn dich jemand schneidet. Ob du beschleunigst, abbremst oder die Spur wechselst. Deine Hände, deine Füße, deine Aufmerksamkeit, deine Entscheidungen.

Der Autobahn ist es egal, was du willst. Die anderen Fahrer stimmen sich nicht mit dir ab. Die Bedingungen warten nicht auf deine Zustimmung.

Aber dein Lenkrad? Das gehört dir.

Und genau dorthin gehört deine Energie — auf das, was du tatsächlich beeinflussen kannst, nicht auf das, was du dir wünschst, kontrollieren zu können, es aber niemals wirst.

Stell dir vor, du fährst durch eine Baustelle. Zwei Spuren werden zu einer zusammengeführt. Der Verkehr kommt im Schneckentempo voran. Du wirst zu spät kommen.

Was kannst du kontrollieren?

Du kannst nicht kontrollieren, dass es die Baustelle gibt. Du kannst nicht kontrollieren, dass alle anderen ebenfalls in dieser Verengung feststecken. Du kannst nicht kontrollieren, wie schnell das Auto vor dir fährt.

Aber du kannst kontrollieren, ob du frustriert wirst oder es akzeptierst. Ob du aggressiv hupst oder jemanden vor dir einscheren lässt. Ob du die Situation durch dichtes Auffahren und gestresstes Fahren verschlimmerst oder ob du einfach hindurchfährst.

Dieselbe Baustelle. Derselbe Verkehr. Völlig unterschiedliche Erlebnisse, basierend darauf, was du zu kontrollieren beschlossen hast.

Veränderung zulassen, nicht erzwingen

Veränderung geschieht, ob du bereit bist oder nicht.

Dein Körper altert. Deine Branche entwickelt sich weiter. Deine Stadt verändert sich. Deine Beziehungen wandeln sich. Die Technologie schreitet voran. Deine Prioritäten verschieben sich.

Du kannst nichts davon aufhalten. Du kannst die Zeit nicht an einem Punkt anhalten, an dem sich alles perfekt anfühlte. Du kannst die Dinge nicht zwingen, so zu bleiben, wie sie waren, nur weil sie dir so gefallen haben.

Veränderung bittet nicht um deine Erlaubnis. Sie wartet nicht auf deine Zustimmung. Sie geschieht einfach.

Das ist Reife. Zu erkennen, dass du nicht kontrollierst, ob Veränderung stattfindet. Du kontrollierst nur, ob du sie zulässt oder dich ihr widersetzt.

Sich der Veränderung zu widersetzen, hält sie nicht auf. Es macht dich nur unglücklich, während sie trotzdem geschieht. Du verschwendest deine Energie darauf, gegen etwas Unvermeidliches zu kämpfen und an einer Version der Realität festzuhalten, die bereits vergangen ist.

Veränderung zuzulassen, bedeutet nicht, dass du aufgibst. Es bedeutet, dass du erkennst, was wirklich in deiner Macht steht.

Wenn du Kinder hast, kannst du nicht kontrollieren, dass sie zu Teenagern mit eigenen Meinungen und Prioritäten werden. Aber du kannst kontrollieren, ob du dagegen ankämpfst, zu wem sie werden, oder ob du ihnen Raum zum Wachsen gibst.

Du kannst nicht kontrollieren, dass deine Firma umstrukturiert wird. Aber du kannst kontrollieren, ob du deine Energie darauf verwendest, dich dagegen zu wehren, oder ob du dich an die neue Realität anpasst.

Du kannst nicht kontrollieren, dass deine Nachbarschaft jetzt anders ist als noch vor zehn Jahren. Aber du kannst kontrollieren, ob du verbittert über das bleibst, was weg ist, oder ob du das Wertvolle in dem findest, was jetzt da ist.

Du erschaffst Veränderung nicht. Du erzwingst sie nicht. Du lässt sie zu.

Das ist dein Lenkrad im Umgang mit Veränderung. Du kontrollierst deine Reaktion, deine Anpassung, ob du das Unvermeidliche akzeptierst oder deine Energie damit verschwendest, zu versuchen, es zu verhindern.

Veränderung wird geschehen. Auf der Autobahn wird es Baustellen, Umleitungen und neue Strecken geben. Das kontrollierst du nicht.

Aber du kontrollierst, wie du sie navigierst.

Das Krankenhaus-Protokoll

Einmal wurde meine Frau in einem sehr kritischen Zustand ins Krankenhaus eingeliefert.

Es ist schwer, die Liebe deines Lebens an ein Bett gefesselt zu sehen und Schmerzen zu fühlen, die du ihr nicht nehmen kannst. Alles in dir will etwas tun. Es in Ordnung bringen. Es beenden.

Ich hätte die Beherrschung verlieren können. Locker. Ich hätte in diesem Stuhl sitzen und mich in die schlimmsten Szenarien hineinsteigern können. Innerlich zu weinen anfangen und darüber nachdenken, was passieren könnte.

Aber das tat ich nicht. Denn nichts davon hätte ihr geholfen.

Ich bin kein Arzt. Ich kann keine Diagnosen stellen. Ich kann keine Medikamente verschreiben. Ich kann nicht kontrollieren, ob der richtige Spezialist Dienst hat, ob die Krankenschwestern jedes Signal bemerken oder ob der Arzt, der im Stau steckt, rechtzeitig ankommt.

Aber ich kann protokollieren.

Ich begann zu dokumentieren. Jede Blutdruckmessung. Jedes Mal, wenn ein Monitor piepte. Jedes Signal, jede Zahl, mit Zeitstempel auf meinem Handy. Nicht, weil ich wusste, was irgendetwas davon bedeutete — sondern weil ich dem Arzt, als er ankam, ein vollständiges Bild geben konnte. „Hier ist alles, was in den letzten vier Stunden passiert ist."

Ich konnte ihre Gesundheit nicht kontrollieren. Ich konnte das Krankenhaus nicht kontrollieren. Aber ich konnte die Leute, die es konnten, ergänzen.

Das ist der Wandel. Du hörst auf zu versuchen, Dinge außerhalb deines Einflussbereichs zu kontrollieren, und fängst an zu fragen: Was kann ich gerade wirklich tun? Welches Lenkrad kann ich in die Hand nehmen?

Meine Frau brauchte mich präsent, nicht panisch. Die Ärzte brauchten Daten, keine Einmischung. Und ich brauchte etwas, womit ich all diese Angst beschäftigen konnte, anstatt mich von ihr verzehren zu lassen.

Also protokollierte ich. Zeitstempel für Zeitstempel. Das war mein Lenkrad. Und das half den Ärzten.

Schauen wir uns also an, wie sich das in deinem wirklichen Leben auswirkt. Wo das Lenkrad tatsächlich in deinen Händen liegt. Wo du entscheidest, worauf du deine Energie konzentrierst.

Bei der Arbeit

Viele Menschen arbeiten in Angst.

Angst, gekündigt zu werden. Angst, nicht gut genug zu sein. Angst, ihren Job zu verlieren, wenn sie einen Fehler machen oder keine perfekte Leistung erbringen.

Aber ich sehe das so: Die Firma investiert in mich.

Sie geben mir einen Job, ein Gehalt, eine Gelegenheit zu wachsen und Teil von etwas Größerem zu sein. Und ich werde diese Investition nutzen. Nicht egoistisch — auf eine kluge Weise. Ich werde lernen. Ich werde mich beruflich in einem Tempo weiterentwickeln, das ich allein, ohne ein Unternehmen, das mich unterstützt, niemals erreichen könnte.

Wenn morgen mein letzter Tag wäre, möchte ich das Beste aus dem heutigen Tag machen. Ich möchte meine Kollegen inspirieren. Ich möchte kreative Grenzen verschieben. Ich möchte mich auf mein Wachstum konzentrieren, was folglich dem Unternehmen zugutekommt.

Diese Reihenfolge hat einen Grund. Ich konzentriere mich nicht auf das Wachstum des Unternehmens (das ist relativ). Ich konzentriere mich auf mein Wachstum (mein Ziel), was dem Unternehmen hilft (als Konsequenz). Kommen dir diese Klammern bekannt vor?

Das ist es, was ich kontrollieren kann. Meinen Einsatz. Mein Lernen. Meinen Beitrag. Meine Einstellung. Ich bin ein Mann, der zu seinem Wort steht — und mein Wort ist, mich auf das zu konzentrieren, was ich kontrollieren kann.

Ich kann nicht kontrollieren, ob das Unternehmen beschließt, mich zu entlassen oder nicht. Ich kann die Marktbedingungen, Entlassungen, Umstrukturierungen oder Budgetkürzungen nicht kontrollieren. Ich kann nicht kontrollieren, ob mein Vorgesetzter mich mag oder ob mein Projekt finanziert wird.

Aber ich kann kontrollieren, ob ich zur Arbeit komme und eine Leistung erbringe, auf die ich stolz bin. Ob ich die Ressourcen nutze, die sie mir geben. Ob ich zu jemandem heranwachse, der fähiger ist als gestern. Heute gebe ich 100 % meiner Anstellung.

Das ist mein Lenkrad bei der Arbeit. Alles andere sind Verkehrsbedingungen.

Die Menschen, die du wählst

Du kannst nicht kontrollieren, wie deine Freunde auf dich reagieren.

Ob sie dich mögen. Ob sie da sein werden, wenn du sie brauchst. Aber du kannst kontrollieren, mit wem du Dinge teilst.

Wem du deine Geheimnisse anvertraust. Wen du um Rat fragst. Wen du an deinen Erlebnissen teilhaben lässt. Wem du die Teile von dir anvertraust, die wichtig sind.

Du wählst deine Passagiere. Und das ist eine enorme Sache.

Warum? Weil du vielleicht einen Freund hast, mit dem man großartig lachen kann, der aber bei ernsten Gesprächen furchtbar ist. Du kannst sein Verhalten nicht kontrollieren — so ist er einfach (und sie sind keine NPCs). Aber du kannst kontrollieren, ob du versuchst, tiefe, verletzliche Gespräche mit ihm zu führen und dich dann verletzt fühlst, wenn er sich nicht so verhält, wie du es brauchst.

Vielleicht hast du einen Freund, der darin erstaunlich ist, praktische Ratschläge zu geben, aber bei emotionaler Unterstützung schrecklich ist. Das kannst du nicht ändern. Aber du kannst kontrollieren, ob du zu ihm gehst, wenn du eine Umarmung brauchst, oder wenn du Hilfe bei der Lösung eines Problems brauchst.

Du kontrollierst nicht ihre Reaktionen. Du kontrollierst, wer Zugang zu welchen Teilen deiner Reise bekommt. Du entscheidest, wer auf dem Beifahrersitz mitfährt und wer zu bestimmten Ausflügen eingeladen wird.

Dasselbe gilt für romantische Beziehungen.

Du kannst niemanden dazu bringen, sich in dich zu verlieben. Du kannst deinen Schwarm nicht zwingen, dich auch zu mögen. Du kannst niemanden manipulieren, mit dir zusammen sein zu wollen. Du kannst diese Art von Verbindung nicht erzwingen. Du kannst niemanden zu einer Beziehung drängen, nur weil du einen großen öffentlichen Heiratsantrag inszenierst, der sie vor einer Menschenmenge unter Druck setzt, sodass sie das Gefühl haben, Ja sagen zu müssen, weil alle zuschauen.

Das ist keine Liebe. Du denkst nicht einmal an ihre Gefühle.

Und du kannst ihre Gefühle nicht steuern oder kontrollieren. Das wirst du niemals können.

Aber du kannst kontrollieren, wie du dich zeigst. Ob du transparent bist. Ob du ehrlich kommunizierst. Ob du die besten Seiten von dir zeigst — keine gefälschte Version, keine Show, nur dein echtes Ich, ohne vorzugeben, jemand zu sein, der du nicht bist.

Wenn du in einer Beziehung bist, kannst du kontrollieren, wie du dich um deinen Partner kümmerst. Wie du ihm das Gefühl gibst, gesehen, gehört und verstanden zu werden. Wie du ihn ermutigst. Wie du ihn unterstützt.

Du kannst nicht kontrollieren, wie sie reagieren. Ob sie es erwidern. Ob sie bleiben oder gehen.

Aber du kannst die Art von Partner kontrollieren, die du bist. Die Art von Energie, die du einbringst. Die Art von Aufmerksamkeit, die du schenkst.

Das ist dein Lenkrad bei den Menschen, die du wählst. Fahre gut, aber greif nicht nach ihrem.

Familie

Deine Eltern — die Menschen, die dich großgezogen haben — sie werden älter. Du kannst ihre Gesundheit, ihre Zeit oder die Tatsache, dass sie mit zunehmendem Alter mehr Hilfe, mehr Pflege, mehr Unterstützung brauchen werden, nicht kontrollieren.

Aber du kannst kontrollieren, da zu sein, wenn es so weit ist. Du kannst kontrollieren, sicherzustellen, dass sie nicht hilflos und allein sind. Du kannst kontrollieren, ihnen Würde und Fürsorge zu geben, wenn sie es am meisten brauchen.

Wenn du dein Leben mit deinem Partner teilst, wird seine Familie Teil deiner Welt. Ihre Eltern, Geschwister, das erweiterte Netzwerk — sie sind alle jetzt durch die Person, die dir wichtig ist, mit dir verbunden.

Du kannst nicht kontrollieren, ob sie dich mögen. Ob sie dich sofort akzeptieren oder Jahre brauchen, um mit dir warmzuwerden. Ihre Meinungen, ihre Urteile, ihre Kommentare bei Familientreffen.

Aber du kannst kontrollieren, wie du sie behandelst. Du kannst ihnen das Gefühl geben, zur Familie zu gehören. Du kannst das

Vertrauen ehren, das sie gezeigt haben, als sie dich in ihr Leben aufgenommen haben — sie teilen jemanden, den sie lieben, mit dir.

Du kannst sie nicht dazu bringen, dich auf eine bestimmte Weise zu sehen. Aber du kannst jemand sein, den es wert ist, gesehen zu werden.

Wenn du Kinder hast, kannst du kontrollieren, wie gut du als Elternteil bist: ein Vorbild sein, präsent, geduldig, bewusst.

Du kannst nicht kontrollieren, wie sie sich entwickeln, welche Entscheidungen sie beim Aufwachsen treffen oder ob sie dich so in Erinnerung behalten, wie du es dir erhoffst.

Aber du kannst kontrollieren, da zu sein. Anwesend zu sein. So zu fahren, dass du ihnen etwas gibst, das es wert ist, in Erinnerung behalten zu werden.

Das ist dein Lenkrad bei der Familie. Du kontrollierst nicht ihre Reaktionen oder ihre Ergebnisse. Du kontrollierst deine Handlungen und deine Präsenz.

Im Alltag

Du kannst den Verkehr nicht kontrollieren. Aber du kannst die drei Autos vor dir einscheren lassen, ohne frustriert zu werden, und so ihren Arbeitsweg ein wenig stressfreier machen.

Du kannst Menschen nicht dazu bringen, dich zu mögen. Aber du kannst drei verschiedenen Leuten einen guten Morgen wünschen und ihren Tag erhellen, ohne etwas dafür zu erwarten.

Du kannst die Person hinter dir nicht kontrollieren. Aber du kannst ihr die Tür aufhalten, eine winzige Geste, die dich nichts kostet und die Welt ein kleines bisschen besser macht.

Du kannst nicht kontrollieren, ob die Leute dich respektieren. Aber du kannst respektvoll sein, auch wenn es nicht erwidert wird.

Du kannst nicht kontrollieren, ob dein Tag gut verläuft. Aber du kannst dafür sorgen, dass der Tag eines anderen besser verläuft.

Du kannst nicht kontrollieren, wie lange deine Haustiere leben werden. Aber du kannst kontrollieren, wie du ihnen ein tierwürdiges Leben schenkst.

Bei all dem geht es nicht darum, ein Heiliger zu sein. Es geht nicht darum, Freundlichkeit für Anerkennung zur Schau zu stellen. Es geht nur darum zu erkennen, dass das Lenkrad in deinen Händen liegt. Du entscheidest, wie du fährst.

Jede Interaktion ist eine Wahl. Jede Reaktion ist eine Entscheidung. Jeder Moment, in dem du die Dinge schlimmer oder besser machen könntest — das ist dein Lenkrad. Setz ein Lächeln auf.

Das kontrollierst du.

Dein Lenkrad. Deine Spur. Deine Handlungen.

Genau hier findet der Wettbewerb mit deinem gestrigen Ich statt. Nicht, indem du die Autobahn kontrollierst. Sondern indem du kontrollierst, wie du auf ihr fährst.

Kapitel 21

ES KOMMT DARAUF AN, WIE DU GEFAHREN BIST

Nach all den Kilometern ist das, was du aufgebaut hast, ohne es zu merken, keine Trophäe. Kein Denkmal. Keine Sammlung von Erfolgen, auf die man zeigen kann, wenn jemand fragt, was du erreicht hast.

Was du aufgebaut hast, ist Einfluss.

Nicht die Art, die in deinem Testament auftaucht. Nicht die Art, die unter Erben aufgeteilt wird. Nicht die Art, die sich abnutzt, an Wert verliert oder bei einer Nachlassauflösung verkauft wird.

Sondern die Art, die bei den Menschen bleibt, lange nachdem du aufgehört hast zu fahren.

Das Steuer zu übernehmen bedeutet, die Verantwortung für dein Vermächtnis zu übernehmen — was du jetzt in den Menschen hinterlässt, nicht, was du ihnen später vererbst.

Das Auto oder das Fahren

Du könntest deinem Kind dein Auto hinterlassen. Fahrzeugpapiere übertragen, Schlüssel übergeben, das Fahrzeug läuft auf seinen Namen. Das ist ein Erbe. Das ist etwas FÜR es.

Oder du könntest ihm beibringen, wie du gefahren bist. Wie du mit schwierigen Straßen umgegangen bist. Wie du im Verkehr geduldig geblieben bist. Wie du navigiert hast, wenn du die Strecke nicht kanntest. Wie du Entscheidungen getroffen hast, als das Wetter umschlug. Gib es weiter.

Das ist ein Vermächtnis. Das ist etwas IN ihm.

Jeder kann ein Auto kaufen. Nicht jeder lernt von dem Fahrer, der ihm beigebracht hat, wie man damit umgeht.

Das Auto wird irgendwann den Geist aufgeben. Es wird Reparaturen brauchen, dann mehr Reparaturen, und eines Tages wird es sich nicht mehr lohnen, es zu reparieren. So ist das eben mit Autos.

Aber die Art, wie du ihm das Fahren beigebracht hast? Die bleibt. Sie wird zu einem Teil davon, wie es seine eigene Route navigiert. Sie beeinflusst, wie es für den Rest seines Lebens fahren wird.

Das ist nichts, was man in einem Testament hinterlassen kann. Das ist etwas, was es in sich trägt, weil es mit dir mitgefahren ist.

Was tatsächlich übertragen wird

Geld wird übertragen. Eigentum wird übertragen. Besitztümer werden übertragen.

Aber diese Dinge können einem geliebten Menschen nicht zeigen, wie man ruhig bleibt, wenn sich alles chaotisch anfühlt. Sie können deinem Freund nicht beibringen, wie man ein Problem aus einem anderen Blickwinkel durchdenkt. Sie können deinem Partner nicht das Gefühl geben, wirklich gesehen und verstanden zu werden.

Diese Dinge? Die werden nur durch Anwesenheit übertragen. Durch die Zeit, die ihr zusammen gefahren seid. Durch die Momente, in denen sie beobachtet haben, wie du mit etwas umgegangen bist, und dachten: „So will ich das auch handhaben."

Deine Eltern haben dir wahrscheinlich Dinge hinterlassen. Vielleicht ein Haus, vielleicht etwas Erspartes, vielleicht Familienerbstücke. Und diese Dinge mögen hilfreich gewesen sein, mögen bedeutungsvoll gewesen sein.

Aber was trägst du wirklich von ihnen in dir?

Du trägst die Art in dir, wie deine Mutter in Notfällen ruhig geblieben ist. Du trägst die Art in dir, wie dein Vater Probleme methodisch angegangen ist. Du trägst die Werte in dir, die sie gelebt haben, nicht die, über die sie gesprochen haben. Du trägst die Lektionen in dir, die sie dir gezeigt haben, indem sie fuhren, nicht die Vorträge, die sie dir darüber hielten, wie du fahren solltest.

Die materiellen Dinge? Die sind nett. Aber sie sind nicht das Vermächtnis.

Ihr Vermächtnis ist IN dir. In deiner Denkweise. In deiner Reaktionsweise. In der Art, wie du deine eigene Route navigierst.

Das Erbe, das jeder kaufen kann

Besitztümer nutzen sich ab. Geld geht zur Neige. Dinge gehen kaputt, verlieren an Wert, gehen verloren, werden gestohlen, werden obsolet.

Dieses Erbe, das du erhalten hast? Es hat einen Zweck erfüllt. Es hat geholfen. Aber wenn es nur Geld oder Eigentum war, hätte dir jeder andere das Gleiche geben können.

Was dir niemand anderes geben konnte? Die spezifische Denkweise deiner Eltern. Ihr besonderer Ansatz für das Leben. Die einzigartige Perspektive, die sie auf Probleme hatten. Die Art, wie sie dir das Gefühl gaben, fähig zu sein, selbst wenn du an dir gezweifelt hast.

Das ist unersetzlich. Das ist es, was wirklich zählt.

Das materielle Erbe? Es gleicht aus. Gib zehn Leuten jeweils 100.000 € und sie alle haben gleich viel Geld. Die Transaktion ist identisch.

Aber Einfluss? Einfluss ist einzigartig. Die Art, wie du das Denken von jemandem beeinflusst hast, die Art, wie du sein Selbstbild verändert hast, die Art, wie du seine Route beeinflusst hast — das ist etwas, das nur du ihm geben konntest. Niemand sonst hat deine genaue Kombination aus Erfahrungen, Perspektiven und Präsenz.

Das ist ein Erbe, das bleibt.

Was würdest du bevorzugen?

Wenn ich die Wahl hätte, wäre es mir lieber, meine Eltern würden dieses Luxusauto jetzt verkaufen — sich nehmen, was auch immer sie gespart haben — und dieses Geld für sich selbst verwenden. Es ist ihr Geld. Sie haben es verdient. Sie verdienen es, es zu genießen.

Vielleicht bedeutet das zu reisen. Vielleicht bedeutet es, endlich das zu tun, worüber sie immer gesprochen haben. Vielleicht bedeutet es einen Roadtrip, den sie seit Jahrzehnten aufschieben. Wir können gerne mitkommen, wenn sie uns dabei haben wollen — aber es ist ihre Fahrt. Ihre Route. Ihre Kilometer, die sie fahren können, wie sie wollen.

Was auch immer ihnen Freude bereitet, solange sie noch hier sind, um diese zu erleben.

Wenn sie nicht mehr da sind, werde ich „das Luxusauto" nicht in Ehren halten. Ich werde es nicht fahren und dabei denken: „Ich bin so froh, dass sie das für mich aufbewahrt haben." Ich werde es verkaufen und versuchen herauszufinden, was ich mit all dem Zeug machen soll, das sie hinterlassen haben.

Aber sie tatsächlich leben zu sehen? Zu sehen, wie sie genießen, was sie aufgebaut haben, anstatt es nur für uns zu bewahren? Das bleibt bei mir.

Dabei zuzusehen, wie mein Kind seine Großeltern nicht als Menschen sieht, die alles für später aufgespart haben, sondern als Menschen, die wussten, wie man lebt, solange sie noch konnten.

Das ist das Erbe, das ich schätze.

Nicht das Haus mit dem Zeug, das ich am Ende wegwerfen werde. Nicht das Luxusauto, das ich verkaufen werde, weil es nicht zu meinem Leben passt. Sondern die Erinnerung daran, sie glücklich gesehen zu haben. Der Beweis, dass sie nicht nur ihr ganzes Leben lang gearbeitet haben, um Dinge zu hinterlassen — sie haben die Fahrt tatsächlich genossen.

Das ist es, was ich für sie wählen würde. Jedes Mal.

Denn Besitztümer werden aufgeteilt, verkauft, gehen verloren, werden vergessen. Aber diese Erfahrungen? Sie werden zu einem Teil dessen, wie ich mich an sie erinnere. Sie werden zu einem Teil dessen, was ich in mir trage. Sie werden zu einem Teil dessen, was ich meinem Kind darüber erzähle, wer seine Großeltern waren.

Das ist ihr Vermächtnis. Nicht, was sie FÜR mich hinterlassen haben, sondern was sie IN mir hinterlassen haben.

Du bist ein Passagier auf ihrer Reise

Hier ist ein weiterer Perspektivwechsel. Du hast über die Passagiere in deinem Auto nachgedacht. Die Menschen, die mit dir mitfahren. Die verschiedenen Versionen von dir, die sie erlebt haben.

Aber du bist auch ein Passagier im Auto eines anderen.

Wenn du Kinder hast, ist es nicht deine Aufgabe, ihre Reise zu fahren. Du fährst mit ihnen, aber du fährst nicht. Worauf es ankommt, ist, wer hinter dem Steuer sitzt. Und das bist nicht du.

Du sitzt auf dem Beifahrersitz, gibst vielleicht Wegbeschreibungen, machst vielleicht auf Dinge aufmerksam, die sie nicht bemerkt haben, aber letztendlich sind sie es, die kontrollieren, wohin das Auto fährt.

Dasselbe gilt für deinen Partner. Deine Freunde. Deine Arbeitskollegen. Jeden in deinem Leben.

Du fährst nicht ihre Route. Du fährst einen Teil davon mit. Manchmal bist du jahrelang dabei. Manchmal nur für ein paar Kilometer. Aber du sitzt nie auf ihrem Fahrersitz — der gehört ihnen allein.

Was du tun kannst, ist zu beeinflussen, wie sie fahren.

Das Selbstvertrauen, das sie beim Navigieren ihrer Route spüren? Das hast du beeinflusst.

Die Art, wie sie mit Hindernissen umgehen? Du hast ihnen Ansätze gezeigt, die sie vielleicht nicht in Betracht gezogen hätten.

Die Geduld, die sie auf schwierigen Strecken aufbringen? Einen Teil davon haben sie gelernt, indem sie dir zugesehen haben.

Du bist nicht für sie gefahren. Du bist MIT ihnen gefahren. Und das hat ihr Fahren anders gemacht, als es ohne dich gewesen wäre.

Das ist DEIN Vermächtnis auf ihrer Reise.

Der Kilometerzähler, der bleibt

Wenn die Fahrt von jemandem endet, verschwindet sein Kilometerzähler nicht.

Denk mal eine Sekunde darüber nach. Wenn jemand, den du liebst, aufhört zu fahren — wenn er zum letzten Mal parkt — all die Kilometer, die er zurückgelegt hat, all die Routen, die er genommen hat, all die Distanz, die er bewältigt hat ... sie verschwindet nicht einfach.

Sie bleibt. In jedem, der mit ihm mitgefahren ist.

Du trägst immer noch Kilometer in dir, die deine Lieben gefahren sind. Routen, die sie dir gezeigt haben. Abzweigungen, die sie dir beigebracht haben zu nehmen. Denkweisen, die sie dir während langer gemeinsamer Fahrten weitergegeben haben. Jede Generation besser als die letzte.

Sie fahren nicht mehr. Aber ihr Kilometerstand wächst weiter — in dir. In deiner Fahrweise. In den Entscheidungen, die du triffst. In den Routen, die du nimmst, weil sie dir gezeigt haben, dass diese Straßen existieren.

Ihr Kilometerzähler ist geblieben. Ihr Einfluss wirkt weiter.

Das ist nicht metaphorisch. Das ist keine tröstliche Philosophie, um den Tod weniger endgültig erscheinen zu lassen. Das ist einfach das, was tatsächlich passiert, wenn du jemanden wirklich beeinflusst hast.

Du wirst zu einem Teil davon, wie sie den Rest ihrer Fahrt navigieren.

Wie sie sich durch dich gefühlt haben

Dein Freund wird sich nicht an jedes Gespräch erinnern, das ihr hattet. Dein Kind wird sich nicht an jeden Ratschlag erinnern, den du ihm gegeben hast. Dein Partner wird sich nicht an jedes Date erinnern, das du geplant hast.

Aber sie werden sich daran erinnern, wie sie sich durch dich gefühlt haben.

<!-- AUTHOR: Paragraph break restored. EN has "But they'll remember how you made them feel." as a standalone dramatic one-liner. -->

Haben sie sich durch dich fähig gefühlt? Haben sie sich gesehen gefühlt? Hast du ihnen das Gefühl gegeben, dass sie jeden Weg, den sie eingeschlagen haben, bewältigen können?

Oder hast du ihnen das Gefühl gegeben, unzulänglich zu sein? Ständig verglichen zu werden? Als würden sie immer zu kurz kommen?

Dieses Gefühl — das ist es, was hängen bleibt. Das wird zu einem

Teil davon, wie sie sich selbst sehen. Das beeinflusst ihre Fahrt noch Jahre, nachdem du nicht mehr bei ihnen mitfährst.

Vielleicht hast du ihnen ein Auto geschenkt. Vielleicht hast du für ihre Ausbildung bezahlt. Vielleicht hast du ihnen Geld hinterlassen.

Aber wenn du ihnen dabei das Gefühl gegeben hast, inkompetent zu sein? Wenn du ihnen das Gefühl gegeben hast, dass nichts, was sie taten, jemals gut genug war? Wenn du ihnen das Gefühl gegeben hast, ständig bewertet und für zu leicht befunden zu werden?

Was du hinterlassen hast, ist nicht das Auto, der Abschluss oder das Erbe. Dein Vermächtnis ist dieses Gefühl.

Und das ist es, was bleibt.

Die Passagiere, die du bereits beeinflusst hast

Du fährst schon seit Jahren. Wahrscheinlich seit Jahrzehnten. Und die ganze Zeit über hattest du Passagiere.

Menschen waren in deinem Auto und haben beobachtet, wie du mit Stress umgehst. Wie du reagierst, wenn etwas schiefläuft. Wie du andere Fahrer behandelst. Wie du navigierst, wenn du dich verirrt hast.

Wenn du Kinder hast, haben sie zugesehen, wie du das Lenkrad zu fest umklammert hast, als das Geld knapp war. Sie haben diese Angst in sich aufgesogen, egal ob du darüber gesprochen hast oder nicht.

Wenn du einen Partner hast, hat er beobachtet, wie du mit Konflikten umgegangen bist — ob du ruhig geblieben bist oder eskaliert hast, ob du zugehört oder dich verteidigt hast. Das hat ihm gezeigt, wie Meinungsverschiedenheiten in eurem gemeinsamen Leben funktionieren.

Deine Freunde haben beobachtet, wie du über Leute gesprochen hast, die nicht anwesend waren. Ob du freundlich oder kritisch warst. Ob man dir sensible Informationen anvertrauen konnte oder ob alles zu Klatsch wurde.

Du hast sie die ganze Zeit unterrichtet. Nicht durch Vorträge. Durch Anwesenheit. Durch dein Beispiel. Durch die Version von dir selbst, die zum Vorschein kam, als du dachtest, niemand würde besonders darauf achten.

Sie haben darauf geachtet.

Und jetzt fahren sie mit einem Teil dessen, was du ihnen gezeigt hast.

Das ist bereits dein Vermächtnis. Es geschieht bereits. Du hinterlässt bereits etwas IN den Menschen um dich herum.

Die einzige Frage ist: Was hinterlässt du?

Du kannst ihre Erinnerung nicht kontrollieren

Erinnerst du dich an den früheren Teil dieser Fahrt, als wir darüber gesprochen haben, dass Erinnerungen anderen Menschen gehören? Daran, dass du nicht kontrollieren kannst, was sie erinnern oder wie sie es erinnern.

Dasselbe gilt hier.

Du kannst Menschen nicht zwingen, sich auf eine bestimmte Weise an dich zu erinnern. Du kannst nicht das Drehbuch dafür schreiben, wie du in ihren Köpfen weiterleben wirst. Du kannst nicht kontrollieren, ob sie sich auf deine besten oder deine schlimmsten Momente konzentrieren.

Ihre Erinnerung an dich gehört ihnen. Ihre Erfahrung, mit dir zu fahren, gehört ihnen. Die Version von dir, die sie weitertragen, ist ihre Version, nicht deine korrigierte.

Aber was du kontrollieren kannst, ist, wer du bist, während du fährst.

Du kannst deine Anwesenheit kontrollieren. Du kannst kontrollieren, ob du geduldig oder reaktiv bist. Du kannst kontrollieren, ob du den Menschen das Gefühl gibst, fähig oder unzulänglich zu sein. Du kannst kontrollieren, ob deine Passagiere dein Auto besser verlassen, weil sie mit dir gefahren sind.

Du kannst nicht kontrollieren, woran sie sich erinnern. Aber du kannst kontrollieren, was du ihnen zum Erinnern gibst.

Und das ist wichtiger, als du denkst.

Die Verstorbenen, die immer noch mit dir fahren

Du bist gerade nicht allein in deinem Auto. Das weißt du, oder?

Jeder, der dich beeinflusst hat — jeder, der dir gezeigt hat, wie man bestimmte Strecken bewältigt, der dich Herangehensweisen gelehrt hat, die du immer noch anwendest, der dir Perspektiven gegeben hat, die du immer noch in dir trägst — fährt immer noch mit dir.

Dein Großvater, der dir beigebracht hat, in Notfällen ruhig zu bleiben? Er ist da, wenn du eine Krise bewältigst, ohne in Panik zu geraten.

Deine Lehrerin, die dir gezeigt hat, wie man komplexe Probleme zerlegt? Sie ist da, wenn du vor etwas Überwältigendem stehst und weißt, wie du es Stück für Stück angehen kannst.

Dein Cousin, der dir beigebracht hat, dass es in Ordnung ist, manchmal die malerische Route zu nehmen? Er ist da, wenn du langsamer fährst, um etwas zu genießen, anstatt daran vorbeizurasen.

Man weiß erst, wie sehr man etwas schätzt, wenn es einem jemand wegnimmt.

Sie fahren nicht selbst. Aber ihr Einfluss ist immer noch aktiv. Ihre Kilometer sammeln sich weiter an, weil du immer noch anwendest, was sie dich gelehrt haben.

Das ist es, was ein Vermächtnis wirklich ist. Keine Denkmäler oder Bankkonten oder Besitztümer, die unter Erben aufgeteilt werden.

Es ist die Art und Weise, wie die Anwesenheit von jemandem deine Fahrweise weiterhin beeinflusst, lange nachdem diese Person aufgehört hat zu existieren.

Was du gerade jetzt aufbaust

Jedes Mal, wenn du für jemanden da bist — wirklich da bist, nicht nur körperlich anwesend, sondern tatsächlich präsent — baust du an deinem Vermächtnis.

Jedes Mal, wenn du jemandem das Gefühl gibst, fähig statt unzulänglich zu sein, hinterlässt du etwas IN ihm.

Jedes Mal, wenn du Geduld statt Ungeduld zeigst, bringst du jemandem bei, wie man mit Frustration umgeht.

Jedes Mal, wenn du präsent statt abgelenkt bleibst, zeigst du jemandem, was es bedeutet, den Moment, in dem man sich befindet, wertzuschätzen.

Du baust kein Denkmal. Du sammelst keine Errungenschaften für deine Grabrede. Du sammelst keine Beweise dafür, dass du von Bedeutung warst.

Du beeinflusst, wie Menschen fahren. Genau jetzt. Heute. In diesem Moment.

Das ist DEIN Vermächtnis.

Nicht, was du hinterlassen wirst, wenn du gegangen bist. Sondern was du IN den Menschen hinterlässt, während du hier bist.

Der einzige Wettbewerb, der hierbei zählt

Gegen dich selbst anzutreten, wie wir bereits besprochen haben, bedeutet, heute besser zu sein, als du es gestern warst.

Es bedeutet, dich zu fragen: Gebe ich den Menschen heute mehr oder weniger das Gefühl, fähig zu sein, als gestern? Bin ich präsenter oder abgelenkter? Beeinflusse ich die Menschen in Richtung Geduld oder in Richtung Angst?

Du trittst gegen die gestrige Version von dir selbst an — als eine Präsenz im Leben anderer Menschen.

Nicht „War ich erfolgreicher?". Nicht „Habe ich mehr erreicht?".

Sondern „Habe ich den Menschen um mich herum das Gefühl gegeben, besser in der Lage zu sein, ihre eigenen Routen zu bewältigen?".

Das ist der Wettbewerb, der bestimmt, was du wirklich hinterlässt.

Das Lenkrad, das du kontrollierst

Du kontrollierst deine Anwesenheit. Du kontrollierst dein Beispiel. Du kontrollierst, ob du die Fahrt von jemandem einfacher oder schwerer machst, je nachdem, wie du auf seinem Beifahrersitz auftrittst.

Du kontrollierst nicht ihre Route. Du kontrollierst nicht ihr Ziel. Du kontrollierst nicht, ob sie dich in guter Erinnerung behalten oder ob sich ihre Erinnerung auf Momente konzentriert, die du am liebsten ungeschehen machen würdest.

Aber du kontrollierst, wer du genau jetzt, in diesem Moment, mit den Menschen bist, die mit dir fahren.

Und das ist wichtig.

In Jahren, wenn du nicht mehr da bist, werden sie immer noch mit etwas fahren, das du ihnen gegeben hast.

Was soll das sein?

Nicht, was sie über dich denken sollen. Nicht, wie sie sich an dich erinnern sollen. Sondern was du IN ihnen hinterlassen willst, das ihre Fahrt besser macht?

Deine Geduld? Deine Art, Probleme zu durchdenken? Deine Fähigkeit, ruhig zu bleiben, wenn es chaotisch wird? Deine Weigerung, ihre Route mit der von jemand anderem zu vergleichen?

Das ist es, was wirklich bleibt. Das wird ein Teil davon, wie sie ihr eigenes Leben navigieren.

Beim Vermächtnis geht es nicht um dich. Es geht um sie.

Was du IN den Menschen hinterlässt — das ist es, was zählt. Ein Leben zu leben, das es wert ist, in Erinnerung zu bleiben.

Das ist es, was bleibt. Das beeinflusst weiterhin Routen, die du niemals fahren wirst.

Das Auto wird verkauft. Das Geld wird ausgegeben. Das Haus wird weitergegeben oder verkauft.

Aber das Gefühl, das du jemandem gegeben hast? Die Lebenseinstellung, die du gezeigt hast? Das Selbstvertrauen, das du in ihnen aufgebaut hast? Die Perspektive, die du geteilt hast?

Das bleibt. Das wird ein Teil ihres Kilometerzählers. Das sammelt weiterhin Kilometer an, lange nachdem du aufgehört hast zu fahren.

Es gibt keine Prüfung, die bewertet, ob du die richtige Menge Geld oder das perfekte Erbe hinterlassen hast.

Es gibt nur die Menschen, mit denen du gefahren bist, den Einfluss, den du hattest, und das, was sie weitertragen, weil du da warst.

Das ist das Vermächtnis, das zählt.

Und du baust es genau jetzt auf.

RECHTS RANFAHREN

Mein Ziel ist erreicht; deines liegt noch vor dir.

Kapitel 22

JENSEITS DEINES RÜCKSPIEGELS

Kilometer für Kilometer zeigt dir dein Rückspiegel etwas, das du nicht kontrollieren kannst.

Du hast diese ganze Fahrt damit verbracht, etwas über deine Route zu lernen. Deinen Kilometerzähler. Dein Lenkrad. Dein Tempo. Alles, was auf der Straße um dich herum geschieht, alles, was du während der Fahrt sehen kannst.

Aber was ist danach?

Was passiert, wenn jemand eine Ausfahrt nimmt, die du nicht nimmst? Wenn er sich in den Verkehr einordnet und aus deinem Blickfeld verschwindet? Wenn die Autos hinter dir zu Punkten in der Ferne werden und dann ganz verschwinden?

Teil acht handelt von dem, was jenseits deines Rückspiegels weitergeht.

Die Autos, die vor zwanzig Minuten direkt hinter dir waren? Sie sind jetzt nur noch Punkte. Manche haben Ausfahrten genommen. Manche haben die Spur gewechselt. Manche sind immer noch irgendwo da hinten, aber du kannst nicht mehr erkennen, welche.

Sie alle fahren auf Wegen weiter, die du niemals sehen wirst. Wege, die du beeinflusst hast, ohne zu wissen, wohin sie führten.

Darum geht es auf diesem letzten Abschnitt.

Der Einfluss, den du in die Welt entlässt

In den 90ern gab es einen Film namens *Twenty Bucks*. Die gesamte Handlung verfolgt einen bestimmten Zwanzig-Dollar-Schein, wie er von einer Person zur nächsten wandert. Ein Hochzeitsgeschenk wird zum Trinkgeld für eine Stripperin, wird zur Mahlzeit für einen Obdachlosen, wird zum Fahrgeld für jemanden. Jede Person hat ihren Moment mit dem Schein, dann wandert er in die nächste Hand, reist durch Leben und Geschichten, die der vorherige Besitzer nie zu Gesicht bekommen wird.

Dein Einfluss funktioniert genauso wie dieser Zwanzig-Dollar-Schein.

Du beeinflusst jemanden. Vielleicht lässt du ihn einfädeln. Vielleicht hast du Guten Morgen gesagt, als er eine menschliche Stimme hören musste. Vielleicht hast du ihm die Tür aufgehalten, als er zu viel zu tragen hatte. Dieser Einfluss geht in sein Leben über, wird zu einem Teil seiner Weltanschauung und beeinflusst möglicherweise, wie er die nächste Person behandelt. Und dann reist er weiter — von Hand zu Hand, von Leben zu Leben, von Weg zu Weg.

Du wirst nie verfolgen können, wohin er führt.

Stell dir vor, du könntest es. Stell dir vor, du hättest diese allwissende Kamera aus dem Film, die deinen Einfluss verfolgt, so wie sie den Zwanzig-Dollar-Schein verfolgt hat. Du würdest genau sehen, wohin deine kleinen Taten gereist sind. Durch deine Nachbarschaft. Durch deine Stadt. Zu Menschen, die du nie treffen wirst, die von jemandem beeinflusst wurden, den du beeinflusst hast, der von etwas beeinflusst wurde, das du an einem Dienstagmorgen getan hast, als du nicht einmal darüber nachgedacht hast.

Im Guten wie im Schlechten, du würdest die komplette Kettenreaktion sehen. Jede Welle. Jede Richtung, in die dein Einfluss gereist ist. Jeden Weg, den er verändert hat.

Aber das kannst du nicht. Du bekommst diese Kamera nicht. Du entlässt deinen Einfluss einfach in die Welt und vertraust darauf, dass er an Orte reist, die jenseits deiner Sichtweite liegen.

Und manchmal — öfter, als du vielleicht denkst — erzeugt dieser Einfluss Wellen, die du nie sehen wirst. Verändert Wege auf eine

Weise, von der du nie erfahren wirst. Beeinflusst Menschen, die du nie treffen wirst.

Die Geschichten im Stau

Wann immer es in einem Film einen Stau gibt, macht die Kamera dasselbe. Eine weite Luftaufnahme, die über Hunderte von Autos schwenkt und dann auf das Fahrzeug der Hauptfigur zoomt. Alle anderen sind nur Verkehr. Hintergrund. Statisten. Hindernisse in der Geschichte des Protagonisten.

Was wäre, wenn die Kamera jetzt HERAUSZOOMEN würde? Was, wenn wir uns ein beliebiges Auto in diesem Stau aussuchen und seine Geschichte zurückverfolgen könnten?

Die Frau in der blauen Limousine. Sie ist heute Morgen um 5:30 Uhr aufgewacht, obwohl sie erst um 9:00 Uhr bei der Arbeit sein musste. Hat Frühstück für ihre Tochter gemacht. Ein Mittagessen eingepackt. Sie ist nicht aus dieser Stadt — sie ist vor drei Jahren für einen Job hierhergezogen, der Aufstiegschancen versprach, aber dieses Versprechen nicht gehalten hat. Sie denkt an ihre Mutter zu Hause, die älter wird und sie bald brauchen könnte. Der Stau bringt sie zu spät zu dem Meeting, das vielleicht endlich alles ändert, oder das bestätigt, dass sie sich woanders umsehen muss.

Gehen wir weiter zurück. Zehn Jahre. Sie war auf dem College, in einer ganz anderen Stadt, mit jemandem zusammen, von dem sie dachte, sie würde ihn heiraten, bis es dann doch nicht so kam. Ihre Eltern wollten, dass sie nach dem Abschluss wieder nach Hause zieht, aber sie weigerte sich. Diese Entscheidung — diese Weigerung — führte sie in diese Stadt, zu diesem Job, in diesen Moment, in dem sie im Stau festsitzt und darüber nachdenkt, ob sie die richtigen Entscheidungen getroffen hatte.

Und wir fantasieren nur über die Vorgeschichte einer einzigen Person. Eines Autos. In einem Stau mit Hunderten von ihnen.

Das ist die Erkenntnis, die dir die Augen öffnet. Jede Person, der du heute begegnet bist — der Sicherheitsmann in der Bank, die Kassiererin im Supermarkt, die Person, die dir ohne zu blinken die Vorfahrt genommen hat — sie alle haben eine so tiefgründige Vorgeschichte. Sie alle waren einmal Kinder, mit Lieblingsspielzeug und Lieblingszeichentrickfilmen und Träumen davon, wie ihr Leben aussehen würde, wenn sie erwachsen wären.

Und wenn jeder eine so komplexe Vorgeschichte hat, die ihn zu genau diesem Moment führt, dann hat auch jeder eine Zukunftsgeschichte. Wohin sie gehen, nachdem sie dir begegnet sind. Was als Nächstes auf ihrer Route passiert, nachdem sich eure Wege für diese wenigen Sekunden gekreuzt haben.

Dein Einfluss — deine kleine Geste oder dein Moment der Ungeduld — wird Teil dieser Zukunftsgeschichte. Wir sehen nur die Teile von Menschen, die wir sehen wollen — aber dein Einfluss erreicht Teile von ihnen, die du niemals miterleben wirst. Einen Teil dessen, wohin sie als Nächstes auf Wegen gehen, die du nie sehen wirst.

Die Wege, die sie nach dir einschlugen

Du hast jemanden einfädeln lassen. Er hat sich mit einem Winken bedankt. Ihr seid beide weitergefahren.

Wohin war er unterwegs? Vielleicht war er in Eile, um einen Flug zur Beerdigung seiner Oma zu erwischen. Vielleicht hat deine Geste — diese drei Sekunden, die du ihm gegeben hast — den Unterschied gemacht, ob er diesen Flug noch bekommen oder ihn verpasst hat. Den Unterschied zwischen Abschiednehmen und mit Reue leben.

Oder vielleicht war er auch nur auf dem Weg zum Supermarkt, und du hast ihm dreißig Sekunden gespart.

Du wirst nie wissen, was von beidem.

Genau jetzt könnte es irgendwo in den sozialen Medien einen Beitrag geben: „Danke an den Fremden, der mich heute Morgen hat einfädeln lassen, als ich zu spät zum wichtigsten Vorstellungsgespräch meines Lebens kam." Du wirst diesen Beitrag nie sehen. Du kennst nicht einmal seinen Namen. Du hast nur Platz gemacht, er hat sich eingefädelt, du bist weitergefahren.

Der Kollege, der es gerade schwer hat — vielleicht hat er mit einer Krankheit in der Familie zu kämpfen, vielleicht hält er sich auch nur mit letzter Kraft über Wasser. Oder der Austauschstudent, der weit weg von zu Hause versucht, sich in einer völlig neuen Umgebung zurechtzufinden. Du musst nicht in ihrem Leben wühlen. Du brauchst ihre Vorgeschichte nicht zu kennen, um zu wissen, dass es wahrscheinlich mehr Anstrengung gekostet hat, als du dir vorstellen kannst, um diesen Moment vor dir zu erreichen.

Wenn du ihnen wirklich hilfst — wenn du Geduld zeigst, wenn sie einen Fehler machen, wenn du sie einbeziehst, wenn sie verloren aussehen, wenn du sie wahrnimmst, während alle anderen sie wie Mobiliar behandeln — wirst du ab heute Teil ihres Kilometerzählers. Teil der Route, an die sie sich erinnern werden, wenn sie an diese Zeit in ihrem Leben denken.

Die Kassiererin, die einen furchtbaren Morgen hat, bis ihr jemand in die Augen schaut und Guten Morgen sagt. Der Sicherheitsmann, der wie ein Einrichtungsgegenstand behandelt wird, bis sich jemand daran erinnert, dass er ein Mensch ist. Der Fremde, der zu viel trägt und nur jemanden brauchte, der ihm die Tür aufhält, ohne ihm das Gefühl zu geben, eine Last zu sein.

Deine kleinen Taten verändern, wohin sie als Nächstes gehen. Und dann fahren sie weg. Nehmen Ausfahrten. Fädeln sich auf Spuren ein, die du nie befahren wirst. Fahren auf Wegen weiter, die du nie sehen wirst.

Und was auch immer als Nächstes auf ihrer Reise geschah — wohin auch immer dein Einfluss in ihren Gedanken, ihren Entscheidungen, ihrer Behandlung der nächsten Person reiste — das liegt jetzt jenseits deiner Sichtweite.

Der Name des Nachbarn

Manchmal sind wir völlig blind für die Menschen, die uns nahestehen. Vor zwei Jahren hatte ich einen stillen Kampf mit meinem Nachbarn wegen eines Müllplatzes. Eine einfache Sache. Eine dumme Sache. Der Platz war genau auf halber Strecke zwischen unseren Grundstücken auf dem Bürgersteig, und wir wohnten beide weniger als ein Jahr dort. Fast jede Nacht schob derjenige, der seinen Müll als Zweites rausbrachte, die Säcke des anderen auf dessen Seite.

Kleinlich. Aber es passierte immer wieder.

Dann ist mir eines Tages der Kragen geplatzt. Ich sah ihn durchs

Fenster, wie er es tat. Ging schreiend nach draußen. Wir stritten uns. Schließlich einigten wir uns darauf, den Müll an derselben Stelle zu lassen, aber jeweils zu unseren Häusern hin ausgerichtet. Der Streit war beendet. Ich ging wieder rein.

Zehn Minuten später sagte ich zu meiner Frau: „Ich gehe zu seiner Tür."

Sie dachte, ich würde hingehen, um einen Streit anzufangen.

Ich klingelte. „Hallo, ich bin's, Ihr Nachbar."

„Ich bin hier, um mich zu entschuldigen."

Erklärte, dass ich einen schlechten Tag bei der Arbeit gehabt hatte. Dass ich ausgetickt war. Dass es keine Entschuldigung dafür gab, ihn wegen etwas so Dummem wie einem Müllplatz anzuschreien.

Er lächelte. Wir tauschten unsere Handynummern aus.

Sein Name ist Charly.

Dieses Detail ist wichtig, denn bis zu diesem Moment war er nur „der Nachbar". Ein Hindernis. Jemand, der mein Leben schwerer machte. In der Sekunde, in der ich mich entschuldigte, in der Sekunde, in der ich zugab, dass ich im Unrecht war, wurde er zu einer Person mit einem Namen. Jemand, den ich kennenlernen würde. Jemand, der ein netterer Nachbar werden würde — der winkt, wenn wir uns sehen, der ein Auge auf das Grundstück des anderen hat.

Das änderte sich sichtlich zwischen uns.

Wie dieser Moment sein Leben jenseits unserer nachbarschaftlichen Interaktionen beeinflusste? Ich werde es nie erfahren. Außerdem war das nicht der Grund, warum ich es tat.

Hat es seine Denkweise über Konflikte verändert? Wenn jetzt jemand die Beherrschung ihm gegenüber verliert — bei der Arbeit, in der Familie, bei Freunden — erinnert er sich dann daran, dass sein Nachbar zehn Minuten später zurückkam, um sich zu entschuldigen? Ist es dadurch wahrscheinlicher, dass er deeskaliert, anstatt nachtragend zu sein?

Welche Wellen schlug diese Entschuldigung in seiner Erziehung? In seinen Freundschaften? In seiner Weltanschauung gegenüber Menschen, die ausrasten?

Ich weiß es nicht, und ich muss es auch nicht wissen. Das war nie der Grund, warum ich zurückging. Ich versuchte nicht, einen Dominoeffekt auszulösen oder eine Lektion über Konfliktlösung zu erteilen. Vielleicht hat es gar nichts verändert — vielleicht war er schon immer ein cooler Typ, und ich wusste es nur noch nicht. Vielleicht war ihm die Entschuldigung wichtig, vielleicht auch nicht.

Seine Route setzte sich jenseits meines Rückspiegels fort. Ich kann sehen, dass wir jetzt gute Nachbarn sind. Alles andere? Das liegt außerhalb meines Sichtfeldes.

Der Einfluss, der schadet

Es sind nicht nur positive Wellen. Manchmal richtet dein Einfluss Schaden an, den du nie siehst.

Du bist ohne zu blinken auf die Spur gewechselt. Hast nicht bemerkt, dass das Auto hinter dir eine Vollbremsung hinlegen musste, um einen Unfall zu vermeiden. Das Kind auf dem Rücksitz zitterte, fing an zu weinen. Die Mutter geriet in Stress und konnte auf der Hochstraße nicht anhalten, um ihr Kind zu trösten. Du bist weitergefahren, völlig ahnungslos, dass dies geschah.

Deine Ungeduld hat die Route von jemandem beeinflusst, und du hattest keine Ahnung.

Oder du stehst an der Kasse. Der Kassiererin unterläuft ein Fehler beim Scannen. Du zeigst deinen Frust — kein Schreien, nur ein Blick, vielleicht ein Seufzer. Sie hat bereits einen harten Tag. Fühlt sich bereits unzulänglich. Deine Reaktion bestätigt ihre Angst, dass sie schlecht in ihrem Job ist.

Sie geht nach Hause und fühlt sich wegen einer zwei Sekunden langen Interaktion, die du sofort wieder vergessen hast, noch schlechter.

Du hast etwas Abfälliges zu jemandem gesagt, der psychisch völlig am Ende war. Deine Bemerkung — als Witz gemeint oder einfach nur gedankenlos — wurde zum letzten Anstoß, den Job zu kündigen.

Du warst ungeduldig mit jemandem, der sein Bestes gab. Hast nicht gemerkt, dass die Person neu war, mit etwas Schwierigem zu kämpfen hatte oder bereits das Gefühl hatte, nichts richtig machen zu können.

Der Punkt ist nicht, dich wegen jeder Interaktion paranoid zu machen. Der Punkt ist dieser: Dein Einfluss breitet sich in Richtungen aus, die du nicht sehen kannst. Manchmal positiv. Manchmal negativ. Meistens wirst du nie wissen, was von beidem.

Genau wie dieser Zwanzig-Dollar-Schein nicht weiß, ob er jemandes Medikamente bezahlt oder jemandes Sucht finanziert hat. Er wandert einfach von Hand zu Hand und erzeugt Wirkungen, die jenseits seiner Wahrnehmung liegen.

Dasselbe gilt für deinen Einfluss.

Die Rechnung, die keiner aufmacht

Drei kleine Taten heute. Jemanden einfädeln lassen. Guten Morgen sagen. Eine Tür aufhalten.

Stell dir nun vor, diese drei Personen tun jeweils dasselbe — lassen drei Leute einfädeln, begrüßen drei Fremde, halten drei Türen auf. Du bist von drei auf zwölf betroffene Personen gekommen (3+9).

Diese neun in jedem Zweig beeinflussen drei weitere. Jetzt bist du bei neununddreißig Personen (3+9+27).

Schau, was passiert, wenn du weitermachst. Aus neununddreißig werden 120 (3+9+27+81). Aus 120 werden 363 (3+9+27+81+243). Die Zahlen potenzieren sich schnell. Beim fünften Durchgang bist du bei über tausend Menschen (1.093). Beim siebten bist du schon bei fast zehntausend (9.841).

Zehn Durchgänge später? 265.719 Menschen.

Drei Taten. 265.719 Menschen.

Also ja, „lass uns die Welt verändern, eine Einfädelung nach der anderen" ist nicht nur ein netter Spruch für dieses Buch. Die Rechnung stützt das tatsächlich.

Und es ist völlig unsichtbar.

Du verfolgst nichts davon, während du jemanden einfädeln lässt. Du handelst einfach in diesem Moment. An dem einen oder anderen Punkt müssen wir alle diese Entscheidung treffen. Und diese eine Entscheidung multipliziert sich durch Leben, denen du nie begegnen wirst, schafft Momente, die du nie miterleben wirst, und beeinflusst Routen, die sich in andere Routen verzweigen, die sich wiederum in andere Routen verzweigen.

Der Einfluss potenziert sich in einem Ausmaß, das du nicht messen kannst. Das ist keine Einschränkung — das ist seine Stärke.

Was sich dadurch für dich ändern könnte

Vielleicht verändert dieses Buch, wie du dein Leben und die Menschen um dich herum wertschätzt. Wir alle möchten die bessere Version von uns selbst sein. Vielleicht hörst du auf, im Countdown-Modus zu leben, hörst auf, dich jeden Tag benotet zu fühlen, und fängst an, ohne diesen ständigen Druck zu fahren, mit der Route aller anderen verglichen zu werden.

Vielleicht auch nicht. Vielleicht hast du erwartet, dass es anders aufgemacht ist. Vielleicht hat dir ein Freund erzählt, es wäre etwas anderes. Vielleicht bist du einfach nicht in einer Lebensphase, in der irgendetwas davon bei dir ankommt.

Vielleicht hast du allem zugestimmt, aber nichts ändert sich, weil Lesen nicht dasselbe ist wie Umsetzen.

Oder vielleicht hat nur ein einziger Satz irgendwo alles für dich verändert, und der Rest war nur der Kontext, der zu diesem Moment hinführte.

Ich werde nie wissen, was davon zutrifft.

Dieses Buch ist der Einfluss, den ich auf deine Route loslasse. Es reist jetzt mit dir an Orte, die ich nie sehen werde. Vielleicht verändert es Dinge. Vielleicht auch nicht. Vielleicht bedeutet es mehr, als ich mir vorstellen könnte, oder vielleicht wirst du es komplett vergessen.

Das passiert, wenn Einfluss jenseits deines Rückspiegels reist. Du lässt ihn los. Du vertraust darauf, dass er dorthin gelangt, wo er hingehört. Und du fährst weiter, ohne das Ergebnis zu kennen.

Dasselbe geschieht mit jeder kleinen Tat, die du vollbringst. Jeder Geste. Jedem Moment, in dem sich deine Route mit der von jemand anderem kreuzte und dein Einfluss ein Teil dessen wurde, wohin er als Nächstes fuhr.

Du lässt es einfach los und fährst weiter.

Jenseits deines Sichtfeldes

Kein Armaturenbrett, das überwacht, wohin deine kleinen Taten gereist sind. Kein Zeugnis, das festhält, wie viele Menschen von dieser einen Sache betroffen waren, die du an jenem Morgen getan hast, als du einfach nur anständig sein wolltest.

Du fährst einfach. Du schaffst Momente. Du beeinflusst Routen. Und dann setzen diese Menschen ihren Weg auf Pfaden fort, die du nie sehen wirst, zu Zielen, die du nie kennen wirst, und tragen einen Einfluss mit sich, den du losgelassen hast, ohne zu wissen, wohin er führen würde.

Ein Teil dieses Einflusses wirkt jahrelang weiter. Jahrzehnte. Vielleicht Generationen. Er wandert durch Routen, die so weit von deiner eigenen entfernt sind, dass die Verbindung zurück zu deiner ursprünglichen Tat unmöglich nachzuvollziehen wäre, selbst wenn du sie sehen könntest.

Das ist kein Versäumnis bei der Nachverfolgung. Das ist nichts, was du hättest besser überwachen sollen. So funktioniert Einfluss einfach, wenn jeder seine eigene Route fährt.

Dein Rückspiegel zeigt Menschen für einen Moment, nachdem sich eure Routen gekreuzt haben. Dann fädeln sie aus. Nehmen Ausfahrten. Fallen hinter dich zurück. Und ihre Route setzt sich jenseits deines Sichtfeldes fort.

Wolltest du schon immer ein Influencer sein? Nun, du bist einer. Du magst dich selbst als gewöhnlich ansehen. Aber gewöhnliche Taten schlagen Wellen, die du nie sehen wirst.

Du hast jemanden beeinflusst. Du hast etwas verändert. Du hast einen Moment geschaffen, der zu einem Teil dessen wurde, wohin diese Person als Nächstes ging.

Aber was geschah danach? Wohin sie gingen? Was dein Einfluss auf eine Weise verändert hat, die du nicht sehen kannst?

Das liegt jenseits deines Rückspiegels.

Und du fährst auf deiner eigenen Route weiter vorwärts, schaffst mehr Momente, beeinflusst mehr Menschen, lässt mehr Einfluss in Richtungen los, die du nie sehen wirst.

Es gibt keine Prüfung, die bewertet, ob du alles korrekt nachverfolgt hast.

Es gibt nur die Route vor dir, die kleinen Taten, die du vollbringst, und das Vertrauen, dass dein Einfluss an Orte reist, die jenseits deines Sichtfeldes liegen — Routen verändert, die du nie fahren wirst, Menschen beeinflusst, die du nie treffen wirst, und Wellen schlägt, die du nie sehen wirst.

Das ist das Gebiet jenseits deines Rückspiegels.

Und es ist größer, als du je wissen wirst.

Kapitel 23

TEMPOMAT AUS

Selbst nachdem du Tausende von Kilometern dieselbe Strecke gefahren bist, kannst du dich ändern.

Vor einigen Kilometern noch hast du dich mit jedem verglichen.

Jedes Auto, das dich überholt hat, hat sich wie eine Niederlage angefühlt. Jedes Auto, das du überholt hast, wie ein Sieg. Du hast dich mit imaginären Konkurrenten auf einer Autobahn gemessen, die keine Ziellinie hatte.

Du hast gelebt, als gäbe es eine Prüfung. Als würde jemand deine Geschwindigkeit, deine Strecke und deine Entscheidungen benoten. Als gäbe es irgendwo einen Bewertungsbogen, der festhält, ob du richtig fährst.

Und jetzt sieh dich an.

Du weißt, dass du dein eigener Bezugspunkt bist. Du verstehst, dass deine Strecke deine ist — nicht besser oder schlechter als die von irgendjemand anderem, einfach nur deine. Du siehst den heutigen Tag als 100 % deines Lebens, nicht als Vorbereitung auf etwas anderes. Du konzentrierst dich auf dein Lenkrad, nicht auf die Geschwindigkeit der anderen. Du erschaffst ein Vermächtnis durch Präsenz, nicht durch das, was du zurücklässt, wenn du parkst.

Du bist nicht mehr derselbe Fahrer, der diese Reise begonnen hat.

Was sich wirklich verändert hat

Vielleicht hat sich alles verändert. Vielleicht nur eine einzige Sache. Vielleicht irgendetwas dazwischen.

Aber etwas hat sich verändert.

Du hast aufgehört, Rennen gegen Autos zu fahren, die nie mit dir im Wettbewerb standen. Du hast aufgehört, deinen Kilometerstand mit dem der anderen zu vergleichen. Du hast aufgehört zu denken, die Fahrspur gehöre dir. Du hast aufgehört, bei jeder vermeintlichen Kränkung zu hupen.

Du hast angefangen, andere Fahrer als Menschen auf ihrer eigenen Strecke zu sehen, anstatt als Hindernisse auf deiner. Du hast angefangen, Fortschritt an deinem gestrigen Ich zu messen, anstatt an allen um dich herum. Du hast angefangen zu verstehen, dass deine Erinnerungen dir gehören und ihre Erinnerungen ihnen.

Du hast den Wettbewerb verlernt. Du hast die Spaltung verlernt. Du hast die Ratschlagfalle verlernt. Du hast das Bedauern verlernt.

Nicht, weil du mit dem Lernen fertig bist. Nicht, weil du alles herausgefunden hast. Nicht, weil du ein Programm abgeschlossen oder irgendeinen Kurs auf Udemy belegt hast.

Sondern weil du diese Kilometer damit verbracht hast, zu untersuchen, wie du fährst, und irgendwo auf dem Weg hat sich deine Perspektive verändert.

Die Autobahn sieht jetzt anders aus. Nicht, weil die Autobahn sich verändert hat. Sondern weil du sie anders siehst.

Das ist jetzt dein Leben

Du hast keine Philosophie gelernt. Du hast keine Methode übernommen. Du hast kein System auswendig gelernt.

Du hast verändert, wie du siehst.

Und das ist nichts, was man ein- und ausschaltet. Das ist nichts, was man anwendet, wenn es gerade passt. Das ist keine Technik, die man in bestimmten Situationen einsetzt.

So fährst du jetzt einfach.

Jeden Morgen, wenn du aufwachst, gibt es an diesem Tag keine

Prüfung. Niemand benotet, ob du richtig lebst. Niemand misst deinen Fortschritt an einem universellen Standard. Niemand stuft dich im Vergleich zu allen anderen ein, die ebenfalls versuchen herauszufinden, wie sie ihre Strecke meistern können.

Bei jeder Interaktion, die du hast, wird keine Note festgehalten. Kein Bewertungsbogen, der vermerkt, ob du sie perfekt gemeistert hast. Kein Richter, der entscheidet, ob deine Reaktion optimal war.

Bei jeder Entscheidung, die du triffst, gibt es keine universell richtige Antwort. Nur die Entscheidung, die für deine Strecke, in deinem Tempo und mit deinen spezifischen Umständen, die niemand sonst vollständig versteht, weil sie nicht in deinem Auto sitzen, sinnvoll ist.

Das ist keine Philosophie mehr. Das ist dein tatsächliches Leben.

Du „übst" nicht, dich selbst als deinen eigenen Bezugspunkt zu sehen. Du bist einfach dein eigener Bezugspunkt. So funktioniert Perspektive.

Du „erinnerst" dich nicht daran, dich auf dein Lenkrad zu konzentrieren. Du konzentrierst dich jetzt einfach ganz natürlich darauf, weil du verstehst, dass es das ist, was du kontrollieren kannst.

Du „versuchst" nicht, den heutigen Tag als 100 % deines Lebens zu sehen. Du siehst ihn jetzt einfach so, weil du verstehst, dass dieser Moment der einzige ist, den du tatsächlich lebst.

Die Veränderung ist bereits geschehen. Es ist nichts, worauf du hinarbeitest. Es ist etwas, das du bist.

Die Autobahn hat sich nicht verändert

Dieses Buch endet.

Der Verkehr nicht.

Morgen früh wirst du in dein Auto steigen, und die Autobahn wird genau gleich aussehen. Dieselben Spuren. Dieselben Regeln. Dieselben anderen Fahrer, die ihre eigenen Strecken in ihrem eigenen Tempo befahren.

Die Kultur wird weiterhin versuchen, dich zu programmieren. Die sozialen Medien werden weiterhin versuchen, dich zu bewerten. Die Gesellschaft wird weiterhin versuchen, dich zu vergleichen. Die Familie wird weiterhin versuchen, durch dich zu konkurrieren.

Deine Heimatstadt wird dich immer noch nach deinem Auto beurteilen. Deinen Nachbarn wird dein Haus immer noch wichtig sein. Deine Verwandten werden dich immer noch fragen, wann du heiratest, Kinder bekommst oder befördert wirst.

Das Gerede wird sich weiterdrehen. Die Statusspielchen werden weiterlaufen. Die imaginären Wettkämpfe werden in den Köpfen aller anderen weiterhin existieren.

Nichts davon hat sich geändert, weil du ein Buch gelesen hast.

Die Autobahn funktioniert genauso wie immer. Die anderen Autos fahren immer noch, als gäbe es eine Prüfung. Die Kultur verbreitet immer noch dieselbe Botschaft. Die Programmierung läuft immer noch auf jedem Bildschirm, in jedem Gespräch, bei jeder Interaktion.

Aber du bist anders.

Du siehst es jetzt anders. Du reagierst jetzt anders darauf. Du fährst jetzt anders dadurch hindurch. Ohne den ständigen Stress. Ohne das Gewicht imaginärer Noten. Ohne die Angst, wie du abschneidest.

Der Stress, den du früher mit dir herumgetragen hast — ständig bewertet zu werden, ständig zu vergleichen, dich ständig benotet zu fühlen —, dieses Gewicht ist irgendwo auf dieser Reise von dir abgefallen. Nicht, weil die Welt aufgehört hat, stressig zu sein. Sondern weil du aufgehört hast zu glauben, dass der Stress notwendig sei.

Du nimmst an keinem Wettbewerb teil, also kannst du nicht verlieren. Du wirst nicht benotet, also kannst du nicht durchfallen. Du fährst kein Rennen, also kannst du nicht zurückfallen.

Der Druck ist immer noch da. Aber er trifft dich nicht mehr auf dieselbe Weise. Vielleicht stellen wir die falschen Fragen — nicht „Gewinne ich?", sondern „Fahre ich?".

Wenn die Kultur dir sagt, du sollst konkurrieren, erkennst du die Endlosschleife, bevor du sie betrittst. Wenn die sozialen Medien versuchen, dich zu benoten, erinnerst du dich daran, dass niemand wirklich Buch führt. Wenn die Gesellschaft dich an willkürlichen Maßstäben misst, weißt du, dass du dich stattdessen an deinem gestrigen Ich misst.

Der Druck ist nicht verschwunden. Du hast nur aufgehört, daran zu glauben.

Die Vergleiche haben nicht aufgehört. Du hast nur aufgehört, mitzumachen.

Die imaginäre Prüfung ist nicht verschwunden. Du hast nur erkannt, dass sie nie real war.

Und das ist genug.

Du brauchst nicht, dass die Welt sich ändert. Du brauchst nicht, dass alle anderen aufhören zu konkurrieren. Du brauchst nicht, dass die Kultur aufhört zu programmieren oder die sozialen Medien aufhören zu bewerten oder die Gesellschaft aufhört zu vergleichen.

Du musst nur weiter deine Strecke in deinem Tempo fahren, mit deinem Fokus auf deinem eigenen Lenkrad.

Die Autobahn ist dieselbe. Du bist anders.

Das ist es, was zählt.

Bewusstes Fahren

Wie viele Kilometer warst du mit Tempomat unterwegs?

Bist mit der Geschwindigkeit gefahren, die alle um dich herum fuhren. Bist auf der Spur geblieben, die dir die Kultur vorschrieb. Hast die Ausfahrt genommen, die die Gesellschaft erwartete. Hast konkurriert, weil man dir das beigebracht hat. Hast gemessen, weil man dir beigebracht hat, dass das wichtig sei. Kennst du dieses Gefühl — nicht sicher zu sein, ob du wach bist oder schläfst?

Autopilot. Programmierte Antworten. Automatische Reaktionen. Kulturelle Skripte, die ohne deine bewusste Beteiligung ablaufen.

Du bist nicht wirklich gefahren. Du wurdest gefahren — von Erwartungen, von Programmierungen, von übernommenen Überzeugungen darüber, was Erfolg bedeutet, wie das Leben aussehen sollte und was du dir wünschen sollst.

Aber du fährst jetzt schon seit Kilometern manuell — vielleicht hast du es nur gerade erst bemerkt.

Du hast die manuelle Kontrolle übernommen. Deinen Geist von den Tempomat-Einstellungen befreit, die jemand anderes programmiert hat. Du hast angefangen, bewusste Entscheidungen anstelle von automatischen zu treffen. Du hast angefangen zu hinterfragen, ob die

Strecke, die alle anderen nehmen, die Strecke ist, die für dich sinnvoll ist.

Du fährst jetzt. Fährst wirklich.

Nicht perfekt. Nicht ohne Fehler. Nicht ohne gelegentlich zu vergessen und in alte Muster zurückzufallen.

Aber bewusst. Absichtsvoll. Mit dem Bewusstsein, dass du derjenige bist, der das Lenkrad hält, die Pedale tritt, die Spuren wählt, die Geschwindigkeit bestimmt.

Der Tempomat ist aus. Und du wirst ihn nicht wieder einschalten.

Was du mitnimmst

Dieses Bewusstsein verschwindet nicht.

Es ist nichts, was du vergessen wirst, wenn du dieses Buch schließt. Es ist nichts, was nachlässt, wenn du in dein normales Leben zurückkehrst. Es ist keine vorübergehende Klarheit, die verblasst, wenn die reale Welt wieder hereinbricht.

Du kannst nicht ungesehen machen, was du gesehen hast. Du kannst nicht unwissen, was du jetzt verstehst. Es zu verstehen ist nicht dasselbe, wie es zu leben.

Du wirst jeden einzelnen Tag daran erinnert werden. Jedes Mal, wenn du in dein tatsächliches Auto steigst, deinen Motor startest, auf deinen tatsächlichen Arbeitsweg fährst — du wirst dich erinnern. Die Autobahn ist nicht nur ein Ort, über den du liest. Sie ist, wo du lebst.

Du wirst immer noch Druck ausgesetzt sein. Du wirst immer noch auf Konkurrenz stoßen. Du wirst immer noch Stimmen hören, die dir sagen, du sollst dich mit allen anderen messen.

Aber du wirst es jetzt erkennen. Du wirst es als das sehen, was es ist. Und du wirst entscheiden, ob du dich darauf einlässt oder deine Augen auf deiner eigenen Straße behältst.

An manchen Tagen wirst du mit vollkommener Klarheit fahren, dich an alles erinnern, was du gelernt hast, und selbstbewusst navigieren.

An manchen Tagen wirst du in alte Muster zurückfallen, anfangen, dich mit anderen zu vergleichen, den Sog imaginärer Wettkämpfe spüren.

Beides ist in Ordnung. Beides ist Teil des Fahrens deiner Strecke. Du versuchst nicht, perfekte Beständigkeit zu erreichen. Du versuchst nur, öfter bewusster zu fahren als zuvor.

Und das wirst du. Sobald du siehst, dass es keine Prüfung gibt, kannst du nicht so tun, als ob sie existiert. Sobald du verstehst, dass du dein eigener Bezugspunkt bist, kannst du dich nicht von den Koordinaten eines anderen aus messen. Sobald du erkennst, dass deine Strecke deine ist, kannst du nicht fahren, als wärst du auf dem Weg eines anderen.

Die Veränderung ist dauerhaft. Nicht, weil du es nie vergessen wirst. Aber selbst wenn du es vergisst, wirst du dich wieder erinnern. Das Bewusstsein ist jetzt da. Es verschwindet nicht einfach, nur weil du nicht jeden Moment daran denkst.

Du bist bereit

Während dieser gesamten Fahrt sind wir zusammen gereist.

Ich habe auf Dinge hingewiesen. Dir gezeigt, was mir aufgefallen ist. Eine Perspektive geteilt, die mir geholfen hat, nicht mehr so zu leben, als gäbe es eine Prüfung, die jeden meiner Schritte benotet.

Du hast es verarbeitet. Es an deiner eigenen Erfahrung geprüft. Entschieden, was bei dir Anklang findet und was nicht. Es zu deinem eigenen gemacht, anstatt es einfach zu akzeptieren. Das hier war für dich und dich allein.

Und jetzt bist du bereit.

Nicht, weil du alles gemeistert hast. Nicht, weil du alles herausgefunden hast. Nicht, weil du nie wieder mit diesen Konzepten zu kämpfen haben wirst.

Sondern weil du sie jetzt verstehst. Die Perspektive hat sich verschoben. Das Bewusstsein ist da. Der Tempomat ist aus. Du weißt bereits, was du zu tun hast.

Du bist bereit, weiterzufahren — bewusst, absichtsvoll, mit den Augen auf deiner eigenen Straße anstatt auf der der anderen.

Die Autobahn hat sich nicht verändert. Der Verkehr ist immer noch da. Der Druck existiert immer noch.

Aber du bist anders. Und das ist es, was zählt.

Du bist nicht der Fahrer, der du warst, als wir diese Fahrt begonnen haben. Du misst dich nicht mehr an imaginären Standards. Du nimmst nicht an Rennen teil, die es nicht gibt. Du lebst nicht so, als gäbe es eine Prüfung.

Du fährst einfach. Deine Strecke. Dein Tempo. Deine Entscheidungen. Wir sind immer noch hier. Du bist immer noch auf der Straße. Das ist es, was zählt.

Und das ist genau das, was du tun sollst.

Denn es gibt keine Prüfung. Die gab es nie.

Es gibt nur dich auf deiner Strecke, auf dem Weg zu was auch immer als Nächstes kommt.

Der Tempomat ist aus.

Du bist bereit.

Kapitel 24

HIER STEIGE ICH AUS

Der Moment ist also gekommen. Wir sind gemeinsam an diesem Punkt angekommen, und hier steige ich aus.

Nicht, weil die Reise endet. Deine Route geht weiter. Aber diese besondere Fahrt, die wir gemeinsam unternommen haben — dieses Gespräch, das wir auf den letzten paar hundert Kilometern geführt haben —, hier findet es sein natürliches Ende.

Was das hier wirklich war

Ich habe dir nicht beigebracht, wie du leben sollst. Ich habe deine Antworten nicht. Das kann ich gar nicht. Du fährst eine Route, die ich nie gefahren bin, navigierst unter Bedingungen, denen ich mich nie stellen musste, und triffst Entscheidungen auf der Grundlage von Umständen, die ich nicht vollständig verstehe, weil es deine sind, nicht meine.

Was ich tat, war, meine Perspektive zu teilen. Ich wies auf Muster hin, die mir auf meiner Route auffielen. Ich zeigte dir, was mir half, nicht mehr so zu leben, als ob jede meiner Entscheidungen von einer Prüfung bewertet würde. Was mir half, mit weniger Stress, weniger

Angst und weniger Last auf den Schultern zu leben. Ein glücklicheres Leben zu führen.

Und du hast es verarbeitet. Du hast das, was ich dir mitgeteilt habe, genommen und es durch deine eigenen Erfahrungen, deine eigene Brille, dein eigenes Verständnis davon, wie dein Leben wirklich funktioniert, gefiltert. Du hast entschieden, was bei dir ankommt und was nicht. Du hast es zu deinem eigenen gemacht — nicht, indem du meine Route kopiert hast, sondern indem du meine Beobachtungen genutzt hast, um deine eigene zu verstehen.

Erinnerst du dich an die Ratschlag-Falle? Dabei ging es nicht nur um die Ratschläge anderer Leute. Es ging auch um dieses ganze Buch. Wenn du versuchst, die Route genau so zu fahren, wie ich sie beschrieben habe, wirst du einen Unfall bauen. Denn meine Route ist nicht deine Route. Meine Hindernisse sind nicht deine Hindernisse. Mein Ziel ist nicht dein Ziel.

Das hier war ein Gespräch zwischen zwei Menschen auf unterschiedlichen Routen, die zufällig eine Zeit lang in die gleiche Richtung fuhren. Ich habe dir erzählt, was ich sah. Du hast entschieden, was es für dich bedeutete.

Mehr war es nicht. Und genau das sollte es auch sein.

Du siehst jetzt anders

Du kannst die Programmierung jetzt überall erkennen. Du kannst es nicht mehr nicht sehen.

Nimm die Schönheit von Prominenten. Wir preisen berühmte Menschen dafür, dass sie umwerfend aussehen, aber wenn dieselbe Person nicht berühmt wäre, wenn sie nicht reich wäre, wenn sie nur im Laden an der Ecke arbeiten würde, würden wir sie vielleicht nicht einmal bemerken. Ihr *Doppelgänger* existiert irgendwo, mit genau demselben Gesicht, genau demselben Körper, genau denselben Zügen. Aber wir fantasieren nicht über das Ebenbild. Wir drucken den unbekannten Zwilling nicht auf Titelseiten von Magazinen.

Wir loben nicht wirklich die Schönheit. Wir loben die Position. Wir verehren den Status und nennen es Ästhetik. Aber ist das die Wahrheit? Oder nur eine Illusion?

Dasselbe gilt für die Witze deines Chefs. Die Leute lachen lauter wegen der Rolle, nicht weil der Humor besser geworden ist.

Dieselben Bands werden mit riesigen Marketingbudgets gefördert und werden zu weltweiten Sensationen, während Musiker mit mehr Talent, besserer Choreografie und überlegenem Können unbekannt bleiben.

Wir preisen die Berühmten nicht, weil sie besser sind, sondern weil wir darauf programmiert sind, das zu verehren, was bereits emporgehoben wurde.

Das siehst du jetzt. Es ist offensichtlich. Du bist dir des Musters bewusster.

Oder sieh dir an, wie wir Technologie entwickeln. Jeder neue humanoide Roboter wird mit demselben Tamtam angekündigt: „Seht her, er kann Hausarbeiten erledigen!"

Aber warum sind wir so darauf fixiert, den menschlichen Körper zu kopieren? Wenn das Ziel der Nutzen ist, warum dann an zwei Armen festhalten statt an vier? Ich meine, hallo, wie geht's denn so ... (ja, das ist eine *Star Wars*-Anspielung).

Wir bauen keine Roboter, um uns zu helfen. Wir bauen sie, damit sie aussehen wie wir. Wir liefern uns als Spezies ein Wettrennen mit uns selbst. Wir versuchen, die menschliche Form zu übertreffen, anstatt tatsächliche Probleme zu lösen.

Das Auto wurde autonom, ohne dass ein Roboter auf dem Fahrersitz sitzen musste. Das Wäschesystem könnte DER Roboter sein, anstatt eine menschenförmige Maschine zu bauen, die die Waschmaschine bedient.

Aber wir konkurrieren immer weiter mit unserem eigenen Körperdesign, als ob es irgendwo eine Prüfung gäbe, die bewertet, ob wir uns erfolgreich nachgebildet haben.

Sogar der Ausdruck „über den Tellerrand schauen" ist Programmierung. Der Tellerrand ist die Programmierung.

Schau nicht über den Tellerrand hinaus. Denk, als gäbe es keinen Tellerrand.

Lass die Programmierung nicht dein Bezugspunkt sein. Frag dich immer, ob der Tellerrand überhaupt existiert.

Aber die wichtigste Veränderung? Die, die dein tatsächliches Alltagsleben verändert?

Du siehst keine NPCs mehr.

Früher hast du den Barista als jemanden gesehen, der deinen Kaffee schneller machen sollte. Den langsam fahrenden Autofahrer als Hindernis auf deinem Weg. Die Kassiererin, die einen Fehler gemacht hat, als jemanden, der seinen Job besser machen sollte. Funktionen, die effizient arbeiten sollten.

Jetzt siehst du Gelegenheiten.

Jede Interaktion ist eine Chance, einen anderen Menschen zu erkennen. Die Person hinter der Funktion zu sehen. Zu üben, als Mensch aufzutreten, anstatt Leute wie eine Hintergrundkulisse in deiner Geschichte zu behandeln.

Du hast dich vom Anspruch auf Service zur Dankbarkeit für die Gelegenheit gewandelt. Von der Frustration über Hindernisse zur Wertschätzung jedes Moments, in dem du jemanden vollständig sehen kannst, anstatt ihn auf seine Rolle zu reduzieren.

Der Barista ist nicht da, um dich zu bedienen. Er ist ein Mensch, der heute Kaffee macht, genau wie du ein Mensch bist, der ihn bestellt. Das ist eine Gelegenheit, sich zu verbinden, wenn auch nur kurz, als zwei Menschen, die sich einen Raum teilen, anstatt dass eine Person einer anderen eine Dienstleistung abverlangt.

Das ist *Omoiyari*, das jetzt in dir lebt. Nicht als etwas, das du praktizierst. Sondern als etwas, das du siehst.

Das hat noch eine weitere Ebene.

Du siehst keine Trennungen mehr.

Deine Heimatstadt hat dir beigebracht, dass es ein „Wir" und ein „Die" gibt. Deine Gruppe und andere Gruppen. Deine Leute und jene Leute. Teams. Stämme. Kategorien. Hierarchien.

Das durchschaust du jetzt.

Jeder ist nur ein Fahrer auf seiner eigenen Route. Keine Teams. Keine Hierarchie. Kein „Wir gegen die" mehr. Nur Individuen, die auf ihren eigenen Autobahnen in ihrem eigenen Tempo zu ihren eigenen Zielen navigieren, die nichts mit deinen zu tun haben.

Die Programmierung versuchte, dich in Trennungen denken zu lassen. Das tust du nicht mehr.

Du kannst nichts davon mehr übersehen. Sehen ist Glauben. Die Veränderung deiner Sichtweise ist dauerhaft. Nicht, weil du versuchst, sie aufrechtzuerhalten, sondern weil du, sobald du klar siehst, nicht mehr so tun kannst, als wäre die Unschärfe real gewesen.

Die wirkliche Herausforderung

Wir haben gerade festgestellt, dass du bereit bist. Dass du dich verändert hast. Dass der Tempomat aus ist.

All das ist wahr.

Aber hier kommt der schwierigere Teil: so zu bleiben.

Die Welt hat sich nicht verändert. Die Kultur programmiert immer noch. Die sozialen Medien messen immer noch. Die Gesellschaft vergleicht immer noch. Alle um dich herum fahren immer noch, als gäbe es eine Prüfung.

Und der Sog zurück ist ständig da.

Du wirst in der Schlange im Supermarkt stehen und diesen alten Frust aufsteigen spüren — warum ist diese Person so langsam, weiß sie nicht, dass ich noch was vorhabe — bevor du dich ertappst und dich erinnerst: Das ist kein NPC. Das ist ein Mensch, der einen Tag hat, der genauso real ist wie deiner.

Du wirst den Erfolg von jemandem in den sozialen Medien sehen und spüren, wie sich dieser Vergleich einschleicht — die sind weiter, du bist hintendran, du tust nicht genug — bevor du dich erinnerst: Dein Kilometerzähler misst deine Kilometer, nicht ihre.

Du wirst die Stimme deiner Heimatstadt in deinem Kopf hören — das solltest du dir wünschen, das solltest du wertschätzen, hier solltest du konkurrieren — bevor du dich erinnerst: Das sind übernommene Überzeugungen, nicht deine authentischen Wünsche.

Die Programmierung hört nicht auf zu laufen, nur weil du sie jetzt sehen kannst.

Hier geht es nicht um tägliche Affirmationen oder Mantras. Es geht nicht darum, dich jeden Morgen daran zu erinnern, dass es keine Prüfung gibt. Es geht darum, bewusst in einer Welt zu fahren, die darauf ausgelegt ist, dich wieder auf Autopilot zu schalten.

Kannst du weiterhin die Menschen sehen, wenn alle sie als Funktionen behandeln? Kannst du deine Augen auf deine Straße gerichtet halten, wenn jeder auf die Geschwindigkeit der anderen schaut? Kannst du weiterhin deine Route fahren, wenn die Kultur dir immer wieder sagt, welche Route du stattdessen nehmen solltest?

Du kannst es. Nicht perfekt. Nicht in jedem Moment. Nicht ohne gelegentlich in alte Muster zurückzufallen.

Aber öfter als zuvor. Und wenn du abrutschst, wirst du es schneller bemerken. Du wirst dich früher ertappen. Du wirst schneller zum bewussten Fahren zurückkehren.

Denn das Bewusstsein ist jetzt da. Es verschwindet nicht. Es ist nichts, was du aktiv aufrechterhalten musst. Es ist einfach ein Teil deiner Sichtweise.

Womit du fährst

Ergänze andere, anstatt mit ihnen zu konkurrieren. Nur im Miteinander kannst du gewinnen.

In deinem Team. In deiner Familie. In deiner Beziehung. Bei deiner Arbeit. Andere zu ergänzen bedeutet, dass alle gewinnen. Konkurrenz bedeutet, dass jemand verlieren muss. Du musst nicht mit jedem wetteifern. Nicht alles ist ein Wettbewerb. Es gibt keine Prüfung.

Kontrolliere, was du kontrollieren kannst. Dein Lenkrad. Deine Geschwindigkeit. Deine Spur. Deine Entscheidungen. Das ist alles. Du kannst den Verkehr nicht kontrollieren. Du kannst das Wetter nicht kontrollieren. Du kannst nicht kontrollieren, was andere Fahrer tun. Konzentriere dich auf das, was wirklich in deinen Händen liegt. Alles andere ist nur Lärm.

Deine Erinnerungen gehören dir. Niemand sonst war in deinem Kopf, als du diese Momente erlebt hast. Sie können nicht ändern, was du erfahren hast. Sie können dir nicht sagen, was es bedeutet hat. Deine Erinnerungen gehören allein dir — sie stehen nicht zur Debatte und unterliegen nicht der Interpretation von jemand anderem. Was du gelebt hast, ist, was du gelebt hast.

Du siehst andere als Menschen. Nicht als NPCs. Nicht als Hindernisse. Nicht als Funktionen. Menschen mit vollwertigen Leben, die genauso real und komplex sind wie deines. Jede Interaktion ist eine

Gelegenheit, das zu erkennen. Als Mensch aufzutreten, anstatt nur das zu nehmen, was du brauchst, und weiterzuziehen.

Der heutige Tag macht 100 % deines Lebens aus. Nicht ein Bruchteil, der auf seine Vollendung wartet. Nicht die Vorbereitung auf morgen. Das ist es. Das Leben, das du gerade jetzt lebst, ist das einzige, das du tatsächlich erlebst.

Geh und sag jemandem, was er dir bedeutet.

Heute.

Sag die wichtige Sache, bei der du auf den „richtigen Moment" gewartet hast. Du bist nicht im Countdown-Modus — es läuft keine Uhr ab. Aber der heutige Tag ist 100 % von dem, was du hast, also lebe ihn so, als ob er zählt. Denn das tut er.

Nicht jeder wird die gleiche Distanz erreichen wie du. Manche Routen enden früher als andere. Das ist kein Versagen. Das ist kein Zurückfallen. Das ist einfach die Realität. Die Reisen mancher Menschen enden früher als erwartet. Manche später. Du weißt nicht, welche deine ist.

Das soll dir keine Angst machen. Es soll den heutigen Tag noch wichtiger machen. Nicht im Sinne eines Countdowns. Sondern auf präsente, absichtsvolle Weise. Du bist jetzt hier. Die Menschen, die du heute erreichen kannst, sind jetzt hier. Ruf sie an.

Mein Ausstieg

Du fährst auf deiner Route weiter. Unsere Wege trennen sich jetzt.

Das ist kein Verlassen. So funktionieren Routen einfach. Wir sind diese Kilometer zusammen gereist. Wir hatten dieses Gespräch. Wir haben uns diesen Autobahnabschnitt geteilt.

Aber deine Route geht weiter, als meine aufhört. Und genau so sollte es sein.

Du hast das Steuer in der Hand. Eigentlich hattest du es schon immer. Schau genau hin. Der Fahrer warst immer du. Deine Hände. Deine Entscheidungen. Deine Richtung. Ich bin nie für dich gefahren. Das konnte ich gar nicht. Es ist dein Auto. Deine Route. Dein Leben.

Alles, was ich tat, war mitzufahren und aufzuzeigen, was mir auffiel. Beobachtungen zu teilen. Perspektiven anzubieten. Aber jede Meile, die du gefahren bist? Das warst du am Steuer. Jede Veränderung in deiner Sichtweise? Das warst du, der sich verändert hat. Jede Entscheidung darüber, was bei dir ankam? Das warst du, der entschieden hat.

Du brauchst mich nicht mehr, um dich auf Dinge hinzuweisen. Du kannst sie jetzt selbst sehen.

Die Programmierung ist für dich sichtbar. Die NPCs sind menschlich geworden. Die Trennlinien haben sich aufgelöst. Die imaginäre Prüfung hat sich als das entpuppt, was sie immer war — nichts. Es gibt hier keine Magie — nur die Erkenntnis, die schon die ganze Zeit da war.

Du siehst deine Route als das, was sie ist: deine.

Du hieltest die Karte die ganze Zeit in den Händen. Deinen Atlas. Deine Route.

Nicht besser oder schlechter als die von irgendjemand anderem. Nicht weiter vorn oder hinten dran. Nicht gewinnend oder verlierend. Einfach nur deine.

Und das ist genug.

Es gibt keine Prüfung. Es gab nie eine. Niemand benotet deine Route. Niemand bewertet deine Entscheidungen. Niemand führt Buch darüber, ob du das Leben richtig machst.

Es gibt nur dich auf deiner Route, der dem entgegenfährt, was auch immer als Nächstes kommt.

Du weißt, wo dein Bezugspunkt ist, und du hast vielleicht schon mehrere „Hindernisse" überwunden, um hierher zu gelangen. Aber jetzt siehst du einige Fahrer auf der Straße und wirst zu ihnen aufschließen, damit du den Erfolg erzielen kannst, den du brauchst. Du hast bereits erkannt, gegen wen du antrittst. Du weißt bereits, was deine 100 % bedeuten. Du weißt, welche Entscheidungen dich zu diesem Moment geführt haben. Du bist hier. Du weißt, dass nicht jeder die gleiche Strecke zurücklegen wird wie du. Frühere Generationen haben dir gesagt, wie du fahren sollst, aber jetzt weißt du, dass dein Blick nur auf die Straße vor dir gerichtet sein muss. Keine Ablenkungen. Du weißt das alles. Das wusstest du schon immer.

Bereit? Übernimm das Steuer.

ANHANG A: MOTORKONTROLLLEUCHTE

Am 25. November 2022 erhielt ich die Diagnose Asperger-Syndrom. Ich war 45 Jahre alt.

Seit dem neuesten DSM ist das Asperger-Syndrom in das Autismus-Spektrum eingegliedert. Ich bin Autist (und sehr stolz darauf!). Die Diagnose veränderte mein Leben — nicht, weil sie veränderte, wer ich bin, sondern weil sie endlich erklärte, warum ich die Welt so verarbeite, wie ich es tue.

Ich durchlief die dreistufige Inklusionsreise, die ich im Buch beschrieben habe: Bewusstsein > Akzeptanz > Gleichgültigkeit. Letzteres ist etwas Positives. Wie Linkshänder zu sein. Anders verdrahtet. Nicht defekt. Nur anders.

Die Diagnose brachte mir zwei Dinge. Erstens, Erklärungen für Muster, mit denen ich mein ganzes Leben lang gelebt hatte. Ich bin überempfindlich gegenüber Lärm, also meide ich jetzt laute Orte, anstatt mich zu zwingen, sie zu ertragen, ohne zu wissen, dass ich Masking betrieb. Ich brauchte immer Dinge, die einen wörtlichen Sinn ergaben. Ich konnte vage soziale Regeln nicht akzeptieren, ohne sie zu hinterfragen. Jetzt weiß ich, warum.

Zweitens half sie mir, eine Perspektive anzunehmen, die ich schon immer hatte — dieses Bedürfnis, die Dinge aus verschiedenen Blickwinkeln zu sehen, das infrage zu stellen, was alle anderen als normal akzeptieren.

Daraus entstand der Inhalt dieses Buches. Mein Asperger-Gehirn braucht wörtliche Antworten. Wenn ich überall Wettbewerb sehe, denkt mein Gehirn sofort: Okay, was ist also der Preis? Wann endet er? Was sind die Regeln?

Und als ich keine Antworten auf diese Fragen finden konnte — als ich erkannte, dass es KEINEN Preis gibt, dass es KEIN Ende gibt, dass es KEINE Regeln GIBT — schlussfolgerte mein Gehirn: Dann gibt es keinen Wettbewerb.

Aus dieser Erkenntnis wurde „Es gibt keine Prüfung". Sobald ich dieses Muster im Wettbewerb erkannt hatte, begann ich, es überall zu sehen. All diese unsichtbaren Bewertungssysteme, über die sich die Leute den Kopf zerbrechen — keines davon existiert wirklich. Sie sind abstrakte soziale Konstrukte, auf die wir uns alle geeinigt haben, sie als real zu behandeln.

Und aufgrund meines Autismus kann ich abstrakte soziale Konstrukte ohne Beweise nicht akzeptieren. Wenn mir jemand sagt: „Du musst mit anderen mithalten", fragt mein Gehirn sofort: „Mit welchen anderen mithalten? Anhand welcher Metrik? Wer misst das? Wer hat das entschieden?"

Es mag so aussehen, als würde ich mich gegen Autoritäten auflehnen, aber ich suche wirklich nach Antworten. Oder wenn jemand zum Abschied so etwas wie „Pass auf dich auf!" sagt, denke ich mir: „Na ja, natürlich passe ich auf mich auf."

Mein ursprünglicher Ansatz war also, ein Buch über die Sichtweise einer autistischen Person auf das Leben zu schreiben, aber dann entschied ich mich dagegen, weil ich erstens wusste, dass die Leute, wenn ich meinen Autismus von vornherein erwähnen würde, vielleicht annehmen, das Buch handle von Autismus — ich kann die Stimmung im Raum deuten (Wortspiel beabsichtigt) — und deshalb habe ich den Untertitel nicht „Ein autistischer Ansatz für das Leben" oder Ähnliches genannt. Und zweitens nehme ich damit die Phase der Gleichgültigkeit an, was bedeutet, dass ich meine Diagnose nicht verkünden muss. Dieses Buch ist für jeden. Und die Botschaft funktioniert, ob Sie nun wussten, dass ich Autist bin, oder nicht.

Meine Vorgeschichte

Ich bin kein Psychologe. Ich bin kein Therapeut. Ich habe keine formale Ausbildung in menschlichem Verhalten oder psychischer Gesundheit.

Ich habe Maschinenbau studiert. Ich habe über 13 Jahre im Sportbereich gearbeitet. Im Verlagswesen. Habe mich in die Technik weiterentwickelt. Seit fünf Jahren bin ich jetzt im Umfeld von Unternehmen des Typs „Silicon Valley" tätig. Ich habe meine Karriere als KI-Produktmanager in der F&E verbracht, digitale Produkte entwickelt und Probleme gelöst. Das ist mein Hintergrund. Analytisch. Technisch. Empirisch.

Ich habe sogar eine Webseite über mich erstellt, die wie eine Software-Versionierung behandelt wird: https://ericsalinas.dev Dort teile ich technikbezogene Gedanken, aber das eigentliche Experiment war für mich, meine Entwicklung als Versionierung mit Patches, kleineren und größeren Upgrades zu teilen. Das bin ich, kurz zusammengefasst. Ich bin seltsam und ich liebe es.

Dieses Buch ist nicht aus akademischen Qualifikationen entstanden. Es entspringt meinem Werdegang — den spezifischen Erfahrungen und Umständen, die mir diese Perspektive verliehen haben.

(Ja, es kommt von Herzen, aber meine Besessenheit, in der Metapher zu bleiben, hat diesen inneren Kampf gewonnen.)

ANHANG B: WENN EINEM DER SPRIT AUSGEHT

Im Jahr 2022 kam bei unseren Neurodiversity Talks bei Wizeline (wo ich derzeit arbeite) eines Tages das Thema auf die Angst vor dem Tod unserer Liebsten — insbesondere unserer Eltern. Ich teilte meine Perspektive zum Thema Tod, und die Leute sagten mir, es habe ihnen geholfen, anders über Verlust nachzudenken. Ich teile sie hier für den Fall, dass sie jemandem helfen kann:

Wegen meines Autismus und Asperger-Syndroms gehe ich sehr pragmatisch mit dem Tod um.

Ich fürchte ihn nicht. Nicht, weil ich mutig, erleuchtet oder distanziert bin. Sondern weil der Tod eine Tatsache ist. Er kann nicht ungeschehen gemacht werden. Er ist unausweichlich.

Selbst jetzt, mit all den Fortschritten in der GenAI, kannst du einen geliebten Menschen nicht nachbilden. Du könntest ein LLM mit seiner Stimme, seinen Verhaltensmustern und seinem Schreibstil trainieren. Du könntest einen realistischen Avatar erschaffen, der so aussieht wie er. Du könntest Antworten generieren, die so klingen, als würden sie von ihm stammen.

Aber er wäre trotzdem fort. Die Person, die wirklich existiert hat, die wirklich gelebt hat, die dein Leben wirklich beeinflusst hat — diese Person ist fort. Daran ändert auch die Technologie nichts.

Deswegen fürchte ich den Tod nicht.

Worüber ich mir wirklich Sorgen mache

Ich mache mir schon Sorgen, wenn jemand stirbt. Aber nicht um die Person, die gestorben ist.

Ich sorge mich um die Menschen, die zurückbleiben. Diejenigen, die wegen des Verlusts leiden. Diejenigen, die versuchen herauszufinden, wie sie ohne jemanden weiterleben sollen, der Teil ihres täglichen Lebens war.

Andere Menschen. Nicht ich.

Jeder trauert und geht anders mit Verlust um, und das ist in Ordnung — und auch zu erwarten. Ich sage nicht, dass es nicht in Ordnung ist zu trauern. Ich sage nicht, dass Trauer falsch ist oder dass die Leute schnell „darüber hinwegkommen" sollten.

Aber hier zeigt sich mein Autismus: Wenn jemand stirbt, kann er nicht mehr leiden. Er ist fort. Das Leiden bleibt bei den Menschen, die noch hier sind, noch leben und das Leben ohne ihn meistern müssen.

Leben feiern, nicht nur Tode betrauern

Als Bob Barker (der Moderator von *The Price is Right*) starb, sah ich einen Tweet, in dem stand: „Wir haben Bob im Alter von 99 Jahren verloren. Wie traurig!"

Und ich dachte: Traurig? Er hat 99 Jahre gelebt!

Ich sage nicht, dass die Leute nicht traurig sein dürfen. Trauer ist real. Verlust tut weh.

Aber 99 Jahre. Das ist fast ein ganzes Jahrhundert an Leben. Das sind Jahrzehnte voller Einfluss, Errungenschaften, Beziehungen, Erfahrungen. Das bedeutet, Standards für Gameshows im Fernsehen zu setzen, die Generationen überdauert haben.

Das ist ein voll und ganz gelebtes Leben.

Wir sollten diesen Meilenstein feiern. Sein Leben und seine Errungenschaften feiern. Nicht nur trauern, dass er fort ist.

Auf der anderen Seite sind tragische Todesfälle — junge Menschen, unerwartete Verluste, zu kurz gekommene Leben — immer traurig. Niemand verdient es, jung zu sterben.

Aber selbst dann haben wir immer die Chance, ihr Leben zu feiern. Den Einfluss, den sie hatten, als sie hier waren. Die Lektionen, die sie hinterlassen haben. Den Einfluss, den sie auf die Menschen um sie herum, auf die Gesellschaft, auf ihre Liebsten hatten.

Wir werden alle sterben. Und um es mit Paul Heymans Worten zu sagen: „Das ist keine Vorhersage, das ist ein Spoiler.“

Meistens werden deine Eltern vor dir sterben. Und keine Eltern würden sich das Gegenteil wünschen, wenn man sie fragen würde. Glaub mir, ich habe das Gegenteil erlebt.

Du magst darauf vorbereitet sein oder auch nicht, wenn es passiert. Aber du kannst immer bereit sein, ihr Leben zu feiern.

Erinnere dich an alles, was sie dir beigebracht haben. An jeden Moment, den sie mit dir geteilt haben. An alle Erinnerungen, die du mit ihnen geschaffen hast. Sie werden immer deine Eltern sein, und sie werden immer unersetzlich sein.

Ehre sie, indem du die Person bist, zu der sie dich mit harter Arbeit den größten Teil ihres Lebens gemacht haben.

„So einfach“ ist das.

Ihren Geist am Leben halten

Wenn du religiös bist, kannst du im Gebet mit ihnen sprechen.

Wenn nicht, kannst du ihr Verhalten in deinem Alltag nachahmen, um ihren Geist am Leben zu erhalten.

Du kannst die Gewohnheiten übernehmen, die sie dir beigebracht haben. Die Weisheit nutzen, die sie geteilt haben. Entscheidungen so treffen, wie sie es dir gezeigt haben. Herausforderungen mit dem Ansatz bewältigen, den sie zeigten, als du sie bei der Bewältigung ähnlicher Situationen beobachtet hast.

So ehrst du sie. Nicht durch Denkmäler oder perfektes Gedenken. Sondern indem du so lebst, dass es widerspiegelt, was sie dir beigebracht haben. Indem du den Einfluss, den sie darauf hatten, wer du geworden bist, weiterträgst.

Sie sind fort. Aber was sie dir beigebracht haben — das ist noch hier. Und du darfst entscheiden, ob du es nutzt oder ignorierst.

Wir haben Angst davor, morgen zu sterben, aber wir haben keine Angst davor, heute nichts zu tun. Wir wissen, dass die Menschen nicht für immer hier sein werden, aber wir tun so, als gäbe es immer noch mehr Zeit.

WARTE NICHT, bis sie sterben, um ihnen zu sagen, dass du sie LIEBST.

Sag es ihnen jetzt. Solange sie noch leben. Solange sie dich noch sagen hören können.

Spar dir die Wertschätzung nicht für Beerdigungen auf. Halte die Liebe nicht zurück, bis es zu spät ist. Warte nicht auf den „richtigen Moment", um auszudrücken, was dir jemand bedeutet.

Der Moment ist immer richtig. Sag es jetzt.

Zu viele Menschen heben sich ihre ehrlichsten Worte für Trauerreden auf. Sie verbringen die Beerdigung damit, darüber zu reden, was ihnen diese Person bedeutet hat, und wünschten, sie hätten es gesagt, als die Person noch am Leben war, um es zu hören.

Sei nicht diese Person.

Deine Eltern leben noch? Sag ihnen, dass du schätzt, was sie dir beigebracht haben. Dein Freund ist noch hier? Lass ihn wissen, dass seine Anwesenheit in deinem Leben wichtig ist. Dein Partner ist an deiner Seite? Stell sicher, dass er versteht, was er dir bedeutet.

Fällt es dir schwer, deine Gefühle zu teilen? Tut mir leid, aber diese Karte kannst du vor mir nicht ausspielen. Ich bin hier der Autist.

Sag es jetzt. Nicht später. Nicht irgendwann. Nicht, wenn du dich bereit fühlst.

Jetzt.

Der Tod ist unausweichlich. Heute ist jedermanns 100 %. Und sobald jemand fort ist, kannst du es ihm nicht mehr sagen. Du kannst dir nur wünschen, du hättest es getan.

ANHANG C: ICH MISTE MEINEN KOFFERRAUM AUS

Ich schreibe das hier nicht, um dir zu sagen, wie du denken sollst. Ich schreibe das, um dir zu zeigen, dass auch ich eine Programmierung verlernen musste.

Der Bias-Virus, von dem ich im Buch gesprochen habe? Den habe ich mir eingefangen. Mehrere Stämme davon. Und ich arbeite immer noch daran, einiges davon wieder loszuwerden.

Als aus Schmerz Verurteilung wurde

Ich hatte mit einer niedrigen Spermienzahl und -beweglichkeit zu kämpfen.

Dieser Kampf erzeugte etwas in mir, das ich zunächst nicht erkannte: eine starke Voreingenommenheit gegen Abtreibungen.

Ich wurde egozentrisch und verurteilend. Wie konnte sich jemand entscheiden, kein Kind zu bekommen, wenn wir es verzweifelt versuchten und es nicht klappte? Wie konnte jemand eine Schwangerschaft beenden, wenn wir alles dafür getan hätten, schwanger zu werden?

Mein Schmerz schuf meine Verurteilung. Ich habe die Situation aller anderen an meiner eigenen gemessen.

Das führte mich zur Gestalttherapie. Und etwas veränderte sich.

Ich begann zu erkennen, dass meine Realität nicht allgemeingültig war. Eine gewollte Schwangerschaft und eine ungewollte Schwangerschaft sind völlig unterschiedliche Realitäten. Ein Paar, das jahrelang versucht, ein Kind zu empfangen, ist in einer anderen Situation als eine Teenagerin, die durch eine Vergewaltigung schwanger wurde. Ein geplantes Kind in einer stabilen Beziehung unterscheidet sich von einer missbräuchlichen Situation, in der eine Frau keine Kontrolle über ihren eigenen Körper hat.

Ich persönlich bin immer noch Pro-Life. Das hat sich nicht geändert. Aber ich habe gelernt, die Entscheidungen anderer Menschen über ihren eigenen Körper zu respektieren.

Ich meine, meine körperliche Autonomie als Mann wurde nie infrage gestellt. Kein Politiker hat je vorgeschlagen, die Masturbation bei Männern zu regulieren. Niemand hat mir je gesagt, was ich mit meinen Spermien tun darf und was nicht. (Die sind schließlich auch lebendig.)

Gesetze scheinen sich nur auf die Körper von Frauen zu beziehen.

Diese Doppelmoral brachte mich dazu, meine Position zu überprüfen. Nicht, sie aufzugeben. Nur, sie zu überprüfen.

Das ist der Standpunkt, den ich jetzt vertrete. Ich stimme nicht jeder Entscheidung für eine Abtreibung zu. Ich sage nicht, dass meine Pro-Life-Haltung falsch war. Ich respektiere einfach, dass die Realitäten anderer Menschen sich von meiner unterscheiden und dass sie ihre eigenen Entscheidungen treffen dürfen.

Die Verweigerung des Monterrey-Drehbuchs

Ich weiß, das wird fürchterlich nach hinten losgehen, falls ich jemals für das Bürgermeisteramt kandidieren sollte, aber in meiner Heimatstadt herrscht ein tief verwurzelter Machismo. Ich sage nicht, dass das nur dort so ist — es ist nur der Ort, über den ich aus erster Hand berichten kann, weil ich dort gelebt habe.

Auf Partys war das Drehbuch immer dasselbe: Frauen in der Küche, Männer am Grill oder beim Schauen von „dem Spiel". Nach Geschlechtern getrennte Bereiche. Nach Geschlechtern getrennte WhatsApp-Gruppen, in denen Männer Pornos teilten. Homophobe Einstellungen, die als „normal" behandelt wurden.

Alle haben mitgemacht. Alle haben es durchgesetzt. Alle taten so, als ob die Dinge eben so laufen.

Ich weigerte mich, mitzumachen.

Ich saß bei meiner Frau anstatt „bei den Jungs". Ich verließ die Männer-WhatsApp-Gruppen, wenn ich hinzugefügt wurde. Ich machte bei den homophoben Witzen nicht mit.

Und ich habe deswegen Freundschaften verloren.

Die Leute verstanden nicht, warum ich dem Drehbuch nicht folgte. Warum ich nicht an der Kultur teilnahm, die alle anderen als normal akzeptierten. Warum ich mich dafür entschied, bei den Frauen zu sitzen, anstatt dort, wo ich „sein sollte".

Für mich war es einfach. Ich wollte bei meiner Frau sitzen. Ich weigerte mich, nach Geschlecht zu trennen. Ich nahm nicht an einer Kultur teil, mit der ich nicht einverstanden war.

Aber diese „einfache" Entscheidung hatte soziale Konsequenzen. Einige Freundschaften verliefen im Sande. Ich wurde zum Außenseiter, weil ich die Geschlechterrollen, die alle anderen befolgten, nicht mittrug.

Ich bereue es nicht (was ist schon Reue?). Aber ich werde nicht so tun, als wäre es einfach gewesen oder als hätte es mich nichts gekostet.

Sich zu weigern, mitzumachen, war aber nur die oberflächliche Ebene. Es gab ein tieferes Verlernen, das ich durcharbeiten musste.

(Das Folgende richtet sich an Männer.)

Mir ist etwas aufgefallen, wie Leute rechtfertigten, feministische Anliegen zu unterstützen. Der Satz, der immer wieder auftauchte, war: „Ich unterstütze das, weil ich eine Schwester/Mutter/Frau/Tochter habe."

Alter, diese Rechtfertigung ist immer noch egozentrisch. Du unterstützt die Sache nur, weil sie jemanden betrifft, der mit dir verbunden ist. Du verteidigst die Rechte von Frauen, weil der Schaden, der den Frauen zugefügt wird, auf dich als Mann zurückfällt. Du deutest damit an, dass es dir egal wäre, wenn du diese weibliche Verwandte nicht hättest?

Das ist keine Unterstützung. Das ist das Verteidigen deines eigenen Reviers.

Echte Unterstützung bedeutet, Menschen als Menschen anzuerkennen, nicht als Erweiterungen deines eigenen Lebens. Nicht als NPCs, die nur von Bedeutung sind, weil sie in deiner Geschichte vorkommen. Es bedeutet, Anliegen zu unterstützen, weil anderen Menschen Schaden zugefügt wird — nicht nur, weil diese Menschen zufällig mit dir verwandt sind.

Ich musste dieses egozentrische Denkmuster verlernen. Aufhören, Unterstützung durch persönliche Beziehungen zu rechtfertigen. Anfangen anzuerkennen, dass die Probleme von Menschen von Bedeutung sind, unabhängig davon, ob sie mich oder jemanden, den ich kenne, betreffen.

Woran ich noch arbeite

Ich präsentiere mich hier nicht als jemand, der frei von jeglicher Voreingenommenheitsprogrammierung ist. Das bin ich nicht.

Ich erwische mich immer noch dabei, wie ich von Annahmen ausgehe. Ich bemerke immer noch, wie eine Programmierung an die Oberfläche kommt, von der ich dachte, ich hätte sie verlernt. Ich habe immer noch Momente, in denen ich merke, dass ich die Situation eines anderen an meinem Bezugspunkt messe, anstatt seine Realität zu sehen.

Das ist keine Geschichte darüber, wie ich alles herausgefunden habe. Das ist eine Geschichte darüber zu erkennen, dass ich eine Programmierung verinnerlicht habe, die ich nicht gewählt habe, und dass ich aktiv daran arbeite, sie zu überprüfen.

Einiges davon habe ich ausgemistet. An manchem arbeite ich noch. Einiges davon habe ich wahrscheinlich noch nicht einmal identifiziert.

Aber hier ist der Unterschied zwischen jetzt und früher: Mir ist bewusst, dass es existiert. Ich überprüfe meine automatischen Reaktionen. Ich stelle die Programmierung infrage, anstatt ihr einfach nur zu folgen.

Das ist keine Meisterschaft. Das ist nur Übung.

Und ich teile das nicht, weil ich alle Antworten habe, sondern weil es für dich vielleicht einfacher wird, deine eigene Programmierung zu überprüfen, wenn du siehst, wie jemand anderes seine überprüft.

Wir alle haben uns den Bias-Virus eingefangen. Mehrere Stämme. Aus vielfältigen Quellen. Verinnerlicht über Jahre der Exposition.

Du musst diese Programmierung nicht weiterlaufen lassen, nur weil sie in dir installiert wurde. Du kannst sie überprüfen. Sie hinterfragen. Entscheiden, ob du sie behalten oder ausmisten willst.

Das ist nicht einfach. Es hat seinen Preis. Es bedeutet zu erkennen, dass Ideen, die du für wahr gehalten hast, möglicherweise eine Programmierung waren. Es bedeutet, Beziehungen zu Menschen zu verlieren, die von dir erwarten, dass du dieselben Voreingenommenheiten mitträgst wie sie.

Sogar bei Familienmitgliedern. Wie meine Frau zu Recht sagt: „Sogar der Stammbaum kann gestutzt werden."

Aber die Alternative ist, dein ganzes Leben lang eine Software laufen zu lassen, die jemand anderes ohne deine Erlaubnis in dir installiert hat.

Ich überprüfe lieber den Code.

ANMERKUNGEN

3. DIE WEGE, DIE MAN DIR BEIGEBRACHT HAT

1. Neil deGrasse Tyson, *Starry Messenger: Cosmic Perspectives on Civilization* (Henry Holt and Company, 2022), 149.
2. Neil deGrasse Tyson, *Starry Messenger*, 150.

19. EIN RENNEN GEGEN DEN EIGENEN KILOMETERZÄHLER

1. John C. Maxwell, *Leadershift: The 11 Essential Changes Every Leader Must Embrace* (HarperCollins Leadership, 2019), 46.
2. Mo Gawdat, *Solve for Happy: Engineer Your Path to Joy* (Gallery Books, 2017), 18.

ÜBER DEN AUTOR

Eric Salinas ist kein Psychologe, Therapeut oder Selbsthilfe-Guru. Er ist ein ehemaliger Ingenieur, der heute in der Tech-Branche tätig ist und jahrelang an einem Wettrennen teilnahm, das gar nicht existierte — bis er erkannte, dass er das Bewertungssystem, das seinen Stress verursachte, verlernen konnte. Dieses Buch ist sein Gespräch mit all jenen, die sich immer noch von unsichtbaren Maßstäben gemessen fühlen. Er lebt mit seiner Frau Silvana, ihrem Sohn und ihren beiden Shih Tzus, Wookie & Padme, in Mexiko.

#esgibtkeineprüfung #thereisnoexam

goodreads.com/ericsalinas
amazon.com/author/ericsalinas
bookbub.com/authors/eric-salinas
linkedin.com/in/esalinas
instagram.com/ericsalinas21
threads.com/@ericsalinas21
facebook.com/ericsalinas21
x.com/ericsalinas
tiktok.com/ericsalinaspie
youtube.com/@ericsalinas_dev

ANMERKUNG DES AUTORS

Dieses Buch wurde nicht mit dem Gedanken an Umsatz oder Gewinn geschrieben. Es wurde aus dem aufrichtigen Wunsch heraus verfasst, diese Botschaft zu verbreiten.

Dies ist die „There is No Exam"-Mentalität, die versucht, über sich selbst hinauszuwirken — selbst nach meinem Tod —, um ihren Einfluss zu hinterlassen und die Welt zu verändern. Denn seien wir mal ehrlich: Wenn du denkst, du hättest einen erstaunlichen Gedanken oder gar einen brillanten Verstand, ist das völlig bedeutungslos, wenn du ihn für dich behältst. Wenn er nicht geteilt wird, bedeutet das, dass er keinen Mehrwert schafft. Deshalb hat es keinen Sinn, Weisheit für uns zu behalten.

Also bitte, wenn du dieses Buch als gedrucktes Exemplar gekauft hast, gib es an eine andere Person weiter. Es macht keinen Unterschied, wenn es nur als Dekoration in deinem Bücherregal steht. Hilf mit, den Einfluss zu verbreiten. Und um ihn besser nachverfolgen zu können: Bevor du es weitergibst, nimm einen Stift und trage unten deinen vollen Namen ein, damit jeder, der dieses Buch in die Hände bekommt, den „Einfluss" zurückverfolgen kann, indem er die früheren Besitzer sieht. Und das wäre dann die Darstellung des „Astes" für dieses spezielle Buch, bei dem du der aktuelle Endpunkt bist. Du bist das aktuelle: „Sie sind hier!"

— Eric Salinas

Vorbesitzer:

DANKSAGUNG

Dieses Buch existiert nur dank Silvana. Sie ist eine Bestsellerautorin, die mich zum Schreiben inspiriert, mich auf dem Weg begleitet und dieses Buch lektoriert hat. Sie glaubte daran, dass ich der Welt etwas Mitteilenswertes zu geben hatte, und unterstützte mich dabei, es als mein wahres Ich zu schreiben.

An Norma Sánchez, seit über einem Jahrzehnt meine Therapeutin: Dieses Buch ist im Grunde die Essenz aus zehn Jahren unserer Sitzungen. In jedem Kapitel steckt Gestalttherapie, ob die Leser es nun erkennen oder nicht. Danke, dass du darauf bestanden hast, dass ich es fertigstelle — ja, *darauf bestanden* —, als ich diesen Schubs brauchte.

An Jorge Matus, das Versuchskaninchen. Fast zwei Jahre lang hast du mir als dein Mentor vertraut, und diese Verantwortung zwang mich, Dinge in Worte zu fassen, die ich zuvor nur gefühlt hatte. Die meisten dieser Erkenntnisse sind in unseren Gesprächen für dich entstanden, weil du sie hören musstest. Wie sich herausstellte, ich auch.

An Daniel Niquet: Ein einziges Gespräch auf jener Terrasse darüber, dass wir nicht die Erinnerungen anderer erschaffen, wurde zu einem Grundpfeiler dieses Buches. Manche Einsichten gewinnt man in Konferenzräumen, andere, wenn jemand mutig genug ist, sich einem Kollegen gegenüber verletzlich zu zeigen.

An Clay Griffith, der mir sagte: „Du bist nicht einer von vielen, du bist einzigartig", als ich es am dringendsten brauchte. Dieser Satz gehört in dieses Buch. Wahrscheinlich *ist* er dieses Buch.

An Willie González, der vor zwanzig Jahren neugierig genug war zu fragen, was ich davon hielt, nach meinem Abschluss am teuersten College der Stadt Zeichentrickfilme zu machen. Diese Frage, gestellt, wie es nur ein Freund kann — mit Neugier, nicht mit Verurteilung —, entfachte etwas: „Wie weit kann ich es schaffen?" hatte hier seinen Anfang.

An Victoria Cornejo, die mir die Bühne gab. Du hast den ersten Vortrag zu „Es gibt keine Prüfung" bei Wizeline angesetzt, an die Botschaft geglaubt, bevor sie ein Manuskript war, und mich ermutigt weiterzumachen. Das Engagement für psychische Gesundheit braucht mehr Menschen wie dich.

An Gema del Río, meine liebe *Comadrita*, danke, dass du mich nicht als Gast, sondern als jemanden, dessen Perspektive zählte, ins Rampenlicht gerückt haben. Du hast mir die Chance gegeben, dein Publikum — meine Community — zu inspirieren, Autismus als etwas anzunehmen, das man mit Stolz tragen kann.

An Santiago Sillis, dafür, dass du mir immer den Rücken gestärkt und mich glauben lassen hast, dass diese Botschaft wichtig ist. Manchmal ist das genau das, was ein Mensch hören muss.

An meine Eltern, Humberto und Margarita, und an meine Schwester Myriam, danke, dass ihr auf dieser ganzen Reise da wart und mich auf sichtbare wie auch auf stille Weise unterstützt habt.

An meinen Sohn David, der mir jeden Tag beibringt, dass es nicht bedeutet, Spaß zu haben und das Leben zu genießen, indem man es so tut, wie die Gesellschaft es von Kindern erwartet. Du hast nie eine Erlaubnis gebraucht, du selbst zu sein, und ich werde immer da sein, um zuzusehen und dich dabei zu unterstützen, wie weit du es schaffst.

Und an dich: Dass du diesen letzten Absatz liest, ist der Beweis, dass du bis zum letzten Tropfen im Tank alles gegeben hast, um hierherzukommen, und das bedeutet mir die Welt. Ich bin jetzt ein Teil deiner Fahrt. Danke, dass ich mitfahren durfte.